소망교회
코로나19
대응 백서

코로나19 시간을
해석하고 기록하고 기억하다

소망교회

소망교회 코로나19 대응 백서

Publication date
10. 1. 2023.

Publisher
김경진

Editors
조성실, 이성민, 김경래, 김주경, 허유빈

Writer
송혜숙, 박혜영

Editor in Chief
이명재

Designer
이주희

Publishing
상아기획 T. 031-221-0700

ISBN 979-11-92378-11-4

매듭과 구름판

프란치스코회의 수도사에게는 '밧줄을 두른 자들(funigeros)'이라는 별명이 있습니다.
허리춤에서 발등까지 길게 늘어지는 흰색 끈을 두르고 다니느라 얻은 별명입니다.
끈에는 세 개의 인위적인 매듭이 있습니다. 이른바 복음삼덕(福音三德)이라 하는
가난과 정결과 순명을 상징합니다. 수도사가 지켜야 할 고귀한 가치입니다.
매듭은 가치를 기억하게 하는 장치로 기능합니다.

3년 전 우리는 코로나19의 습격을 받았습니다. 끝날 기미가 보이지 않는 어둡고
긴 터널을 통과하여 여기에 당도했습니다. 이 땅의 어느 구석 힘겹지 않은 곳이 없었고,
교회도 예외는 아니었습니다. 아니, 한국교회는 여느 시절보다 모진 시간을 보냈습니다.
힘겨운 기억을 회피하고 외면하는 것이야 인간의 자연스러운 습관입니다만,
그러나 회피와 외면은 패배의 습관이기도 합니다. 도망하는 시간을 부여잡고
매듭을 지어 놓아야 합니다.
이 백서는 매듭입니다.
코로나19의 시절을 해석하고 기록하고 기억하는, 매듭입니다.

머리말의 제목을 '매듭과 구름판'이라고 했습니다. 매듭이 과거를 마감하는
장치라면, 구름판은 미래로 도약하는 장치입니다. 맨땅에 발을 굴러도 뛰기야
뛸 수는 있지만, 더 높이 더 멀리 뛰려면 구름판이 필요합니다.
알맞게 매듭 지어진 과거는 미래로 향하는 구름판으로 기능합니다.
이 백서는 구름판입니다.
코로나19의 시절을 뒤로하고 미래를 향해 뛰게 하는, 구름판입니다.

백서 제작에 힘쓴 많은 분을 기억합니다.
일일이 호명할 순 없지만, 노고를 잊지 않겠습니다. 기획하고 진행한 백서TF,
각 부서의 사역을 정리한 목사님과 전도사님, 자료를 취합한 직원분들,
간증과 수기로 함께한 성도님들, 맵시 있게 엮어주신 상아기획까지,
모두 고맙습니다. 우리의 노고가 매듭이 되고 구름판이 되어,
교회를 세우고 하나님의 일을 감당하는 데에 기여하기를 빕니다.
선하신 하나님께서 우리와 함께하시고, 우리를 인도하실 줄 굳게 믿습니다.

2023년 9월

담임목사 **김경진**

Contents

1

코로나19 대유행, 변화와 기회   29

2

소망의 빛, 어둠을 밝히는 기도
소망교회의 내부사역

코로나19(COVID-19) 개요

2019년 12월 중국에서 원인 미상의 폐렴 환자가 보고된 후 곧이어 2020년 1월 7일 중국 보건부에서는 원인 미상의 폐렴 환자와 관련하여 새로운 타입의 코로나바이러스를 보고했다. 1월 13일 태국, 1월 15일 일본에서 첫 신종 코로나바이러스 환자가 발생했고 우리나라에도 1월 20일 첫 확진자가 나왔다. 보건 체계가 잘 갖춰지지 않은 다른 나라까지 확산할 가능성을 우려한 세계보건기구(WHO)는 1월 31일 「국제적 공중보건 비상사태」를 선포하였다.

국제적 공중보건 비상사태 선포는 2009년 신종 인플루엔자, 2014년 소아마비 바이러스와 서아프리카의 에볼라, 2016년 지카 바이러스, 2019년 콩고 에볼라에 이어 6번째였다. 초기에는 우한 폐렴, 차이나 바이러스 등으로 명칭을 혼용했으나 '2019-nCoV 급성호흡기질환', '신종 코로나바이러스 감염증'이라는 임시 명칭을 거쳐 2월 11일 세계보건기구(WHO)에서 신종 코로나바이러스 명칭을 'COVID-19'로 정함에 따라 우리나라도 2월 22일 '코로나19'로 공식 결정했다.

2020년 2월 코로나19 전 세계 감염은 대체로 중국 내 확산세가 거셌고, 중국을 제외한 지역으로는 우리나라가 2월 18일 대구 신천지교회 관련 감염자 급증으로 세계에서 두 번째로 많은 확진자를 냈다. 중국은 도시 간 이동금지 등 강력한 조치를 통해 점차 확산세를 잡아간 반면 이탈리아 지역 여행자를 통해 유럽 지역 국가별 신규 환자가 발생하였으며 스페인·영국 등에서는 확진자의 숫자가 점점 증가하기 시작하였다. 북미 지역 역시 점진적으로 확진자 발생이 증가하는 등 전 세계 확진자가 발생함에 따라 3월 11일 세계보건기구(WHO)에서는 코로나바이러스에 대해 세계적 대유행 상태인 '팬데믹(Pandemic)'을 선언하게 되었다.

정부는 2020년 1월 8일 감염병 위기단계 제1단계인 '관심' 단계에 돌입했다. 위기 경보에서 제일 가벼운 수준인 '관심' 단계에서는 위기 징후 포착을 위해 지속 모니터링 및 감시 체제에 들어가게 된다.

2020년 1월 13일 태국, 1월 15일 일본 등 타 국가에서 해외 유입에 의한 신종 코로나바이러스 환자가 연속적으로 발생하기 시작하였고 1월 20일 우리나라에도 코로나19 첫 환자가 발생하였는데 이에 감염병 위기 경보는 '주의' 단계로, 1월 27일까지 세 명의 확진자가 추가로 발생하자 1월 27일 위기단계는 '경계'로 또 한 번 상향 조정되었다.

COVID 19

정의	SARS-CoV-2 감염에 의한 호흡기 증후군

전파 경로	● 현재까지는 비말, 접촉을 통한 전파로 알려짐 ● 기침이나 재채기로 호흡기 비말 등 ● 오염된 물건을 만진 뒤 눈, 코, 입을 만짐

잠복기	1~14일 (평균 4~7일)

증상	발열, 권태감, 기침, 호흡곤란 및 폐렴, 급성호흡곤란증후군 등 다양하게 경증에서 중증까지 호흡기감염증이 나타남 드물게는 객담, 인후통, 두통, 객혈과 오심, 설사도 나타남

치료	● 대증 치료(수액 보충, 해열제 등 보존적 치료) ● 특이적인 항바이러스제 없음

예방	● 올바른 손씻기 - 흐르는 물에 비누로 30초 이상 손씻기 - 외출 후, 배변 후, 식사 전·후, 기저귀 교체 전·후, 코를 풀거나 기침, 재채기 후 등 실시 ● 기침 예절 준수 - 기침할 때는 휴지나 옷소매 위쪽으로 입과 코를 가리고 하기 - 호흡기 증상이 있는 경우 마스크 착용 ● 씻지 않은 손으로 눈, 코, 입 만지지 않기

1월 27일 위기 경보가 '경계'로 상향되었지만 환자는 주 2~3회, 일 1~2명의 적은 수준으로 발생하고 있었다.

1차 유행(2020.02.~2020.07.) 이 시기는 전 세계가 처음 겪는 상황으로 코로나19에 대한 지식과 의료 대응책이 부족하여 코로나19에 대한 두려움이 큰 시기였다. 각종 모임과 종교시설, 요양 시설 등을 중심으로 집단감염 사례가 증가하였으며 사회적 거리두기를 통해 확진자 수를 낮추는 방역 대응을 실시하였다.
안정적으로 관리되고 있는 상황이었으나 2월 18일 대구지역에서 신천지교회 활동 관련 확진 환자가 발생하면서 우리나라는 코로나19 1차 대유행을 맞게 되었다. 결국 정부는 2월 23일 감염병 위기단계 최고 단계인 '심각' 단계를 선포하고 확산세가 지속되자 이에 대한 대응책으로 3월 22일 강력한 사회적 거리두기 대책을 발표하기에 이르렀다.

2차 유행(2020.08.~2020.10.) 이 시기는 코로나19 초기 치료 대응 체계로 3단계 거리두기 대응법을 설정하였다. 단계별 격상 기준은 낮고 방역 조치의 강도는 커서 사회적 혼란과 저항이 크다는 지적이 있었다. 그동안 정부는 초기에서부터 일관되게 '사회적 거리두기'를 코로나19 위기 극복의 주요 대응책으로 삼아왔다. 2020년 2월과 3월의 1차 확산, 2020년 8월에 시작된 2차 확산은 잘 통제되어 우리나라의 코로나19 방역은 K-방역이라고 불리며 세계적인 우수사례로 평가받았다.

3차 유행(2020.11.~2021.06.) 이 시기는 새로운 변이인 알파 변이의 등장으로 확진 수가 늘어나면서 상황이 심각해졌다. 신규 확진자가 네 자릿수를 기록했으며, 누적 사망자가 1,000명이 넘어섰다. 전 국민을 대상으로 예방접종 사전예약 및 접종을 실시하면서 방역에 힘을 실었다.

4차 유행(2021.07.~2022.01.) 이 시기는 델타 변이가 발생하여, 사회적 거리두기 등 일부 방역 대응이 완화하자,

유흥 수요가 몰려 집단감염이 발생하였다. 전국적으로 첫 일일 확진자 수가 2,000~3,000명대를 돌파하며 7월부터 확진자가 대거 발생하여 역대 코로나19 대유행 중 가장 큰 규모로 4차 대유행이 시작되었다.

5차 유행(2022.02.~2022.06.) 이 시기는 오미크론형 변이 바이러스가 우세화 되면서 누적 확진자 수가 1,500만 명을 돌파하였다. 역대 코로나19 국내 대유행 중 가장 규모가 컸다. 이에 변이 바이러스의 확산세를 저지하기 위해 방역 대응 체계를 강화하여 2022년 4월부터는 포스트 오미크론 대응과 일반 의료체계로 전환할 수 있었다.

6차 유행(2022.07.~2022.09.) 이 시기는 신규 확진자 수가 빠르게 2만 명대를 기록하면서 6차 유행이 본격화되었다. 전파력이 더 빠르고 기존 면역체를 잘 뚫는 오미크론 후손 격의 변이 BA.5가 확산되었기 때문이다. 하지만 2022년 8월 17일 이후 6차 대유행이 소강상태에 접어들었고 일상으로 전환되기 시작했다.

7차 유행(2022.10.~2023.01.) 이 시기 코로나19는 점점 치명률, 중증화율 감소 등 질병 위험도가 낮아지면서 풍토병으로 자리 잡게 되었다. 코로나19에 대한 안정적인 대응이 가능해지면서 정부는 일상적 관리체계로 전환을 추진하였다. 2023년 1월 30일부터 병원, 약국, 대중교통 등을 제외하고 실내에서도 노마스크 시대로 전환되었다.

2023년 5월 5일 세계보건기구(WHO)의 공중보건 위기 상황 해제 발표를 고려한 조치로 감염병 위기 단계가 '심각'에서 '경계'로 하향 조정하였다. 2023년 6월 1일 코로나19가 처음 발생한 지(2020년 1월) 3년 4개월 만에 코로나19 엔데믹을 선언했다.

출처: 질병관리청

확진자 발생 동향

2023.05.31.00시 기준

대한민국

31,703,511
누적 확진자

24,411
신규확진자

34,784
누적 사망자

17
당일 사망자

서울시

6,204,277
누적 확진자

5,987
신규 확진자

+677
전주(5.24)대비

6,492
누적 사망자

6
당일 사망자

자치구별 확진자 현황

2023.05.31.00시 기준

180,819
도봉구

313,372
노원구

167,004
강북구

281,685
은평구

83,071
종로구

263,090
성북구

226,910
중랑구

188,232
서대문구

206,638
동대문구

356,449
강서구

230,741
마포구

74,856
중구

176,336
성동구

283,400
강동구

213,585
광진구

127,651
용산구

269,088
양천구

249,969
영등포구

405,933
송파구

247,708
구로구

243,751
동작구

315,903
강남구

140,037
금천구

307,946
관악구

243,336
서초구

기타
406,767

강남구	강동구	강북구	강서구	관악구	광진구	구로구	금천구	노원구	도봉구	동대문구	동작구	마포구
315,903	283,400	167,004	356,449	307,946	213,585	247,708	140,037	313,372	180,819	206,638	243,751	230,741
+264	+264	+156	+346	+272	+190	+263	+138	+264	+191	+273	+204	+204
서대문구	서초구	성동구	성북구	송파구	양천구	영등포구	용산구	은평구	종로구	중구	중랑구	기타
188,232	243,336	176,336	263,090	405,933	269,088	249,969	127,651	281,685	83,071	74,856	226,910	406,767
+189	+202	+170	+259	+412	+197	+239	+119	+339	+86	+79	+202	+465

서울시 누적 확진자 추이

2020.01.01~2023.05.31

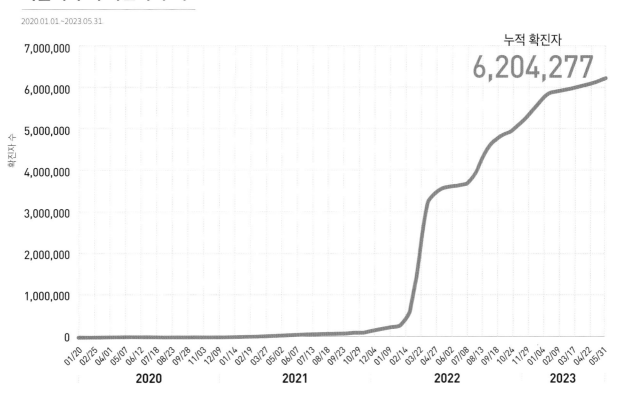

누적 확진자
6,204,277

확진자 성별 비율

남성 **14,663,681**명
여성 **17,084,158**명

남성
46.2%

여성
53.8%

남성 ■ 여성

확진자 연령별 분포

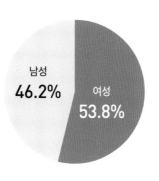

예방접종 현황

2023.05.31 00시 기준

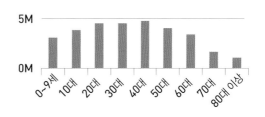

	1차 접종	2차 접종	3차 접종	4차 접종
서울시	44,770,204	44,358,705	33,426,194	7,487,844
강남구	445,716	440,595	305,001	49,749

코로나19 기간 동안 생성된 유튜브 콘텐츠

1,912개

749개

722개

교육1부

교육2부

소망교회

합계
3,383개

온라인 지구 및 3040지구 현황

온라인 지구	30 구역	231 세대	595 명
3040 지구	13 구역	262 세대	631 명

🔖 소망수양관
서울시 소망 생활치료센터 입소자

남자 ■ 여자

남자
2,014명

여자
1,809명

	21년 7월	21년 8월	21년 9월	21년 10월	21년 11월	21년 12월	22년 1월	22년 2월	22년 3월	합계
남자	1명	307명	432명	253명	335명	362명	167명	48명	110명	2,014명
여자		310명	329명	259명	373명	291명	137명	45명	64명	1,809명

🎁 이웃과 함께 나눈 사랑나눔박스

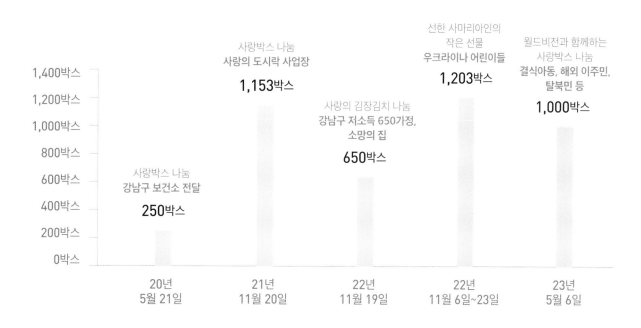

	20년 5월 21일	21년 11월 20일	22년 11월 19일	22년 11월 6일~23일	23년 5월 6일
설명	사랑박스 나눔 강남구 보건소 전달	사랑박스 나눔 사랑의 도시락 사업장	사랑의 김장김치 나눔 강남구 저소득 650가정, 소망의 집	선한 사마리아인의 작은 선물 우크라이나 어린이들	월드비전과 함께하는 사랑박스 나눔 결식아동, 해외 이주민, 탈북민 등
박스	250박스	1,153박스	650박스	1,203박스	1,000박스

포스트잇 기도문

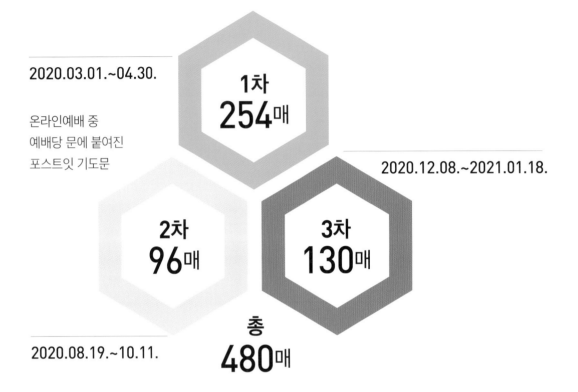

2020.03.01.~04.30.

온라인예배 중
예배당 문에 붙여진
포스트잇 기도문

1차
254매

2020.12.08.~2021.01.18.

2차
96매

3차
130매

2020.08.19.~10.11.

총
480매

대한민국 피로회복(헌혈 캠페인)

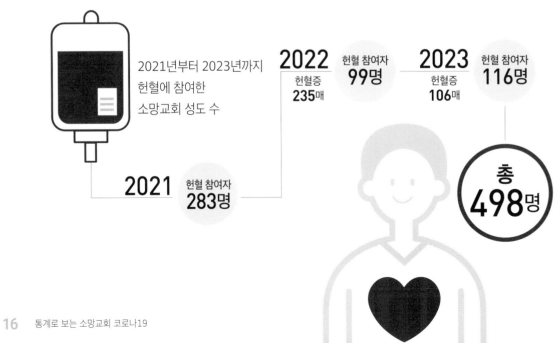

2021년부터 2023년까지
헌혈에 참여한
소망교회 성도 수

2022
헌혈증
235매

헌혈 참여자
99명

2023
헌혈증
106매

헌혈 참여자
116명

2021

헌혈 참여자
283명

총
498명

🌐 이웃을 위한 특별헌금

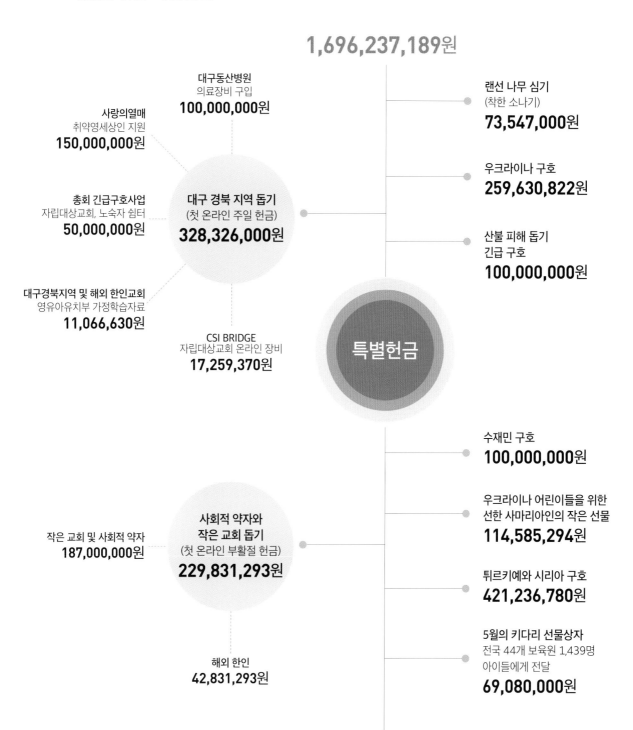

1,696,237,189원

사랑의열매
취약영세상인 지원
150,000,000원

대구동산병원
의료장비 구입
100,000,000원

총회 긴급구호사업
자립대상교회, 노숙자 쉼터
50,000,000원

대구 경북 지역 돕기
(첫 온라인 주일 헌금)
328,326,000원

대구경북지역 및 해외 한인교회
영유아유치부 가정학습자료
11,066,630원

CSI BRIDGE
자립대상교회 온라인 장비
17,259,370원

특별헌금

랜선 나무 심기
(착한 소나기)
73,547,000원

우크라이나 구호
259,630,822원

산불 피해 돕기
긴급 구호
100,000,000원

수재민 구호
100,000,000원

우크라이나 어린이들을 위한
선한 사마리아인의 작은 선물
114,585,294원

튀르키예와 시리아 구호
421,236,780원

5월의 키다리 선물상자
전국 44개 보육원 1,439명
아이들에게 전달
69,080,000원

작은 교회 및 사회적 약자
187,000,000원

사회적 약자와
작은 교회 돕기
(첫 온라인 부활절 헌금)
229,831,293원

해외 한인
42,831,293원

소망교회 창립 44주년 기념 착한 소나기

랜선 나무 심기 프로젝트

14,400그루

라오스, 러시아, 마다가스카르,
인도, 몽골, 필리핀, 베트남

각 국가별 **2,400**그루

인원 **250**명

1만 달러

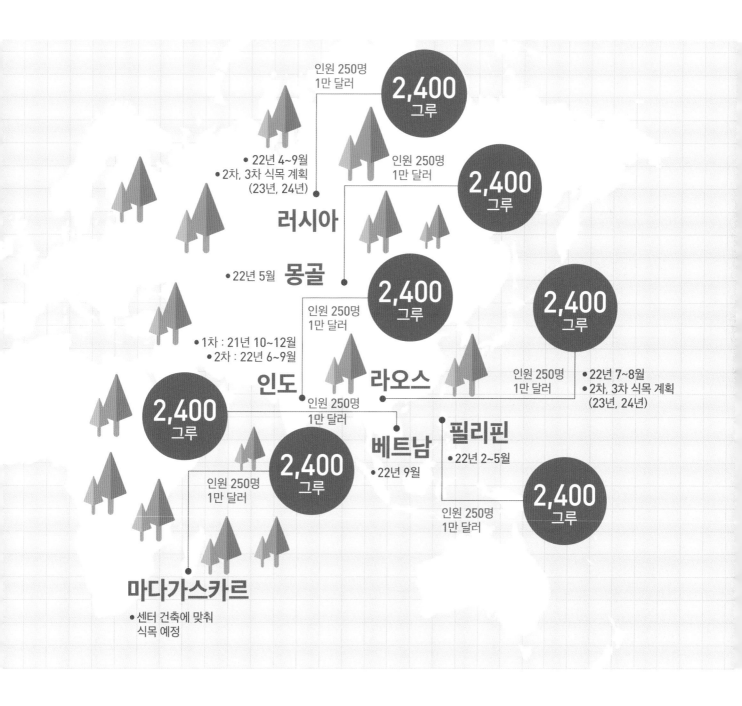

인원 250명
1만 달러

2,400 그루

22년 4~9월
2차, 3차 식목 계획
(23년, 24년)

러시아

인원 250명
1만 달러

2,400 그루

22년 5월 **몽골**

2,400 그루

인원 250명
1만 달러

2,400 그루

1차 : 21년 10~12월
2차 : 22년 6~9월

인도 **라오스**

인원 250명
1만 달러

22년 7~8월
2차, 3차 식목 계획
(23년, 24년)

2,400 그루

인원 250명
1만 달러

2,400 그루

베트남 **필리핀**

22년 9월 22년 2~5월

인원 250명
1만 달러

2,400 그루

인원 250명
1만 달러

마다가스카르

센터 건축에 맞춰
식목 예정

한눈에 보는 소망교회 코로나19 대응

2020년	상반기

서울시 확진자 추이 및 소망교회 주요 대응

02.29.~ 사회적 거리두기 권고

01.27. 사무처에서 <신종 코로나바이러스> 단계별 대응 방안 수립

02.05. 당회 보고 및 통과

03.22.~ 강화된 사회적 거리두기

02.23. 온라인 임시당회, 주일예배/새벽기도회 온라인예배로 전환 결정

02.24. 온라인 새벽기도회 시작

04.20.~ 완화된 사회적 거리두기

03.01. 온라인예배 시작, 첫 온라인 헌금으로 대구경북지역 지원

03.12. 대구동산병원 의료장비 지원

03.16. 소망등불기도회 시작

05.06.~ 생활 속 거리두기

04.03. 온오프라인에서 교인 출입증 발급 개시

05.01. 오프라인 새벽기도회 재개

05.03. 오프라인 주일예배 재개

1,000,000 / 10,000 / 100 / 0

1월 2월 3월 4월 5월

1차 유행기(2020.01.~2020.07.)

발생 동향 대구 소재 종교단체 대규모 집단감염 발생

방역 대응 적극적 검사와 철저한 접촉자 추적, 격리로 감염 확산을 최소화 하기 위한 강력한 방역 대응, 다중이용시설과 고위험시설 집중 대응

정부 및 지자체, 교단 대응

- 정부, 전염단계 '경계수준'으로 격상(01.27.)
- 총회, 신종 코로나바이러스에 대한 교회대응지침 발표(01.30.)
- 정부(보건복지부) 코로나19 확산 방지를 위한 가이드라인 발표(7대 준수사항)(02.21.)
- 총회, 코로나19 제2차 교회대응지침
- 정부, 전염단계 '심각수준'으로 격상(02.23.)
- 총회, 코로나19 제3차 교회대응지침(02.26.)
- 서울 대형교회들 잇달아 온라인예배 전환 결정(02.25.~29.)
- 총회, 코로나19 제4차 교회대응지침(03.13.)
- 총회, 코로나19 제5차 교회대응지침(03.20.)
- 총회, 코로나19 제6차 교회대응지침(03.26.)

- 강남구, 교회 핵심방역수칙 준수 안내(07.09.)
- 강남구, 전자출입명부 적용 의무화 안내(07.20.)
- 강남구, 교회 방역강화 조치 조정(완화) 안내(07.28.)
- 강남구, 종교시설 방역수칙 준수 철저 안내(08.12.)
  -비대면 종교행사 활성화 -각종 모임 행사 자제 -식사 제공 자제
- 강남구, 종교시설 집합제한명령 안내(08.15.)
  -정규예배 외 모든 모임 행사 금지
  -찬송 자제, 통성기도 금지, 식사 금지
- 정부, 수도권 사회적 거리두기 2단계 격상 안내(08.16.)
- 강남구, 수도권 사회적 거리두기 2단계(방역조치 강화) 안내(08.19.)
  -비대면 예배만 허용
  -소모임/행사, 식사 금지

소망교회 대응

- 담임목사님 지시에 의해 사무처에서 <신종 코로나바이러스> 단계별 대응 방안 수립(01.27.)
- 사무처장, 기획위원회에 단계별 대응방안 보고(01.30.)
- 2월 겨울성경학교 및 수련회 취소 결정(01.30.)
- 신종 코로나바이러스 감염 예방수칙 수립(01.31.)

- 전문방역업체를 통한 전 교회시설물 방역 실시(02.01.)
- 당회의 결의로 제직부서 및 공동체 모임 중단 결의(02.05.)
- 임시기획위원회, 식당 운영 중단 결정(02.07.)
- 교육1부, 코로나 대응팀 신설
- 교육1부, 대처방안 마련(02.21.)
- 임시기획위원회, 주일찬양예배 및 삼일기도회 온라인예배로 전환키로 결의(02.22.)
- 온라인 임시당회, 주일예배/새벽기도회 온라인예배로 전환 결정(02.23.)
- 온라인 새벽기도회 시작(02.24.)
- 온라인예배를 알리는 목회서신 발송(02.24.)
- 교육1부, 각 부서별 유튜브 채널 개설(02.27.)
- 교육1부, 가정을 대상으로 한 신앙교육자료 발송(02.27.)

- 온라인예배 시작, 첫 온라인 헌금으로 대구경북지역 지원(03.01.)
- 대구동산병원 의료장비 지원(03.12.)
- 사회복지공동모금회 지원(03.13.)
- 영유아유치부 가정학습자료 보급 지원(03.15.)
- 소망등불기도회 시작(03.16.)

- 교육1부, 대구경북지역 교회와 해외 선교지에 신앙교육자료 발송(03.20.)
- 미자립교회 대상 온라인예배 중계시스템 지원(03.22.)
- 담임목사님 지시에 의해 사무처에서 <예배정상화 단계별 방안 수립>(03.25.)
  교인출입시스템 도입 검토(03.25.)
  열화상카메라 3대, 체온계 19개 비치
  손소독제 50곳, 150개 비치

- 온오프라인에서 교인 출입증 발급 개시(04.03.)
  교인출입대장 작성 대체 시스템 구축
- 두번째 목회서신 발송: 섬김과 멀리서 함께하기를 독려(04.04.)
- 온라인 목요세족식 시행(04.09.)
- 온라인 성금요등불기도회 시행(04.10.)
- 온라인 부활절 예배. 부활절 헌금으로 작은 교회와 사회적 약자 지원(04.12.)
  기쁨의 50일, 착한소나기 운동 시작
- 온오프라인 예배 병행 실시 및 주일예배 사전 예약제 결의(04.23.)

- 오프라인 새벽기도회 재개(05.01.)
- 오프라인 주일예배 재개(05.03.)
  20명 내외의 소규모 찬양대 활동 시작
- 구역지도자 수련회 2회로 나누어 실시(05.08.)
- 교회학교 청년부/청년플러스 예배 실시(05.10.)

하반기

06.07.
주일찬양예배
온/오프라인 병행 실시
장로 1차 선거
(드라이브 스루 병행)

06.14.
장로 2차 선거
(드라이브 스루 병행)

08.30.~
수도권 강화된 사회적 거리두기 2단계

07.09.
소망교회, 7~8월 예배 모임
변경사항 안내

08.15.
소망교회, 8.15~30일간
집합제한명령에 따른
예배와 모임 안내

09.24.
합동추모예배 온라인 진행

10.04.
창립43주년 온라인 음악예배
(시온 찬양대)

11.24.~
사회적 거리두기 2단계

11.06.
소망교회, 11월 예배와 모임
안내 발송

12.03.
보이는 라디오<소망아워>
첫 방송

12.25.
성탄절 봉헌송 버추얼콰이어
107인의 찬양대

7월　　8월　　9월　　10월　　11월　　12월

	2차 유행기(2020.08.~2020.10.)	3차 유행기(2020.11.~2021.06.)
발생 동향	수도권 지역 내 종교시설, 집회, 다중이용시설 등에서 확진자 증가	
방역 대응	마스크 착용 선제 실시, 거리 두기, 검사 확대, 역학조사인력 확대 등으로 방역 대응 중심 대처 유지	

- 정부, 수도권 2단계 거리두기 1주 연장(08.28.)

- 정부, 수도권 교회 비대면 예배기준 마련(09.19.)
  -비대면 예배만 가능
  -소모임/행사, 식사 금지
  -예배실 300석 이상 : 50명 미만 참여
  -예배실 300석 미만 : 20명 이내 참여
- 강남구, 교회집합제한명령 기간연장 및 비대면 예배 기준안내(09.22.)

- 정부, 수도권 지역 사회적 거리두기 조정 방안(10.11.)
- 강남구, 사회적 거리두기 조정에 따른 교회 방역수칙 의무화 조치 안내(10.14.)
  -정규예배: 예배당 좌석의 30% 참여
  -소모임/행사, 식사 금지

- 정부, 사회적 거리두기 5단계 시행 발표(11.01.)
- 강남구, 종교시설 방역 지침 변경 안내(11.05.)
  -소모임/행사, 식사 완화(금지->자제)
- 강남구, 사회적 거리두기 1.5단계 격상(11.19.)
  -좌석수의 30% 이내
- 강남구 사회적 거리두기 2.0단계 격상(11.23.)
  -좌석수의 20% 이내

- 강남구, 사회적 거리두기 2.5단계 격상(12.07.)
  -비대면 예배 실시
- 강남구, 연말연시 방역 강화(12.24.)
  -비대면 예배 실시

- 성인성서연구 개강(오프라인)(05.12.)
  소망풍경 개방
  남선교회 화요조찬 성경공부 온라인 개강
  주일예배 사전예약제 해제(05.17.)
  장로선거 드라이브 스루 병행 결의(05.20.)
  사랑나눔부, 강남복지재단에 사랑박스 500개 전달(05.21.)
  성령강림주일 세례식 실시(05.31.)
  교회학교 대학부 예배 실시

- 삼일기도회 온/오프라인 병행 실시(06.03.)
  주일찬양예배 온/오프라인 병행 실시(06.07.)
  장로 1차 선거(드라이브 스루 병행)
  고등1, 2부, 드림부 예배 실시(06.14.)
  장로 2차 선거(드라이브 스루 병행)
  남선교회 화요조찬 성경공부 종강(06.16.)
  소망교회, 7~8월 예배 모임 안내(06.25.)

- 소망교회, 7~8월 예배 모임 변경사항 안내(07.09.)
  -정규예배 외 모든 모임 잠정연기
  -모든 공예배는 온/오프라인 병행
  -소망풍경 7월 한 달 동안 폐쇄

- 소망교회, 8.15~30일간 집합제한명령에 따른 예배와 모임 안내(08.15.)
  영아, 유아, 유치, 소망부 온라인 진행
  성경학교, 수련회 등 온라인 진행

- 소망교회, 9월 예배와 목회일정 안내(08.28.)
  -모든 모임 온라인 진행
  -합동추모예배(09.24.) 온라인 진행

- 창립43주년 온라인 음악예배(시온 찬양대)(10.04.)
- 소망교회, 10월 예배와 모임 안내 발송(10.11.)
- 대학, 청년, 청년플러스 예배 시작(10.18.)
- 교육1부 예배 시작(10.25.)

- 소망교회, 11월 예배와 모임 안내 발송(11.06.)
  -11~12월 중 총회 모임 1회 허용
  -도서관 주일에 한해 개방

- 보이는 라디오<소망아워> 첫 방송(12.03.)
- 문화선교부, 제1차 SDT 컨퍼런스(12.08.)
- 당회, 소망수양관을 수도권 생활치료센터로 제공하기로 결의(12.09.)
- 멀리서 함께하는 성탄축제(12.13.)
  성탄 미니 앨범 발표
- 소망수양관, 서울시 생활치료센터로 사용(12.17.)
- 온라인 성탄절음악회(할렐루야 찬양대)(12.20.)
- 성탄목 포토릴레이(12.24.)
  교회학교 온라인 성탄 발표회
- 성탄절 봉헌송 버추얼콰이어 107인의 찬양대(12.25.)

2021년	상반기

서울시 확진자 추이 및 소망교회 주요 대응

1,000,000

2020.12.08.~ 수도권 사회적 거리두기 2.5단계

2021.02.15.~ 수도권 사회적 거리두기 2단계

01.15.
모바일 헌금 도입을 위한 TF구성 및 검토(1.15.)

01.16.
소망교회,
1월 예배 모임 안내
-온오프라인 예배 병행

02.26.
상반기
구역지도자 수련회

02.27.
소망장학생 장학증서 수여식

03.06.
스마트비전스쿨

03.10.~31.
상반기 열린영성마을
(매주 수요일)

04.04.
온라인 부활절 축하 음악예배
(에벤에셀 찬양대)

04.11.
대한민국 피로회복 헌혈행사 1차

05.02.
4부 할렐루야 찬양대 버추얼 봉헌특송

05.23.
대한민국 피로회복 헌혈행사 2차

10,000

100

0

1월   2월   3월   4월   5월

3차 유행기(2020.11.~2021.06.)

발생 동향	요양시설 및 병원, 종교시설, 교정시설 등 수도권 중심에서 전국적 확산, 가족 간 감염 증가
방역 대응	지속적인 강력한 방역 대응을 유지하며 고위험 취약시설 중심으로 점검 등 시행

정부 및 지자체, 교단 대응

- 강남구, 사회적 거리두기 2.5단계 기간 연장(01.15.)
  -비대면 예배 실시
- 강남구, 사회적 거리두기 2.5단계 기간 연장(01.18.)
  -좌석수의 10% 이내
- 강남구, 종교시설 방역지침 연장(02.02.)
  -좌석수의 10% 이내
- 강남구, 사회적 거리두기 2.0단계 하향 조정(02.15.)
  -좌석수의 20% 이내

- 코로나19 백신 접종 시작(02.26.)
- 강남구 사회적 거리두기 2.0단계 조치 연장(03.03.)
  -좌석수의 20% 이내
- 서울 시내버스와 지하철, 평일 오후 10시 이후 야간 운행 정상화(04.05.)
- 서울시 거리두기 체계 1주일 연장 발표(06.30.)

소망교회 대응

- 온라인 새해감사예배(01.01.)
- 2021 온가족 새벽기도회(01.02.)
- 모바일 헌금 도입을 위한 TF구성 및 검토(01.15.)
- 소망교회, 1월 예배 모임 안내(01.16.)
  -온오프라인 예배 병행
- 2021 제직수련회(01.20.)
  -신임집사 82명
- 2020 장로, 권사 은퇴식(01.31.)
  -은퇴장로 2명 -은퇴권사 126명
- 신임권사 임직식(01.31.)
  -신임권사 86명

- 겨울신앙강좌 종강(02.19.)
- 상반기 구역지도자 수련회(02.26.)
- 소망장학생 장학증서 수여식(02.27.)
- 아동팀 겨울성경학교(02.27.)
- 청소년팀 겨울수련회(02.20.~27.)

- 교사 헌신의 밤(03.03.)
- 스마트비전스쿨(03.06.)
- 상반기 열린영성마을(매주 수요일)(03.10.~31.)
- 새가족 교육 수료식(본당)(03.14.)

- 고난주간 목요세족예배(04.01.)
- 고난주간 성금요예배(04.02.)
- 부활주일예배(04.04.)
- 온라인 부활절 축하 음악예배(에벤에셀 찬양대)(04.04.)
- 대한민국 피로회복 헌혈행사 1차(04.11.)
- 5부 에벤에셀 찬양대 버추얼 봉헌특송(04.11.)
- 장로선거 1차 투표(04.18.)

- 1부 베다니 찬양대 버추얼 봉헌특송(04.18.)
- 소망가족 신앙수련회(04.23.)
- 2부 호산나 찬양대 버추얼 봉헌특송(04.25.)
- 장로선거 2차 투표(04.25.)

- 4부 할렐루야 찬양대 버추얼 봉헌특송(05.02.)
- 어린이주일/유아세례식(05.02.)
- 온가족예배: 소망을 담은 갈대상자(05.09.)
- 3부 시온 찬양대 버추얼 봉헌특송(05.16.)
- 소망의 청년 주일(05.16.)
- 소망선교훈련학교(SMTS) 종강(05.21.)
- 대한민국 피로회복 헌혈행사 2차(05.23.)

- 권사회 수련회(06.16.)
- 상반기 화요조찬 및 성인성서연구 종강(06.17.)
- 통일선교주간(06.18.~25.)

- 소망장학생 여름수련회(07.03.)
- 문화선교부, 랜선 아웃리치 발표 및 수료식(07.03.)
- 영유아유치팀 온라인 여름성경학교(07.03.)
- 청년플러스 여름수련회: 도시의 어부(07.04.)
- 새로운 거리두기 4단계 격상에 따른 예배와 모임 안내(07.09.)
  -비대면 예배로 전환
  -제직회 및 공동체 월례회 녹화모임 제한
- 소망부 온라인 가정캠프(07.11., 28.)
- 전교인 구약, 신약 성경통독(07.15.~16.)

- 모바일 헌금 안내를 위한 리플렛, 동영상 제작(08.01.)
- 문화선교부, 온라인 매거진 '소망 스마트 선교 나눔' 창간(08.01.)
- 청소년팀 여름수련회(08.01.)

2021

하반기

06.16.
권사회 수련회

06.17.
상반기 화요조찬 및
성인성서연구 종강

2021.07.12.~
새로운 거리두기 4단계

07.09.
새로운 거리두기 4단계
격상에 따른 예배와 모임 안내
-비대면 예배로 전환
-제직회 및 공동체 월례회
 녹화모임 제한

08.22.
모바일 헌금 서비스 시작

09.16.
제27회 소망가족 합동 추모예배
(소망교회 본당 및 온라인)

10.09.
랜선 나무 심기 행사
(메타버스 게더타운)

2021.11.01.~
단계적 일상 회복

11.16.
기적의 55번가 바자회

11.20.
사랑나눔부, 사랑박스나눔
-약 2천 3백만원 상당의
 간식키트 1,153박스 전달

2021.12.06.~
특별방역대책

12.08.
사랑나눔부, 사랑온기나눔
행사 진행
-취약계층을 위한 전기매트
 700개 전달

| 7월 | 8월 | 9월 | 10월 | 11월 | 12월 |

4차 유행기(2021.07.~2021.12.)

발생 동향 델타변이 우세종화, 수도권 중심 20대 확진자 증가, 선행확진자 접촉에 의한 감염 증가

방역 대응 방역 대응의 수준을 최대한 유지하며 고위험시설 집중 대응

- 강남구, 새로운 거리두기 4단계 조치사항(07.12.)
 -비대면 예배 실시
 -예방접종자에 대한 예외적용 제외
- 강남구, 4단계 종교시설 운영 기준 조정 안내(07.22.)
 -19명 내에서, 전체 수용인원의 10% 허용
- 강남구, 4단계 종교시설 운영기준 안내(08.09.)
 -동시간 공간별 수용인원 10% 이내(최대 99명까지 허용)

- 강남구, 단계적 일상회복 전환에 따른 조치(11.02.)
 -접종완료자로만 구성시 다음의 활동 가능
 -소모임 10명, 성가대, 500명 미만 행사
- 강남구, 특별방역대책에 따른 방역수칙 안내(12.07.)
 -전체수용인원의 50% 참석 가능
 -접종완료자로만 구성시 인원제한 해제
- 강남구, 특별방역대책에 다른 방역수칙 안내(강화조치)(12.17.)
 -전체 수용인원의 30% 참석 가능 -소모임 4명까지 가능

- 소망교회, 8월 예배와 모임 안내(08.08.)
 -비대면 온라인예배(본당 99명 가능) -찬양대: 솔리스트 찬양
- 아동팀 여름성경학교(08.13.~15.)
- 대학부 여름수련회(08.15.~22.)
- 청년부 여름수련회(08.15.~22.)
- 소망교회-하나은행 '모바일 헌금' 업무 협약 체결(08.18.)
- 여름신앙강좌 종강(08.20.)
- 모바일 헌금 서비스 시작(08.22.)
- 하반기 구역지도자 수련회(08.22.)

- 유아부실 리모델링 공사 완공 감사예배(09.03.)
- 서울조선족교회 리모델링 완공 감사예배(09.08.)
- 제27회 소망가족 합동 추모예배(소망교회 본당 및 온라인)(09.16.)
- 하반기 소망영성마을 종강(09.25.)

- 제5기 허니브리지(나인블럭&더스테이힐링파크)(10.01.~02.)
- 소망교회 창립 44주년 온라인 음악예배(베다니 찬양대)(10.03.)
- 여전도회 신앙수련회(10.08.)
- 랜선 나무 심기 행사(메타버스 게더타운)(10.09.)
- 권사 후보자 교육(10.13.)
- 소망교회, 11월 예배와 모임 안내(10.30.)
 -찬양대는 솔리스트 찬양 및 악기 연주
 -부서 및 공동체 월례회: 온라인 진행
 -권사회, 여전도회, 실버부서 예배: 기도회로 본당에서 진행

- 어머니기도회 블레싱 종강(11.10.)
- 장로임직예식(11.14.)
- 기적의 55번가 바자회(11.16.)
- 수험생을 위한 기도회(11.18.)
- 통일선교학교 13기 종강(11.19.)

- 사랑나눔부, 사랑박스나눔(11.20.)
 -약 2천 3백만원 상당의 간식키트 1,153박스 전달
- 추수감사주일, 유아세례식(11.21.)
- 기적의 55번가 바자회(11.28.)
- 남선교회 주관, 대림절 맞이 감사찬양예배(11.28.)

- 소망교회, 12월 예배와 모임 안내1(12.08.)
 -제직회 및 공동체 총회는 접종완료자 49명으로 제한
 -찬양대/찬양팀: 접종완료자로 운영
- 사랑나눔부, 사랑온기나눔 행사 진행(12.08.)
 -취약계층을 위한 전기매트 700개 전달
- 신임권사 임직식행(12.12.)
 -신임권사 104명

- 소망교회, 12월 예배와 모임 안내2(12.17.)
 -모든 예배는 현장 및 온라인 병행
 -찬양대/찬양팀: 접종완료자로 운영
 -총회: 온라인 진행 권면
 -총회 제외 기타모임: 5명 미만 허용
- 군선교부, 군장병 성탄위문품 발송(12.17.)
- 장로,권사 은퇴식(12.19.)
 -은퇴장로 3명
 -은퇴권사 118명
- 2021 온라인 성탄절 음악회(호산나 찬양대)(12.19.)
- 소망꼬마학교 수료(12.19.)
- 성탄축하예배 및 행사(12.19~25.)
- 온라인사역실 현판식(12.29.)

2022년	상반기

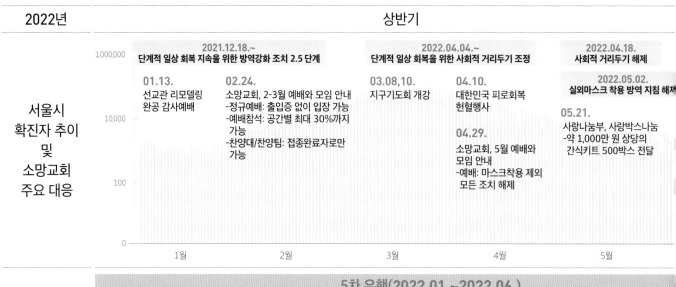

서울시 확진자 추이 및 소망교회 주요 대응

1,000,000

2021.12.18.~
단계적 일상 회복 지속을 위한 방역강화 조치 2.5 단계

01.13.
선교관 리모델링
완공 감사예배

02.24.
소망교회, 2-3월 예배와 모임 안내
-정규예배: 출입증 없이 입장 가능
-예배참석: 공간별 최대 30%까지 가능
-찬양대/찬양팀: 접종완료자로만 가능

2022.04.04.~
단계적 일상 회복을 위한 사회적 거리두기 조정

03.08,10.
지구기도회 개강

04.10.
대한민국 피로회복
헌혈행사

04.29.
소망교회, 5월 예배와
모임 안내
-예배: 마스크착용 제외
모든 조치 해제

2022.04.18.
사회적 거리두기 해제

2022.05.02.
실외마스크 착용 방역 지침 해제

05.21.
사랑나눔부, 사랑박스나눔
-약 1,000만 원 상당의
간식키트 500박스 전달

10,000

100

0

1월 · 2월 · 3월 · 4월 · 5월

정부 및 지자체, 교단 대응

5차 유행(2022.01.~2022.06.)

발생 동향   오미크론 변이 유입 및 우세종화에 따른 감염 대확산, 일 60만여 명(서울 12만 명) 확진자 발생

방역 대응   확진자의 급증에 대응하기 위한 방역 대응 간소화

• 강남구, 종교시설 방역조치 3주 연장 안내(02.21.)
 -출입자명부 작성/관리 의무 잠정 해제

• 강남구, 종교시설 방역수칙 조정사항 안내(03.02.)
 -수용제한인원(30%, 70% 등) 준수 해제

-접종여부 관계 없이 소모임(6명)
-찬양대 운영 가능
• 강남구, 종교시설 방역수칙 조정사항 안내(03.07.)
 -접종 관계없이 수용인원 70%까지 허용
• 진료체계 강화 발표(03.31.)

소망교회 대응

• 새해 감사 예배(01.01.)
• Bridge3040 지구 신설(01.01.)
• 온라인 지구 신설(01.01.)
• 선교관 리모델링 완공 감사예배(01.13.)
• 교육부서 선교관 예배 재개(01.16.)
• 제직수련회(01.19.) -신임집사 135명

• 새가족 교육 수료식(본당)(02.13.)
• 겨울신앙강좌 종강(02.18.)
• 대학부, 청년부 겨울수련회(02.19.~20.)
• 아동팀 겨울성경학교(02.19.~20.)
• 청소년팀 겨울수련회(02.19.~20.)
• 소망교회, 2~3월 예배와 모임 안내(02.24.)
 -정규예배: 출입증 없이 입장 가능
 -예배참석: 공간별 최대 30%까지 가능
 -찬양대/찬양팀: 접종완료자로만 가능
• 소망장학생 장학증서 수여식(02.26.)

• 교사 헌신의 밤(03.02.)
• 소망교회, 3월 예배와 모임 안내(03.03.)
 -3월 4일부터 찬양대/찬양팀 구성 가능
 -생수 이외의 음식물 섭취 불가능
• 상반기 구역지도자 수련회(03.04.)
• 화요조찬 기도회 개강(03.08.)
• 지구기도회 개강(03.08.,10.)
• 43기 교사대학 개강(03.22.)
• 실버선교회 금요예배 개강(03.25.)

• 소망가족 신앙수련회: '우와!'한 아버지(04.02.)
• 대한민국 피로회복 헌혈행사(04.10.)
• 고난주간 묵상기도회(04.15.)
• 고난주간 성금요예배(04.16.)
• 이음마을 온라인 장터 판매 시작(04.16.)
• 부활주일예배(04.17.)

• 소망수양관 생활치료센터 종료(04.22.)
 -남자: 2,014명 -여자: 1,809명
• 유아세례교육(04.23.)
• 사무처, 기획위원회에 코로나19 해제에 따른 교회 정상화 방안 보고(04.28.)
 -코로나19 기간 중 예배 환경 개선 내용
 -코로나19 기간 중 직원 운용 현황
 -교회예배 정상화 방안 검토
• 소망교회, 5월 예배와 모임 안내(04.29.)
 -예배: 마스크착용 제외 모든 조치 해제

• 어린이주일/유아세례식(05.01.)
• 어버이날 기념 연합예배(05.06.)
• 온가족예배: 소망을 담은 갈대상자(05.08.)
• 제기 허니브리지(나인블럭&더스테이힐링파크)(05.12.~13.)
• 소망의 청년 주일(05.15.)
• 소망모아 희망나눔 오프라인 장터(05.15.)
• 사랑나눔부 사랑박스나눔(05.21.)
 -약 1,000만 원 상당의 간식키트 500박스 전달
• 장로선거 1차 투표(05.22.)
• 상반기 소망영성마을 종강(05.25.)
• 장로선거 2차 투표(05.29.)
• 소망수양관 재개관 감사예배(05.31.)

• 온라인 지구, 아둘람기도회 교회ON 시작(06.10.)
• 상반기 지구기도회 종강(06.14.,16.)
• 권사회 수련회(06.15.)
• 실버선교회 금요예배 종강(06.17.)
• 통일선교주간(06.17.~24.)
• 나라사랑 기도회(06.24.)
• 유아2부 여름성경학교(06.25.~26.)
• 대학부, 선교후원행사(06.26.)

• Bridge3040, 젊은부부 공동체 첫 현장모임(07.02.)

하반기

2022.09.26.~
실외마스크 착용 의무 해제

6.10
온라인 지구, 아둘람기도회
교회ON 시작

6.14
장로 2차 선거
(드라이브 스루 병행)

7.2
Bridge3040,
젊은부부 공동체 첫 현장모임

08.26.
사무처, 기획위원회에
8월 이후
친교실 운용 방안 보고

09.01.
제28회 소망가족
합동 추모예배
(소망수양관)

09.02.~03.
제8기 허니브리지
(알로프트 서울 명동)

10.02.
창립 45주년 기념주일

11.12.
청소년팀, 추수감사
연탄나눔봉사

11.23.
선한 사마리아인의
작은 선물 전달(11.23)
-총 1,203개
-114,585,294원

12.16.
미래소망스쿨 졸업감사예배

12.21.
강남경찰서 성탄감사예배

| 7월 | 8월 | 9월 | 10월 | 11월 | 12월 |

6차 유행기(2022.07.~2022.09.)	7차 유행기(2022.10.~2023.01.)

| **발생 동향** | **2차 오미크론 변이에 따른 감염 대확산** |

- 강남구, 종교시설 방역수칙 의무화 해제 안내(04.18.)
  - 수용인원 70% 준수 해제
  - 사적 모임 및 종교행사 제한 해제
  - 실내 취식금지는 4월 25일(월) 0시부터 해제
- 코로나19 제2급 감염병으로 하향(04.25.)

- 유아1부, 유아유치3부 여름성경학교(07.02.~03.)
- 청년플러스, 어쩌다 청플(07.03.)
- 전교인 구약 성경통독(07.04.~08.)
- 영아1부 여름성경학교(07.09.)
- 소망장학생 여름수련회(07.09.)
- 유치2부 여름성경학교(07.09.~10.)
- 영아2부 새싹학교(07.16.)
- 유치2부 여름성경학교(07.16.~17.)
- 드림부 여름수련회(07.22.~23.)
- 소망부 여름수련회(07.22.~23.)
- 대학부 여름국내선교(07.26.~27.)
- 소망교회와 함께하는 경찰특공대 음악회(07.27.)
- 청년부 여름국내선교(07.28.~31.)
- 소년부 여름성경학교(07.29.~31.)

- 유년부, 초등부 여름성경학교(08.05.~06.)
- 6남선교회 충북 보은 국내선교(08.06.)
- 청년플러스 여름수련회(08.12.~14.)
- 영어아동부 여름성경학교(08.13.~14.)
- 전교인 신약 성경통독(08.16.~18.)
- 대학부 여름수련회(08.18.~20.)
- 여름신앙강좌 종강(08.19.)
- 사무처, 기획위원회에 8월 이후 친교실 운용 방안 보고(08.26.)
- 하반기 구역지도자 수련회(08.26.)
- 청년부 여름수련회(08.27.~28.)
- 하반기 화요조찬 성경공부 개강(08.30.)

- 제28회 소망가족 합동 추모예배(소망수양관)(09.01.)
- 제8기 허니브리지(알로프트 서울 명동)(09.02.~03.)
- 43기 교사대학 수료예배(09.07.)
- 어머니 기도회 블레싱 개강(09.14.)
- 24기 소망꼬마학교 입학(09.24.)

- 4남선교회, 가을 국내선교(10.01.,03.)

- 안전한 일상생활 위해 개인방역 6대 수칙 권고(04.27.)
- 실외 마스크 착용 의무 완화(05.02.)
- 실외 마스크 착용 의무 해제(09.26.)
- 코로나19 2가 백신 접종 확대 시행(10.28.)

- 창립 45주년 기념주일(10.02.)
- 여전도회 신앙수련회(10.07.)
- 권사 후보자 교육(10.15.)
- 14기 통일선교학교 개강(10.21.)
- 구역지도자 성지탐방(10.28.)
- 아동팀 예닮학교(10.29.)
- 1기 예배 찬양 인도자 학교 종강(10.29.)

- 제8기 허니브리지(알로프트 서울 명동)(11.04.~05.)
- 서리집사교육(11.05.)
- 유아세례교육(11.12.)
- 청소년팀, 추수감사 연탄나눔봉사(11.12.)
- 사회봉사부, 디아코니아로의 초대(11.13.)
- 수험생을 위한 기도회(11.17.)
- 금요아둘람기도회 종강, 온통기쁨 수료식(11.18.)
- 사랑나눔부, 사랑의 김장김치나눔(11.19.)
- 남선교회, 가을성지순례(11.19.)
- 추수감사주일, 유아세례식(11.20.)
- 장로임직예식(11.23.)
- 선한 사마리아인의 작은 선물 전달(11.23.)
  - 총 1,203개 -114,585,294원
- 남선교회, 가을 연합 음악회(11.25.)
- 이음마을 추수감사 바자회(11.27.)
- 소망 새가족, 담임목사님과의 만남(11.27.)
- 선한사마리아인의 작은 선물 상자 및 후원금 전달식(11.30.)

- 신임권사 임직식(12.11.) 59명
- 미래소망스쿨 졸업감사예배(12.16.)
- 장로,권사 은퇴식(12.18.)
  - 은퇴장로 4명 -은퇴권사 172명
- 강남경찰서 성탄감사예배(12.21.)
- 교회학교 성탄 발표회(12.21.)
- 소.문.함.성 음악회(12.24.)
- 성탄예배(12.25.)

2023년	상반기

서울시 확진자 추이 및 소망교회 주요 대응

03.22.~
코로나19 백신 1년에 한 번 접종으로 전환

04.20.~
코로나19 접종기관 축소

01.01.
신년예배
(코로나19 이후 첫 성찬식)

02.03.
부목사 사택, 하임빌리지 준공 감사예배

03.03.~04.
청년부 겨울수련회

04.28.
5월의 키다리 선물상자 캠페인
-전국 44개 보육원 1,439명의 아이들에게 선물 전달

01.27.
소망교회 예배 및 모임 안내
-예배 및 모임 시 마스크 착용 의무 해제
-자율적인 마스크 착용 권고
-코로나19 의심 증상자, 확진자 접촉자 등은 마스크 착용 적극 권고
-공용 성경책 및 찬송가 살균 소독 후 비치

03.31.~04.01.
제10기 허니브리지
(알로프트 서울 명동)

05.06.
사랑나눔부, 사랑박스나눔

1,000,000 / 10,000 / 100 / 0

1월 / 2월 / 3월 / 4월 / 5월

정부 및 지자체, 교단 대응

7차 유행기

발생 동향	겨울철 독감 및 코로나19 변이에 따른 감염 확산
방역 대응	확진자의 급증에 대응하기 위한 방역 대응 간소화

- 실내마스크 의무 해제(01.30.)
- 대중교통, 대형시설 내 개방형 약국 마스크 착용의무 해제(03.20.)
- 세계보건기구(WHO), 코로나19에 대한 '국제적 공중보건 비상사태 선언'을 해제(04.05.)
- 중앙방역대책본부, 코로나19 위기 경보 수준을 '심각'에서 '경계'로 하향 조정(06.01.)

소망교회 대응

- 신년예배(코로나19 이후 첫 성찬식)(01.01.)
- 온가족 새벽기도회(01.02.)
- 신년하례회(01.06.)
- 대학부 라오스 비전트립(01.10.~16.)
- 제직수련회(01.18.)
  -신임집사 135명
- 청년부, 신년 특새(01.18.)
- 의료선교부, 인도네시아 의료봉사(01.19.~25.)
- 청년부, 일본 비전트립(01.20.~25.)
- 청년부, 캄보디아 비전트립(01.20.~25.)
- 대학부, 필리핀 비전트립(01.26.~02.01.)
- 소망교회 예배 및 모임 안내(01.27.)
  -예배 및 모임 시 마스크 착용 의무 해제
  -자율적인 마스크 착용 권고
  -코로나19 의심 증상자, 확진자 접촉자 등은 마스크 착용 적극 권고
  -공용 성경책 및 찬송가 살균 소독 후 비치

- 부목사 사택, 하임빌리지 준공 감사예배(02.03.)
- 유년부 겨울성경학교(02.04.~05.)
- 문화선교부, 소그룹 인도자 교육(02.08.)
- 대학부 겨울수련회(02.09.~11.)
- 초등부 겨울성경학교(02.11.~12.)
- 소망부 겨울수련회(02.17.~18.)
- 고등부 겨울수련회(02.17.~18.)
- 소년부 겨울성경학교(02.18.~19.)
- 중등부 겨울수련회(02.24.~25.)
- 소망장학생 장학증서 수여식(02.25.)
- 유치부 봄 성경학교(02.25.)
- 청년플러스 겨울수련회(02.28.~31.)

- 상반기 구역지도자 수련회(03.03.)

- 청년부 겨울수련회(03.03.~04.)
- 유치부 봄 성경학교(03.04.,11.)
- 화요조찬 성경공부 개강(03.07.)
- 성인성서연구 개강(03.07.,09.)
- 교사 헌신의 밤(03.08.)
- 사회봉사학교 개강(03.10.)
- 소망꼬마학교 25기 입학(03.18.)
- 제44기 교사대학 개강(03.21.)
- 성인세례교육(03.24.)
- 제10기 허니브리지(알로프트 서울 명동)(03.31.~04.01.)

- 소망가족 신앙수련회(04.01.)
- 고난주간 목요성찬(04.06.)
- 고난주간 성금요예배(04.07.)
- 18기 결혼예비교실(04.08.)
- 대한민국 피로회복 헌혈행사(04.09.)
- 부활주일예배(04.09.)
- 두손모아 희망나눔(04.16.)
- 장애인 주일(04.16.)
- 온통기쁨 시즌2 수료식(04.18.)
- 독거 어르신 초청 잔치(04.22.)
- 5월의 키다리 선물상자 캠페인(04.28.)
  -전국 44개 보육원 1,439명의 아이들에게 선물 전달

- 사랑나눔부, 사랑박스나눔(05.06.)
- 브리지3040 가족수련회(05.05.~06.)
- 어린이 주일: 꿈이 쑥쑥 소망 놀이터(05.07.)
- 온가족예배(05.14.)
- 장로선거 1차 투표(05.14.)
- 장로선거 2차 투표(05.21.)
- 대학부 선교후원행사(05.28.)

오직 여호와를 앙망하는 자는 새 힘을 얻으리니
독수리의 날개치며 올라감 같을 것이요
달음박질하여도 곤비하지 아니하겠고
걸어가도 피곤하지 아니하리로다
이사야 40장 31절

Covid-19 changed lives,
but also created opportunities

코로나19는 예측불가였다. 시작점을 통과하자 끝이 보이지 않았다. 어떤 계획이 숨어 있는지
가늠하기도 어려웠다. 코로나19의 속도와 방향은 하나님의 세계였다.
우리는 한 걸음씩 그분 옆으로 다가가며 준비할 뿐이었다.

코로나19 대유행,
변화와 기회

1

너는 가서 기쁨으로 네 음식물을 먹고
즐거운 마음으로 네 포도주를 마실지어다
이는 하나님이 네가 하는 일들을 벌써 기쁘게 받으셨음이니라
전도서 9장 7절

감염병의 시절도 3년을 훌쩍 넘겼다. 2023년도 어느덧 세 번째 달을 통과하는 중이다.
온 세상이 몸살을 앓았지만, 자연의 신비는 경이롭다. 꽃들은 마치 아무 일도 없었다는 듯
여느 봄처럼 피어난다. 일상을 사는 사람들의 움직임도 덩달아 분주해 보인다. 세상의 활기에
질세라, 교회도 많은 변화를 끌어안은 채 회복의 길을 찾고 있다. 소망교회에서도 감염병의 시간을
매듭짓고 새로운 여정을 모색한다는 소문이 들려온다. 긴긴 터널과도 같았던 코로나19, 그 시절을
지나온 이야기를 듣고자 김경진 담임목사님을 찾았다. 가벼운 긴장감을 챙겨갔지만,
반겨주시는 목사님의 온화한 미소에 마음을 놓았다. 환대의 공기 속에서 인터뷰는 시작되었다.

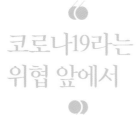

코로나19라는
위협 앞에서

안녕하세요? 목사님. 코로나19가 팬데믹에서 벗어나 엔데믹으로 가려나
봅니다. 지난 3년 동안 교회에도 많은 일이 있었을 줄 압니다. 먼저
코로나19 발생 초기의 이야기부터 듣고 싶습니다. 초기 단계에서 가장
인상 깊은 사건이 있다면 무엇일까요?

초기 단계에서 가장 어려운 문제는 아무래도 교회 문을 닫는
일이었습니다. 그것과 관련된 여러 문제가 있었는데, 그 이야기부터
드리고 싶습니다. 사실 저는, 2019년 말 중국 우한에서 환자가 발생했다는
뉴스가 나올 때부터 주의 깊게 지켜보고 있었습니다. 2020년 1월 25일,
코로나19 바이러스가 우리나라에 들어온 직후의 일입니다만,
교회 사무처장님과 대처 방안을 놓고 긴 이야기를 나눴습니다.
바이러스의 유입에 교회가 어떻게 대응하면 좋을지, 대응 방안을
미리 마련해주십사 부탁드렸습니다.

소망교회 제3대 담임목사

김경진 목사

선제적 대응을 하셨다는 말씀으로 들립니다. 당시의 사회 분위기는
긴박했는데요, 코로나19 바이러스의 국내 유입 이후로 확산세가
심상치 않았기 때문입니다. 교회에서도 본 사안이 급하게 진행되었을 것
같습니다.

　　　　네, 그랬습니다. 불과 이틀 만에 사무처장님께서 대응 방안을
마련해 오셨습니다. 당시의 두드러진 문제는 코로나19 바이러스가
감염병으로 확정된 것이었습니다. 국가의 방역 매뉴얼을 보니, 심각 단계에
이르면 예배당 문을 닫아야 할 수도 있었습니다. 지금껏 목회를 해오며
교회 문을 닫을 수 있다는 생각은 한 번도 해본 적이 없습니다. 저뿐만
아니라 모든 목회자와 성도님도 마찬가지였을 겁니다. 그러나 한 가지만
생각했습니다. '진정 무엇이 하나님과 성도를 위한 길인지', 그것을 숙고하고
또 숙고했습니다.

당시의 사건을 시간순으로 듣고 싶습니다. 자료를 찾다 보니,
코로나 국내 유입 일주일 전인 1월 12일의 주일 설교 <포로에게
말씀하시다>가 인상 깊었습니다. 그 설교에 얽힌 이야기를
부탁드립니다.

　　　　1월 12일은 새해 두 번째 주일이었습니다. 보통 새해 초에는
희망찬 내용이나 축복의 말씀을 전하곤 합니다. 그런데 저는, 포로로 잡혀간
곳에서 농사짓고 결혼하고 아이 낳고 눌러살라는 내용의 성경 본문으로
설교했습니다. 당시 저에게는 두 마음이 공존했습니다. 한편으로는 이
본문으로 설교하고 싶지 않았습니다. 신년을 맞아 성도님들께 복을
빌어주고 싶었기 때문입니다. 그러나 다른 한편으로는 이 본문에 붙들려서
벗어나지 못했습니다. 하고 싶지 않은데 해야 하는, 그런 설교였습니다.
참 이상한 일이었습니다. 저의 인간적인 생각으로는 이 말씀이 아니다
싶었지만, 그러나 무언가 저를 이끌어 가시는 인도하심을 느꼈습니다.
나중에서야 깨달았는데, 우리가 설교 말씀 그대로 하고 있었습니다.
코로나19 시절에도 삶은 계속되었고, 결혼을 하고, 아이를 낳았습니다.
그 설교 그대로 되어 버렸습니다.

'포로에게 말씀하시다',
2020년 1월 12일 주일 설교

여호와의 말씀이니라 너희를 향한
나의 생각을 내가 아나니 평안이요
재앙이 아니니라 너희에게 미래와
희망을 주는 것이니라
너희가 내게 부르짖으며
내게 와서 기도하면 내가
너희들의 기도를 들을 것이요
너희가 온 마음으로 나를 구하면
나를 찾을 것이요 나를 만나리라
이것은 여호와의 말씀이니라 나는
너희들을 만날 것이며 너희를
포로된 중에서 다시 돌아오게 하되
내가 쫓아 보내었던 나라들과 모든
곳에서 모아 사로잡혀 떠났던
그 곳으로 돌아오게 하리라
이것은 여호와의 말씀이니라
예레미야 29장 11-14절

"
심각 단계가 되면
교회 문을 닫기로 했습니다
"

목사님의 설교가 무엇을 예견한 것처럼 보입니다. 머지않아 1월 20일 우리나라에서 첫 번째 확진자가
발생했고, 며칠 후 교회 근처의 식당에 3번, 6번 확진자가 다녀갑니다. 급기야 2월 23일에 질병관리청은
방역 단계를 위기에서 심각으로 상향했지요. 그리고 소망교회는 바로 다음 날부터 교회 문을
닫았습니다. 개신교회 중에 가장 처음 문을 닫은 것으로 알고 있는데요, 당시의 상황이 궁금합니다.

2월 23일 주일을 잊을 수 없습니다.
그날의 기억은 분 단위로 기억날 정도니까요.
5부 예배를 마치고 내려와 시계를 보니 오후 4시
30분이었습니다. '심각 단계'가 되었다는 보고를
받았습니다. 대응 매뉴얼에 차이가 생기냐고
물었더니, "심각 단계가 되면 교회 문을 닫기로
했습니다"라는 답변이 돌아왔습니다.

교회 인근의 식당에 확진자가 다녀갔다는
기사 이후로 온 동네가 들썩이던 시절이었습니다.
기사가 나가자 성도님들도 2~3일간은 아주 적게
나왔습니다. '만일 교회 문을 닫지 않으면
어떻게 될까'하고 생각해 보았습니다. 상황이 더욱
심각하게 흘러갈 것이라고 예견했습니다. 심지어
제가 예상한 일들이 속속 벌어지기까지 했습니다.

1	2
3	4

1·2.2020년 2월 23일, 정부 코로나19 위기 경보에서 '심각' 단계로 격상 발표
3.소망교회 주일 예배 중단 결정 보도_YTN, 2020년 2월 23일
4.소망교회 주일 예배 중단 결정 보도_연합뉴스, 2020년 3월 15일

> 다음 주일까지
> 7일을 버틸 수
> 있을까...

고민이 많으셨을 것 같습니다.
교회 안팎의 목소리가 단일하지는 않았을 텐데요.

고민이 많았습니다. 교회 문을 닫아야 한다는 교회 밖의 목소리와, 닫을 수 없다는 교회 안의 목소리가 갈등을 빚으리라고 예상했습니다. 다음 주일까지 7일을 버텨 볼까, 하는 것을 시작으로 많은 생각을 했습니다만, 아무리 생각해도 문을 닫지 않는 것은 불가능해 보였습니다. 더욱이 그때는 코로나19에 감염되면 금방 죽을 것처럼 여겼습니다. 사회적 분위기가 그랬습니다. 목사는 무릇 한 사람 한 사람의 생명을 귀중히 여겨야 하는데, 그럼 어떻게 해야 하나, 고민했습니다. 양떼를 돌보고 그들의 생명을 보호하는 것이 목자의 본분이자 사명이라고 생각했습니다.

물론 이견이 있었습니다. 어떻게 교회 문을 닫느냐는 목소리가 있었습니다. 하지만 결론은 예배당 문을 닫아야 한다는 쪽으로 기울었습니다. 이후 장로님들께 연락을 드렸고, 현재 상황을 말씀드렸습니다. 그때까지만 해도 당회원 누구도 교회 문을 닫을 것이라고는 예상하지 못했습니다. 그러나 코로나19의 급속한 확산으로 더는 지체할 여유가 없었습니다. 정부의 발표와 함께 교회 문 닫는 일을 결정했습니다.

코로나19 기간 마스크를 쓴 채로
대표기도를 하는 모습

교회의 선제적 대처, 성도의 성숙한 반응

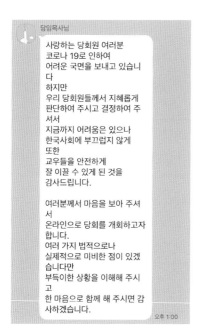

소망교회 온라인 당회에서
전면 온라인 예배로의 전환을 결의

**고민의 무게에 비하여 결정은 신속했던 것으로 보입니다.
이유가 있었을까요?**

아까도 말씀드렸지만, 미리 준비를 해두었기
때문입니다. 코로나19 위기 단계가 '경계 단계'(20.1.27)로
격상되기 전부터, 우리 교회는 코로나19에 대한 단계별
대응 방안을 마련해 두고 있었습니다. 정부 발표에 귀를
기울이면서도 선제적으로 대비하고 있었던 것입니다.
세계보건기구(WHO)가 국제적 공중보건 비상사태(PHEIC)를
선언했을 때(20.1.30), 우리 교회는 이미 단계별 대응 방안을
수립해놓은 상태였습니다. 이후 2월 5일 당회를 소집해
모든 공동체 모임을 중단하기로 결의했고, 2월 22일에는
주일찬양예배와 삼일기도회 현장 모임도 잠정적으로
중단하기로 했습니다.

교회 문을 닫기로 했던 2월 23일의 당회 결정은
모바일 메신저(카카오톡)를 통해 진행했습니다. 당회에서
본 사안을 이미 보고사항으로 받아두었기 때문입니다.
저는, 보고사항으로 받아둔 매뉴얼에 따라 진행하겠다고
발의했고, 대다수의 찬성에 따라 결의했습니다. 심각 단계로
조정한다는 정부 발표가 오후 4시경이었고, 우리 교회가
문을 닫기로 결정한 것이 오후 5시경이었으니까, 정말 빠르게
결정한 셈입니다. 다음날 새벽기도회부터 온라인으로 드려야
했기 때문에 결정 직후에 홈페이지를 통해 당회의 결정 사항을
알렸습니다. 그렇게 교회 문을 닫았습니다.
그러나 예배를 중단하기로 결정한 것은 아니었습니다.

교회 문을 닫는 결정 이후 목사님의 심경은 어떠셨나요?
아울러 성도님들의 반응도 궁금합니다.

공지를 올리고 나서도 여러 생각이 교차했습니다.
잘한 것일까? 잘못한 것일까? 수도 없이 생각했습니다. 당장 내일
새벽기도회부터 혼자 나와서 드려야 하는데, 난생처음 마주할 상황에
긴장도 되었습니다. 그러던 중에 비서실로 항의 전화가 오기
시작했습니다. 문을 닫는 이유를 물으며, 교회의 자세한 입장을
듣고 싶어 했습니다. 나중에는 '6·25 때도 교회 문을 안 닫았는데…',
'신사참배 하는 목사가 왔다…'는 식의 이야기까지 들려왔습니다.

복잡한 마음으로 집에 들어왔더니 이미 매스컴에서는
소망교회가 문 닫았다는 뉴스가 나오고 있었습니다.

예배당 문을 가득 채운 포스트잇 응원글

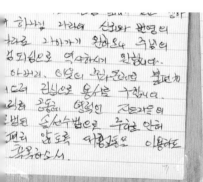

매스컴의 뉘앙스는 교회와 달랐습니다. 우리 교회가 문 닫기로
한 결정을 잘했다고 평가했습니다. 매스컴의 보도로 분위기가
반전됐습니다. 소망교회가 대사회적인 결정을 선제적으로 한 데에
칭찬의 목소리가 들렸습니다. 점차 다른 교회들도 문을 닫겠다는
결정을 하면서 이의를 제기하는 목소리가 줄어들었습니다. 비난의
목소리는 사라지고 오히려 칭찬의 목소리가 높아졌습니다.

그 시절, 소망의 성도님들께 참 감사했습니다. 예배당 문이
닫혔는데도 예배당 문 앞까지 찾아오셔서는, 닫힌 본당 문 앞을
돌면서 찬송을 부르시고, 예배당 문을 붙잡고 기도를 하셨습니다.
예배당 문이 속히 열리길 바란다는 기도 제목을 포스트잇에다가
적어서 문 바깥쪽에다가 빼곡하게 붙이셨습니다. 그 모습은
코로나 시절의 감동적인 기억으로 남아 있습니다.

확진자 발생, 그러나 하나님의 예비하신 손길

예배당 폐쇄 결정 이틀 후에 소망교회에 확진자가 발생했다는 보고를 받으셨는데, 당시 어떤 심정이셨나요?

　　그때의 기억을 되짚어 보면, 하루하루가 참 또렷합니다. 2월 25일 화요일이었습니다. 우리 교회 찬양대원이 코로나19에 확진됐다는 보고를 받았습니다. 이 사안을 어떻게 대처해야 할지 고심했습니다. 소망교회가 선제적으로 교회 문을 닫은 데 대해 사회가 좋은 평가를 해주던 때였습니다. 확진자가 발생했다는 보도만으로도 민감하게 반응하던 시절이라, 교회에 누가 되지는 않을까 염려했습니다. 그렇다고 숨길 수는 없었습니다. 코로나19에 확진된 우리 교회 성도는 2월 9일과 16일에 예배에 참석했고, 25일에 확진 판정을 받아 격리 병동에 들어갔습니다. 함께 찬양했던 대원들에게 기도를 부탁하면서 교회도 알게 된 것입니다. 사실 그대로를 홈페이지를 통해 알렸습니다. 성도들을 지키는 길이 무엇인지, 끊임없이 질문하고 확인하며 결정했습니다.

그런데 매스컴에서는 끊임없이 의심했습니다. 확진자 정보를 미리 알고 문을 닫기로 결정한 게 아니냐고 말입니다.

　　네, 분위기가 다시 반전되었습니다. 그간 보도되었던 좋은 이야기는 사라지고, 확진자 때문에 문을 닫았다고 몰아가기도 했습니다. 고심 끝에 코로나에 확진된 찬양대원의 검사 및 확진 날짜를 공개했습니다. 교회의 폐쇄 결정(23일)이 먼저였고, 찬양대원의 확진(25일)이 그 뒤라는 사실을 명확히 밝힌 것입니다. 일부 매스컴에서는 트러블 보도를 만들어 내려고도 했지만, 교회의 신속하고 정확한 대처로 더 이상의 트러블 보도는 나오지 않았습니다. 만일 며칠만 늦었어도 예배당 문을 자발적으로 닫은 교회가 아니라 코로나19 확진자 발생으로 어쩔 수 없이 문 닫은 교회라는 오명을 얻었을지도 모릅니다. 섬세하게 간섭하신 하나님의 섭리를 경험했습니다.

온라인예배, 그리고 실시간성

갑자기 모든 예배를 온라인으로 전환하셨는데, 온라인 예배를 위해서는 각종 설비가 필요하지 않은가요? 그 문제는 어떻게 해결하셨나요?

거기에도 흥미로운 이야기가 있습니다. 우리 교회가 이미 코로나 반년 전에 유튜브 채널을 개설해놓았어요. 홈페이지 안에서 새벽기도회를 전송하다가 더 원활한 중계를 위해 유튜브 채널을 준비해 놓은 것이죠. 모든 준비가 되었던 덕분에 교회 문을 갑자기 닫고서도 곧바로 유튜브로 송출할 수 있었습니다. 기막히게 절묘한 타이밍이었지요.

주일에 여러 번의 예배를 드릴 때 어떤 교회는 녹화본을 틀기도 했습니다. 그러나 소망교회는 주일 1부에서 5부까지 실시간 예배를 드리신 것으로 압니다. 실시간성을 강조하신 데에 특별한 이유가 있을까요?

저는 신학교에서 예배학을 가르쳤습니다. 머지않아 온라인 예배의 시대가 오리라 예견했고, 신학적으로 깊이 고민한 적이 있습니다. 온라인 예배에서 가장 중요한 것은 실시간성이라고 생각했습니다. 온라인이니까 공간적으로는 서로 떨어져 있지요. 그러나 시간적으로라도 함께 해야 합니다. 실시간성을 빼고 온라인 예배를 드린다면, '오늘 나에게 연결된 공동체'를 놓치고 맙니다. 심지어는 죽은 사람도 설교할 수 있게 됩니다. 온라인에서 실시간성을 빼버리면 예배가 된다고 하기에 어렵습니다. 이것이 저의 분명한 신학적 입장이었고, 그 입장은 지금도 변함이 없습니다.

그래서 저는 비대면 온라인으로 예배할 때도 1부에서 5부까지 모두 실시간으로 드렸습니다. 설교자인 저는 매시간 올라갔고, 대표기도자, 찬양대, 봉헌찬양을 위한 솔리스트도 대면 예배할 때와 똑같은 방식으로 매시간 다른 분이 올라갔습니다. 예배당 좌석에 성도가 없을 뿐 온라인을 통해 온 성도가 연결되어 있다고 믿으면서 예배를 드렸습니다.

이 시절을 통과하며 예배의 본질이 무엇인지, 우리의 예배는 어떠해야 하는지, 더 깊이 생각하고 연구했습니다. 오늘의 상황에 적절한 답을 제시하기 위해 애를 썼습니다. 코로나19의 시절에 교회의 생태계는 분명히 변했습니다. 저는 여전히 교회가 코로나19 이후의 시대를 어떻게 바라보고 또 길을 제시해야 하는지, 고민하고 있습니다.

퀀텀 점프(Quantum Jump),
새로운 온라인 시대를 열다

온라인 헌금 문화

코로나19 시기 동안 소망교회가 새로운 일을 많이 시도한 것 같습니다.
그 가운데 소개하고 싶은 사역이 있다면 무엇이 있을까요?

먼저 온라인 헌금에 관해 말씀드리고 싶습니다. 당시에 일각에서는 교회가 헌금 때문에 문을 닫지 못하는 것 아니냐고 비난하곤 했습니다. 그게 아니라는 것을 알려주고 싶었습니다. 교회 문을 닫고 비대면 온라인으로 첫 주일예배를 드리던 날의 헌금을 어떻게 할까 고민했습니다. 보다 의미 있고 사회에 본이 되도록 흘러가게 하고 싶었습니다. 당시에는 대구·경북 지역에 코로나19 피해가 컸습니다. 헌금 전액을 대구·경북 지역으로 보내자는 제안을 드렸습니다. 감사하게도 당회원 전원의 만장일치로 승인되었습니다. 3억 원 정도의 헌금을 보냈습니다.

크게 두 가지 효과가 생겼습니다. 첫 비대면 온라인 헌금(20.3.1)을 코로나 피해 지역에 보낸다고 알렸더니, 성도님들께서 온라인 헌금에 더 관심을 보이셨습니다. 헌금하는 구체적인 방법을 문의하셨고, 온라인 예배에도 더 적극적으로 참여하셨습니다. 온라인 헌금의 물꼬를 트고 길을 연 셈이 되었습니다. 그리고 본의 아니게 언론의 주목 또한 받았습니다.
"소망교회 '사상 첫 온라인 예배 헌금, 대구경북을 위해 기부'"(국민일보)와 같은 헤드라인으로, 소망교회가 뉴스의 한 줄을 장식하기 시작했습니다. 이 시대에 교회가 감당해야 할 선행의 모습을 소망교회가 제시했다는 이야기가 들려왔습니다.

1. YTN, 2020년 3월 2일
2. JTBC, 2020년 3월 2일

목사님의 말씀을 듣다 보니, 참 신기한 경험을 하셨다는 생각이 듭니다. 예배당은 텅 비었는데, 오히려 더 풍성하고 융성해진 느낌입니다. 게다가 새로운 헌금 문화를 여신 셈인데요.

첫 온라인 예배 한 달 후의 부활절 헌금도 교회 바깥으로 흘려보냈습니다. 말씀드렸듯이 2020년 3월 1일의 헌금은 대구·경북 지역으로 보냈는데, 부활주일인 4월 12일의 헌금은 어려움을 겪는 작은 교회들에 보냈습니다. 우리 교회 바깥으로 눈을 돌리고 돌보는 일을, 그 시기에 우리 교회를 향하신 하나님의 뜻으로 여겼습니다.

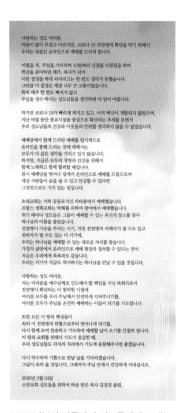

2020년부터 지금까지 성도들에게 보내는 김경진 목사의 목회서신

목회서신

온라인 헌금뿐 아니라 목사님의 '목회서신'에 많은 분이 큰 감동을 받았다고 들었습니다. 목회서신에 관한 이야기를 듣고 싶습니다.

사도들은 믿음의 형제·자매에게 목회서신을 보내서, 어려운 시기에 믿음을 지키는 교회를 위로하고 격려했습니다. 우리도 지난 3년 동안 참 어려운 시간을 보냈습니다. 우리 성도님들께 주님의 위로와 평안을 전하고 싶었습니다. 비대면 온라인 예배를 시작했던 날(20.2.24), 저는 목회서신이라는 이름으로 홈페이지에 편지를 띄우고 성도님들을 생각하며 기도했습니다. 우리가 대면할 수는 없지만, 성령 안에서 여전히 한 공동체로 소통하고 있음도 나누고 싶었습니다. 소망교회가 목회서신을 띄웠다는 소식은 매스컴도 주목했고, 그때부터 다른 교회에서도 목회서신이 등장했습니다.

온라인 교구

온라인 교구도 신설했는데요, 이에 대해 말씀해 주실 수 있을까요?

코로나19를 겪으면서 성도들의 예배 참여가 두 차원으로
나뉘었습니다. 현장 예배와 비대면 온라인 예배입니다.
온라인 예배에 참여하는 성도들을 고려하여 온라인 교구를
신설하기로 결정했습니다. 이 과정에서 퀀텀점프(Quantum Jump)라는
개념을 차용하기도 했습니다. 새로운 차원으로 점프하는 것,
온라인 교구도 그런 것입니다. 온라인 예배와 교구는 미래 교회의
한 형태라는 사실을 예견했었고, 다만 코로나19로 앞당겨졌을 뿐이라고
보았습니다. 시대의 흐름이 이러한데, 현장 예배만을 고집하기는
어렵다고 판단했습니다. 대안을 잘 마련해야 했습니다.
비대면 온라인 예배와 온라인 교구에 대한 신학적 견지를 분명히
정립하되, 실시간성을 놓치지 않음으로써 온라인을 활용한
예배 및 신앙생활 방안을 검토하고 훈련하는 방향으로 나아가야
한다고 생각했습니다. 흥미로운 점은, 온라인 예배를 드리다가도
신앙적 갈증을 느끼면 자발적으로 현장 예배에 나오더라는
사실입니다. 그런 차원에서 온라인 예배와 온라인 교구는
교회의 확장적 형태로 바라봐야 할 것입니다.

랜딩 페이지

**성도들이 쉽게 온라인 예배에 연결될 수 있도록 '랜딩 페이지'도
준비했다고 들었습니다.**

누구나 쉽게 온라인예배에
접속할 수 있도록 만든 랜딩 페이지

코로나19는 누구도 예상하지 못했던 일이었습니다. 이로 인해
온 교회가 온라인 예배를 갑작스럽게 준비해야 하는 상황이었지요.
성도들 가운데도 유튜브 채널이 익숙하지 않은 분들도 있었고,
인터넷 활용이 원활하지 않은 경우도 많았습니다.
그래서 홈페이지에 일종의 단축키를 만들었고, 그것을 랜딩 페이지라고
합니다. 소망교회 홈페이지에 접속하면 홈 화면이 아니라
랜딩 페이지가 뜨도록 했습니다. 누구나 쉽게 온라인 예배에
접속할 수 있도록, 가장 쉽고 빠른 방식을 고민하며 제작했습니다.
모든 결정과 추진을 시행할 때마다 적극적으로 도와준 목사님들과
장로님들, 교회 직원들이 있었기에 가능한 일이었습니다.
이로써 성도님들이 온라인 예배에 수월하게 참여할 수 있었습니다.

랜선 나무심기

**코로나19 시기에 해외 선교의 길도 많이 막혀 있었는데,
특별한 사역을 진행하셨다고 들었습니다.**

국내는 물론이고 해외는 더더욱 나갈 수 없었던 시절입니다.
세계 각지의 선교사님들을 위해 할 수 있는 일을 고민했습니다.
<랜선 나무심기 프로젝트>를 제안하고 추진했습니다.
선교지의 환경과 여건에 맞게 나무를 심는 일이었습니다.
라오스, 러시아, 마다가스카르, 몽골, 인도, 필리핀에 모종과 정원수와
유실수를 심었습니다. 우리의 손과 발로 직접 심을 수는 없었지만,
현지인을 하나님 나라의 일에 참여하게 하는 계기가 되었고,
오히려 더 많은 곳에 더 다양한 나무를 심을 수 있었습니다.
참 뜻 깊은 사역이었습니다.

세상을 섬기는 교회:
소망수양관을 생활치료센터로

소망수양관을 '생활치료센터'로 제공하신 이야기도 듣고 싶습니다.

코로나19가 급속히 확산되면서 격리 시설이
부족하다는 소식을 들었습니다. 우리 교회 수양관인
소망수양관을 생활치료센터로 내놓아야겠다고 생각했습니다.
서울시와 국가기관에 알아봤더니, 우리 수양관의 조건은
치료센터로 쓰기에 알맞았습니다. 그러나 해결해야 할 문제가
있었습니다. 소망수양관에는 교인을 안장하는 소망동산이
있습니다. 장례위원과 유가족이 상시로 드나들어야 합니다.
출입이 제한되면 곤란하기에, 치료센터로 사용하기에는
불가능하리라 판단했습니다.

그 후의 일입니다만, 서울시에서 우리 수양관을
생활치료센터로 제공해달라고 요청해왔습니다. 그러고 싶지만
이러저러한 난제가 있다고 말씀드렸더니, 서울시에서
직접 해결하겠다고 했습니다. 서울시는 이미 수양관의 구조를
살폈고, 장례 공간과 치료센터 공간을 분리할 수 있겠다고
판단했습니다. 이를 전해 들은 우리 당회는 만장일치로
승인했습니다. 소식이 매스컴을 타고 나가면서 한국교회의
좋은 사례가 되었습니다. 누군가 저에게 그러시더군요.
'목사님, 우리 소망교회가 지금까지 기독교 방송 말고
외부 방송에 좋은 뉴스로 나간 거 처음입니다.' 교회가 세상에
선한 영향력을 미치고 좋은 본보기가 되도록 인도하신
하나님께 감사드릴 뿐입니다.

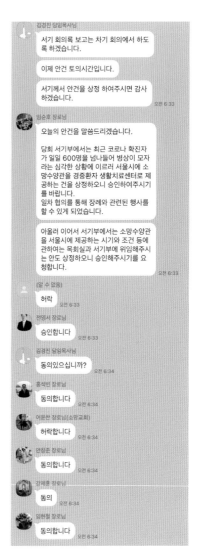

소망수양관을 생활치료센터로 제공하기로 결의

하나님의 은총에
기댄 시간들

**여러 이야기를 해주셨습니다. 지금에서야 담담하게 말씀하시지만,
어려운 일의 연속처럼 느껴집니다. 목사님은 이 시기를 어떻게
보내셨나요?**

어려운 시절이었습니다. 새벽과 주일에, 아무도 없는 텅 빈
예배당에서 예배를 인도하던 기억이 생생합니다. 교회 문을 닫았던
첫 주간에는 새벽에 기도하며 많이 울었습니다. 기도하며 울었고,
또 울면서 기도했습니다. 그때는 이런 생각도 들었습니다.
'눈 때문에 휴교했는데 눈이 다 녹으면 허망한 것처럼, 코로나19로

교회 문까지 닫았는데 얼마 지나지 않아 다 사라졌다고 하면 어떡하나?'
일이 잘못되면 어떻게 책임을 져야 하나, 하는 생각도 했습니다.
　　어느 영성가가 말하기를, 비움을 만드는 것도 은총이고 비움을
채움으로 만드는 것도 은총이라더군요. 돌아보니 정말 그랬습니다.
텅 빈 예배당도 하나님의 은혜였고, 다시 채워지는 예배당도
하나님의 은혜였습니다. 어려운 고비마다 하나님께서 함께하시고
길을 내주셨습니다. 하나님 신뢰하는 방법을 배우는 시간이었습니다.

특히 성도분들께서 이 시기에 선포된 말씀을 많이 기억하시고,
또 이때의 목사님 말씀이 교회 밖에서도 많이 회자된 것으로 압니다.

성도님들은 교회의 문을 닫은 이유를 성경의 관점으로 듣고 싶어 하셨습니다. 꼭 필요한 대답이라 생각했고, 첫 비대면 온라인 주일예배(20.3.1) 설교를 통해 답변했습니다. 4계명인 "안식일을 기억하여 거룩하게 지키라"에 따라 주일을 성수해야 하지만, 뒤따르는 6계명인 "살인하지 말라" 역시 동등하게 받들어야 한다고 강조했습니다. 번져가는 감염병에 대처하지 않는다면, 6계명을 어기는 것과 다름없다고 설교했습니다.

전날인 토요일의 일입니다. 성서신학적 관점으로는 흐름을 잡았는데, 역사신학적 예시가 모자라 고민하고 있었습니다. 그날 밤, 장로회신학대학교 역사신학 교수님이자 우리 교회 협동목사님이신 박경수 교수님의 연락을 받았습니다. 대뜸 이러시는 겁니다. "목사님, 제가 최근에 연구한 자료를 보내드립니다. 혹시 설교에 쓰실 일 있으면 쓰십시오." 종교개혁자들이 감염병이 횡행하던 시절에 어떻게 대처했는지를 정리한 문서였습니다. 제가 찾던 바로 그 자료였습니다. 덕분에 성경의 관점과 역사의 증언이 조화를 이룬, 탄탄한 메시지를 전할 수 있었습니다. 하나님의 은혜를 강하게 느꼈던 일화입니다.

여전히 가야 할 길

이야기를 듣노라니, 코로나19의 길목마다 소망교회는 선제적 결정을 내려오신 것처럼 보입니다. 한국교회의 대표성을 띠는 결정도 여럿, 눈에 띕니다.

코로나19를 겪으면서 우리 교회가 당면했던 문제는 한국교회 전체가 대면하고 고민했던 문제이기도 했습니다. 많은 분이 소망교회가 코로나19 시대에 한국교회에서 대표적인 역할을 해냈다는 말씀들을 하십니다. 저희가 대표성을 갖고자 일부러 노력한 건 아닙니다. 다만 코로나19 발생 초창기부터 다른 교회보다 앞서 선제적 결정과 시행을 하다 보니, 대표적인 역할을 한 교회로 회자된 것 같습니다. 물론 그 과정에서도 여러 논쟁과 이견들이 있었습니다. 교회의 문을 닫기로 했던 결정을 포함해서요. 코로나19 백서를 만들고자 한 이유도 우리의 경험을 정리해둬야겠다고 생각했기 때문입니다. 모든 일은 훗날의 역사가 평가할 것입니다.

마지막 질문입니다. 코로나 시절을 함께해 온 소망의 성도님들께 한 말씀 부탁드립니다.

3년이 넘는 시간이었습니다. 코로나19라는, 출구가 잘 보이지 않던 터널을 통과했습니다. 참 어려운 시절을 보냈지만, 하나님께서 함께하셨고 우리 서로 함께했기에 잘 헤쳐왔다고 믿습니다. 이 자리를 빌려 감사의 말씀을 드리고 싶습니다. 우선 소망의 모든 성도님께 감사합니다. 꺼지지 않는 기도의 등불을 밝혀주셨습니다. 모든 제직회에 감사드립니다. 각자의 자리에서 소임을 다해주셨습니다. 당회에 감사드립니다. 길목마다 지혜를 모아주셨습니다. 모든 교역자에 감사합니다. 교회를 든든히 지켜주셨습니다. 무엇보다 모든 직원께 감사합니다.

사무처장님을 위시한 교회의 직원들, 관장님을 위시한 소망수양관 직원들의 커다란 노고가 없었다면 지난 3년도 없었을 것입니다. 마음 깊이 감사드립니다. 위기의 시절이었지만, 위기는 오히려 우리의 성숙한 반응을 이끌어냈습니다. 어떤 사람은 코로나 시절에 믿음을 잃었다고 하지만, 우리는 위기 속에서 믿음이 단단해지는 일을 경험했습니다. 바로 이것이 우리의 소망입니다. 이제는 코로나 이후의 시간을 달려가야 합니다. 하나님을 믿는 믿음 위에서, 또한 서로를 믿어주면서, 소망의 여정을 시작합시다. 다시 한번 고맙습니다.

부드러운 공기 속에서 인터뷰를 마쳤다. 목사님의 모든 대답에는 겸손과 배려가 묻어 있었다. 어떤 질문도 허투루 듣거나 내치지 않으시고 정성껏 답변하셨다. 질문과 답변이 오가는 동안 어느새, 하나님 앞에서 고요하게 기도하는 목회자의 얼굴이 보였다. 하나님과 성도를 사랑하고 이웃을 아끼는 목사님의 마음이 전해졌다. 이것이 교회의 저력이 아닐까, 가만히 짐작해 보았다.

Hope is light in darkness,
prayer unlocks its power

코로나19를 새로운 신앙의 발판으로 생각한 소망교회는 조용히 온라인 시스템을 구축하여 하나님 세계를
확장했다. 온라인으로 지구 구역을 만들듯이 더 오래, 새롭게 연결하기 위해 유튜브와 모바일과 랜선을
이용하여 사랑과 온기를 나누었다.

소망교회의 내부사역 **소망의 빛,
어둠을 밝히는 기도**

2

내가 너로 큰 민족을 이루고 네게 복을 주어
네 이름을 창대하게 하리니 너는 복이 될지라
너를 축복하는 자에게는 내가 복을 내리고
너를 저주하는 자에게는 내가 저주하리니
땅의 모든 족속이 너로 말미암아 복을 얻을 것이라 하신지라
창세기 12장 2~3절

내부
사역

———

예배

일 **6** 회

| 07:30 | 09:30 | 11:30 | 13:30 | 15:30 | 19:00 |
| 1부 | 2부 | 3부 | 4부 | 5부 | 찬양예배 |

내부
사역
—
예배

온라인 시스템을
구축하다

소망교회는 코로나19가 확산하자 신속한 조치를
취했다. 사회 공동체 일원으로서의 책임감으로 시작한
일이었다. 정부가 권고한 모임 자제의 방침에 따라
모든 예배를 온라인으로 전환하게 되었고, 이에 따른
온라인 중계 시스템을 구축하였다. 공예배로서의 예전을
중시하고, 장소적 한계를 초월하여 경건성을 강조하는
예배 중심의 교회로서 방향성을 지켜가기 위해서였다.
또한 앞으로 감염병 확산과 같은 위기 상황에서도
탄력적으로 대응할 수 있는 시스템 정비 구축을 위한
단계를 밟았다.

온라인 중계 시스템 구축

목적 및 개요

온라인 중계 시스템은 코로나19의 확산으로 인해
오프라인(현장) 예배에 나오지 못하는 상황에서 시작되었다.
사전 녹화가 아닌 온라인 실시간 스트리밍으로 진행하면서
화면 및 자막, 음향 구성 등의 요소들을 온라인 중계(송출)
시스템에 맞게 편성하였다.

세부 진행 사항

실시간 스트리밍

새벽기도회(주 6회) 및 주일 낮 예배(1~5부, 총 5회),
그리고 저녁 찬양예배(주 1회)는 사전녹화가 아닌 실시간
스트리밍으로 진행하였으며 송출 채널은 교회 홈페이지 및
유튜브 전용 채널을 이용하였다.

송출 화면 타임라인

주일 1부 예배 기준으로 편성 타임라인은 다음과 같다.

특송자를 위한 카메라 설치

본당 내 카메라 1대를 추가 설치하여, 특송자 아이레벨
(eye-level)을 맞출 수 있도록 배치하였다.

음향

각자의 자리에서 회중으로서 예배를 드리는 성도들에게
현장예배의 익숙함을 전달하기 위해 콘덴서 마이크와 천장
회중 마이크를 통해 회중석에 앉아 있는 교역자와 장로들의
찬양, 교독문 소리가 반영되도록 마련하였다.

평가

**온라인 중계 시스템 구축은 코로나19 확산에 대한
선제적 대응으로써 필수불가결한 조치였다. 소망교회는
신속한 대처를 통해 이웃사랑의 실천과 경건한 예배
중심의 교회로서의 기반을 다질 수 있었다.**

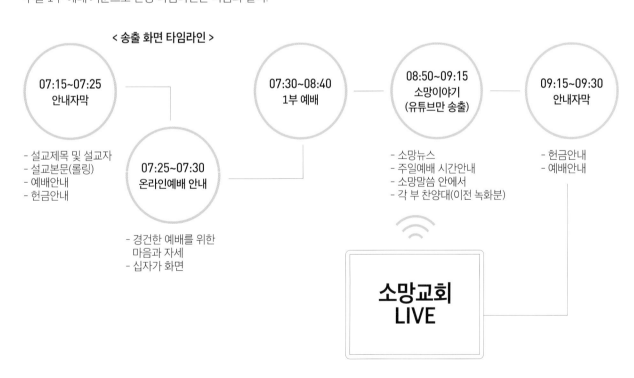

< 송출 화면 타임라인 >

코로나19 시기 예배의 공식 명칭을 온라인예배로 하다

소망교회는 한국의 여느 교회 못지 않게 교회 중심의 신앙을 견지한다. 특히 고전적인 느낌의 예배당에서 거행하는 특유의 엄숙한 예배는 소망교회의 특색을 나타낸다. 예배당에서 드리는 현장 예배를 중단하는 것은 상상도 못할 일이었다. 그러나 2020년 2월 23일, 소망교회는 코로나19의 확산 방지를 위하여 오프라인 예배를 잠시 중단한다. 예배 자체를 멈춘 것이 아니다. 모든 예배를 온라인으로 전환했을 뿐이다.

예배를 온라인으로 전환하며 공식 명칭을 두고 고심했다. 인터넷예배로 할 것인가, 비대면예배로 할 것인가, 의견이 분분했다. 인터넷예배라는 명칭은 예배를 송출하는 수단만을 강조한다. 비대면예배라고 이름 지으면 현장에서 예배를 돕는 필수 인원을 포괄하지 못한다. 결국 공식 명칭으로 '온라인예배'를 택하면서, 비대면이지만 서로 연결되어 있다는 느낌을 강조하고자 했다. 온라인으로 드리지만, 예전(禮典)의 요소를 강조하며 경건한 분위기를 담아내고자 노력했다.

🖥 온라인예배

목적 및 개요
온라인예배의 형식은 기존 예배의 틀을 그대로 따랐다.
방식의 낯섦이 예배의 본질을 훼손하지 않게 배려했다. 특히
온라인예배에 관한 안내 및 지침을 제공하여, 부모와 자녀가
가정에서 함께 예배할 수 있도록 했다.

세부 진행 사항
- 각 예배 순서의 담당 인원을 최소화했다.
- 특히 정부의 방역 지침에 맞춰 예배 중 찬양대와
  오케스트라의 인원을 적절히 조정했다.

조정된 내용은 다음과 같다.
1) 찬양대의 송영은 오르간으로 대신했다.
2) 찬양대 찬양과 헌금송은 독주(獨奏)로 편성했으며,
   방역지침에 따라 독창도 곁들였다.
3) 헌금 위원은 기존 십수 명에서 장로 2인으로 변경하여
   담당했다.

화면 구성
강대상을 포함하여 되도록 본당 전면만 부각되도록 구성했다.
장로 2인의 헌금위원 입장 시에도 회중석은 잡히지 않도록
신경썼다.

음향 조절 및 변동 사항
회중석에 앉은 소수 인원의 목소리를 담아, 예배의 공동체성과
현장예배의 실재감을 살리고자 했다. 방법은 간단하다. 강대상
인도자의 마이크 레벨을 조금 올리고, 콘덴서 마이크와 천장의
회중용 마이크를 사용했다.

온라인예배를 위한 페이지 디자인
온라인에 익숙하지 않은 성도를 위해 랜딩 페이지를 제작했다.
홈페이지에 접속하면 간소화된 몇 개의 버튼을 통하여 예배
관련된 모든 자료를 간편하게 접속할 수 있다. 예배 실황, 주보,
교육부 영상 자료, 온라인 헌금 등, 한 번의 클릭과 터치로
접속하여 안내받도록 디자인했다.

📋 평가
온라인예배의 과제는 '오프라인'의 익숙함을
'온라인'이라는 새로운 형식에 접목하는 일이었다.
결과적으로, 적절한 기획과 알맞은 기술을 통하여
이 과제를 충실히 완수했다. 최소의 인원으로 현장의
실재감을 전달했으며, 랜딩 페이지를 통해 접근성과
편의성을 높여 큰 호응을 받았다.

홈페이지 첫 화면
(랜딩페이지)

예배 순서 별 담당 인원 조정

온라인예배 가이드(매뉴얼) 제작

온라인예배로 드리는 성주간예배

소망교회는 고난주간 목요일마다 성찬예배를 드리곤
했다. 그러나 코로나 기간에는 성찬을 나눌 수
없어서, 대신 세족식을 중심에 두고 예배를 드렸다.
담임목사님의 집례와 부목사를 위시한 교역자의
찬양으로 예배를 꾸렸다. 특히 김경진 담임목사는
전(前) 예배학 교수로서의 내공을 살려 검박하고도
세련된 형태의 세족예식을 거행하였다.
특히 2020년 고난주간 성금요일에는
<성금요등불기도회>라는 이름으로 온라인예배를
드렸다. 오전 9시부터 오후 3시까지 총 7번, 매번
정각에 시작하여 30분 동안 기도회를 진행했다.
7번의 기도회마다 가상칠언의 말씀을 하나씩
순서대로 나누며 기도했다. 온라인예배 시절에도
소망교회는 매 절기의 특색에 맞추어 예배를
디자인하고 정성껏 드렸다.

텅 빈 예배당을 수놓은, 꽃꽂이

소망교회의 꽃꽂이부는 어느 교회 못지않게 열심으로 교회를
섬긴다. 매주 토요일마다 본당을 비롯한 여러 예배 처소를 때로는
화려하고 때로는 소박하게 장식한다. 많은 작업이 필요하기에
여러 명이 팀을 이루어 협력하곤 했다. 그러나 코로나 기간에는
예배당 출입 자체가 금지되어서 협력 봉사를 할 수 없었다. 그러나
예배의 심미적인 봉헌을 중지할 수는 없어서, 20년 3월부터 21년
8월까지 약 1년 6개월간 꽃꽂이 대신 난초과의 화분으로 예배당을
장식했다.

안전한 예배를 위한 교회출입시스템 운영

2020년 5월 1일부터 재개되는 오프라인 예배를 위해 소망교회는 자체적인 교회출입시스템을
개발/운영하였다. 한 달 전부터 교회 홈페이지와 책과 사람들 방문을 통해 교인 출입증을
발급했으며, 4월 28일에는 유선전화를 통해 예배당 출입 사전예약을 받았다.

예배당 출입시에는 안전한 예배를 위해 다음과 같은 과정을 거쳤다.

1. 마스크를 착용하고 손세정제로 손소독을 합니다.
2. 열화상 카메라와 체온계로 체온을 측정합니다.
3. 교인출입증을 리더기에 확인하고 입장합니다.
4. 착석 후, 안내위원이 좌석QR코드를 스캔할 수 있도록 '교인출입증'을 다시 제시합니다.
5. 예배 중에도 마스크를 착용하고, 예배 후에는 거리두기를 유지하며 퇴장합니다.

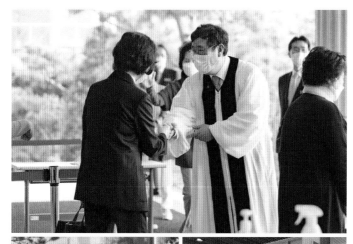

오프라인 현장 예배 재개

2020년 5월 3일(주일)에는 온라인 예배로
전환한지 10주 만에 오프라인 현장예배가
재개되었다. 교인들은 오랜만에 만나는 교우들과
반가운 인사를 나누었다. 예배 30분 전, 고지된
안내에 따라 손소독, 체온측정, 출입증 확인을
마친 성도들이 예배당에 입장하였다. 착석 후에는
안내위원들이 좌석번호와 교인증을 다시 한 번
확인하였다. 이 모든 과정이 처음이라 낯설었지만,
교인들의 협조로 질서있게 진행되었다. 모든
성도들은 다시 예배당에 입장한 기쁨을 하나님께
감사하며 기도했다.

함께
노래하다

코로나19가 비말로 감염된다는 질병본부의 지침에 따라
예배당에서는 찬양 소리가 사라졌다. 소망교회 찬양대는
코로나19 기간 동안 정부가 권고한 모임 자제의 예배 방침에
따라 다 함께 찬양대에 서지 못했고 소수의 인원만 예배의
자리를 지킬 수 있었다. 그러나 비대면의 시간에서도 온라인을
적극적으로 활용하여 찬양 대원으로서 자리를 지키고자
노력했고 이와 관련하여 다양한 비대면 방식의 찬양들이
시도되었고, 온라인을 통해 은혜를 나누며 찬양 대원으로서의
사명을 감당할 수 있었다.

🎤 버추얼콰이어

목적 및 개요

코로나19의 시간은 모든 예배뿐 아니라 찬양의 모습까지 바꿔놓았다. 호흡기를 통해 전염이 된다는 당국의 권고에 따라 마스크를 쓰며 찬양을 부르기도 하였으며, 인원 제한으로 인해 솔리스트 한 명만 예배에 참여하여 찬양을 감당하기도 하였다. 이처럼 찬양의 소리가 멈춰진 교회는 고요했으나, 성도들은 각자의 예배 자리(가정, 일터 등)에서 찬양을 올려드렸다. 그중 소망교회 찬양대는 버추얼콰이어(Virtual Choir)라는 특별한 방식으로 교회 절기 찬양을 올려드렸고, 이 같은 노력을 통해 찬양대로서의 정체성과 멤버십을 지키는 계기가 되었다.

세부 진행 사항

[성탄절 봉헌송 버추얼콰이어] 107인의 찬양대

2020년 12월 25일 성탄절은 코로나19로 함께 모여 예배드리지 못하는 첫 성탄절이 되었다. 그럼에도 성탄을 축하하며 예배를 사모하는 마음으로 소망의 성도들 중 107명의 신청자를 받아 온라인 버추얼콰이어를 제작하였고 이를 봉헌송으로 올려 드림으로 은혜를 나눴다. 이는 소망교회에서 처음으로 제작된 버추얼콰이어로, 참여하는 성도들은 안내된 대로 개별 사전녹화를 진행하고 이를 교회로 보내 편집을 하는 방식으로 제작되었다.

영 ⎯⎯⎯⎯⎯ 광을 높이 계신 주께

버추얼콰이어(Virtual Choir) ⎯⎯⎯⎯⎯

'버추얼콰이어'란 참가자들이 자신의 위치(집 또는 개별 장소)에서 노래를 녹음한 후, 이를 모아 한 화면 안에 조합함으로 하나의 합창곡으로 완성하는 방식이다. 이 방식은 온라인으로 녹음하기 때문에 지리적, 시간적 제약이 없고 누구나 참여할 수 있다는 장점이 있다. 소망교회와 찬양대는 코로나19 기간의 각 절기마다 신청한 소망의 성도들, 각 교육부서 및 1~5부 찬양대 등에서 제작한 버추얼콰이어 영상을 통해 은혜를 나눌 수 있었다.

소망교회 창립 기념 온라인 음악 예배

매년 돌아오는 소망교회 창립 기념 주일은 소망교회 찬양대들 중 한 부서씩 돌아가며 담당하여 기념 음악회를 준비하였다. 하지만 코로나19 기간 모임이 금지된 상태에서, 소망교회 찬양대는 창립 43, 44주년 음악 예배를 영상(버추얼콰이어)으로 제작하여 은혜를 나눴다. 그중 3부 찬양대인 시온 찬양대에서 주관한 창립 43주년 기념 음악예배(2020년 10월 4일)는 찬양대로서 최초로 제작된 영상 음악회로 이루어졌으며, 이듬해에도 1부 찬양대인 베다니 찬양대 주관으로 이루어진 44주년 기념 음악 예배(2021년 10월 3일)도 영상을 제작함으로 온라인으로 배포하였다.

온라인 성탄절 음악예배 - 할렐루야 찬양대, 호산나 찬양대

코로나19 비대면 예배 기간, 성탄절 음악예배는 온라인을 통해 송출되고 소망의 성도들과 은혜를 나눴다. 온라인으로 제작된 영상은 정부 방역 방침을 준수하며 촬영되었고, 찬양대원의 노력과 헌신을 통해 성탄의 기쁨을 많은 사람과 나눌 수 있었다.

기쁨의 50일 버추얼 찬양대

2021년 부활절 직후 기쁨의 50일 기간 동안, 1부부터 5부 예배를 섬기는 다섯 개의 찬양대가 매주일 돌아가며 버추얼 찬양을 제작하여 예배의 봉헌 시간 상영을 함으로 은혜를 나눴다. 이는 코로나19로 인해 모이지 못한 찬양대 멤버십을 강화하기 위한 조치이기도 하였으며, 성도들에겐 영상을 통해서 '예배의 자리'를 지키는 찬양대의 모습을 보여주므로 '함께 드리는 예배'와 '다시 성전에서 드리는 예배'의 마음을 고취시키고자 제작되었고, 이를 통해 많은 은혜를 나누는 시간이 되었었다.

평가

버추얼콰이어는 대면이 어려운 시기에 성도의 교제를 위해 활용하기에 좋은 아이템이었다. 하지만, 제작을 위한 시간과 노력이 많이 들어가고, 조금 더 다양한 영상미를 구현하고자 한다면, 전문가를 고용하여 작업해야 하기에 비용에 대한 부담도 간과할 수 없었다. 그러나 제작 영상은 자료이자 추억으로 남겨지기도 하며 온라인에 접속할 수 있는 환경만 된다면 시간과 공간 제약 없이 누구나 볼 수 있다는 장점도 가지고 있다.

2020년

10.04.
소망교회 창립 43주년
온라인 음악예배(시온 찬양대)

12.20.
2020 온라인 성탄절음악회
(할렐루야 찬양대)

12.25.
성탄절 봉헌송 버추얼콰이어
107인의 찬양대

2021년

04.04.
온라인 부활절 축하 음악예배
(에벤에셀 찬양대)

04.11.
5부 에벤에셀 찬양대 버추얼
봉헌 특송

04.18.
1부 베다니 찬양대 버추얼
봉헌 특송

05.16.
3부 시온 찬양대 버추얼
봉헌 특송

05.02.
4부 할렐루야 찬양대 버추얼
봉헌 특송

04.25.
2부 호산나 찬양대 버추얼
봉헌 특송

10.03.
소망교회 창립 44주년
온라인 음악예배(베다니 찬양대)

12.19.
2021 온라인 성탄절 음악회
(호산나 찬양대)

1 | 2

1. 2020년 성탄절 음악예배(할렐루야 찬양대)
2. 2021년 성탄절 음악예배(호산나 찬양대)

버추얼 찬양대

함께 모일 수 없는 상황에서 각 찬양대는 버추얼 찬양을 제작하여 예배시간에 봉헌하였다 .

베다니 찬양대

호산나 찬양대

시온 찬양대

할렐루야 찬양대

에벤에셀 찬양대

독창과 연주로 진행된 찬양대

코로나가 심한 기간 동안 찬양대는 독창이나 연주로 대신하여 진행되었다. 찬양대원들은 찬양대 석에 앉았지만,

찬양을 부르지는 않았다.

1	
2	3
4	5

1. 베다니 찬양대
2. 호산나 찬양대
3. 시온 찬양대
4. 할렐루야 찬양대
5. 에벤에셀 찬양대

최소 인원으로 진행된 찬양대

코로나가 조금 완화된 이후에는 방역지침에 따라 최소인원(3~8명)으로 이루어진 찬양대로 예배를 진행하였다.

1	2
3	4
5	

1. 베다니 찬양대
2. 호산나 찬양대
3. 시온 찬양대
4. 할렐루야 찬양대
5. 에벤에셀 찬양대

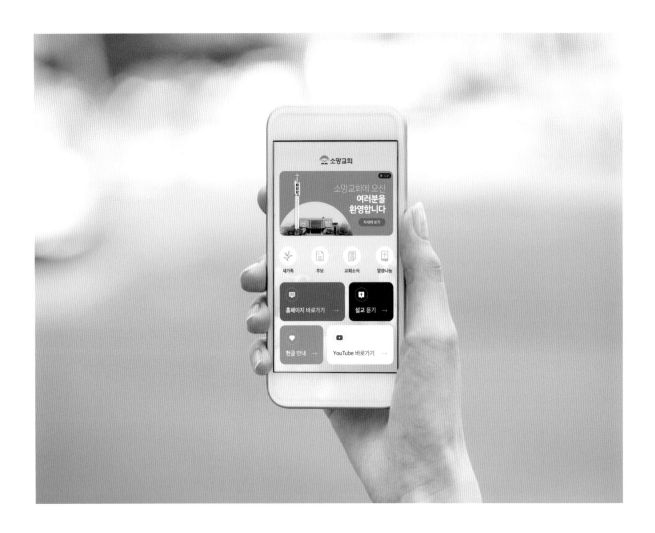

지금은
모바일
헌금 시대

코로나19 대유행의 여파로 예배당 출입이 제한되어 많은 교인이
헌금 생활에 어려움을 겪고 있었다. 이러한 상황을 해결하고자
소망교회는 교인들에게 안전하고 편리한 헌금 방법을 제공하기
위해 하나은행과 협약하여 모바일 헌금 서비스를 도입하였다.
모바일 헌금 서비스를 통해 교인들은 각종 금융기관에서도
손쉽게 헌금을 할 수 있게 되었으며, 예배당에 직접 참석하지
못하는 교인들도 신앙생활에 필요한 헌금을 드릴 수 있었다.
또 이체 수수료가 없어 교인들의 경제적 부담을 줄일 수 있는
이점도 누릴 수 있게 되었다.

모바일 헌금

목적 및 개요

모바일 헌금 도입을 통해 교인들은 앱 설치 없이 간편 비밀번호로 쉽게 헌금할 수 있게 되었고, 또한 전체 시중은행 계좌를 사용할 수 있어서 접근성이 강화되었다. 관리 측면에서는 교적 정보에 따른 헌금액과 헌금 종류가 자동 집계되며, 재정관리 프로그램과의 연동을 통해 자동 입력이 가능해졌다.

세부 진행 상황

도입 검토

모바일 헌금 도입을 위해 TF를 조직하고 모바일 헌금 관련 현황 및 서비스 분석을 진행하였다. 당시에는 약 4개 정도의 모바일 간편 헌금 서비스가 출시되어 있었다. 각 업체로부터 프레젠테이션을 받은 뒤, 접근성과 관리의 용이성, 무엇보다 수수료에 대한 부담이 없는 '하나은행'의 '하나원큐 모바일 헌금' 서비스를 선택하였다.

2021.01.
모바일 헌금
도입을 위한
TF구성 및 검토

2021.08.01.
모바일 헌금 안내를
위한 리플렛,
동영상 제작

2021.08.18.
소망교회-하나은행
'모바일 헌금'
업무 협약 체결

2021.08.22.
모바일
헌금 서비스 시작

모바일헌금 사용방법

1. **모바일 헌금 회원가입**
   소망교회 홈페이지에 접속 후 모바일 헌금 바로 가기 클릭.
   회원가입 및 간편 비밀번호 발급

2. **모바일 헌금하기**
   설정한 간편 비밀번호로 로그인 후 헌금하기 클릭.
   헌금 종류를 선택 후 금액과 비밀번호를 입력.
   원하는 경우 기도제목 작성후 헌금하기 버튼클릭

3. **홈 화면에 바로 가기 아이콘 추가하기**
   브라우저 상단(하단) 바로가기 메뉴선택. 홈화면에 추가.

사용 매뉴얼 동영상&리플렛 제작 /
주보에는 QR 삽입 성도들의 편리한 모바일헌금 생활을 위해 사용 매뉴얼 동영상과 리플렛을 제작 배부 하였다. 주보에는 QR코드를 삽입하여 언제든지 쉽게 모바일 헌금으로 접속할 수 있도록 안내하였다.

소망교회-하나은행 '모바일 헌금' 업무 협약

2022년 8월 18일(수) 소망교회 본당 지하 1층 예배실에서는 소망교회와 하나은행의 '모바일 헌금 협약식이 체결되었다. 재정부 담당 한정운 목사의 기도에 이어 이호성 총괄 부행장, 당회 서기 이정훈 장로의 인사 말씀이 있었다.

📋 평가

소망교회와 하나은행의 모바일 헌금 서비스는 코로나19로 예배당 출입이 제한되는 상황에서 교인들의 쉽고 안전한 헌금 생활을 위한 좋은 대안이 되었다. 특히 예배당에 직접 나오지 못해도 헌금 생활을 이어갈 수 있고, 언제든지 본인의 헌금 내역을 확인할 수 있다는 점에서 긍정적이라는 평가를 받았다.

하나은행, 소망교회와 『하나원큐 모바일 헌금』 업무협약체결

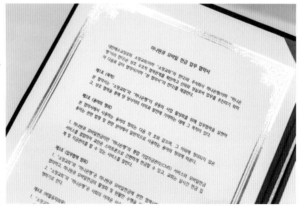

코로나19 기간 관련 보도자료

한국기독공보. 2020.03.16.

예장 5개 교회, 코로나19 극복 위해 5억5천만원 기부

새문안·소망·온누리·잠실·주안교회, 사회복지공동모금회 통해 성금 전달

새문안교회, 소망교회, 온누리교회, 잠실교회, 주안교회 등 대한예수교장로회 총회(총회장·김태영) 소속 5개 대형교회가 코로나19 확산으로 어려움을 겪고 있는 대구·경북 소상공인, 영세사업자를 돕기 위한 사회공헌활동에 함께 나섰다.

김경진 목사(소망교회), 림형천 목사(잠실교회), 이상학 목사(새문안교회), 이재훈 목사(온누리교회), 주승중 목사(주안교회) 등 5개 교회의 담임목사들과 장로들은 지난 13일 오전 서울 정동의 '사랑의 열매' 사회복지공동모금회 중앙회를 방문, 함께 마련한 5억 5000만원의 코로나19 이웃사랑 성금을 예종석 중앙회장에게 전달했다.

이날 이재훈 목사는 "전세계적으로 코로나19 감염증으로 인한 사망자가 급증하고 일상생활과 경제활동의 피해가 막심한 지구적인 재앙을 극복하는데 저희 교회들이 앞장서는 것이 마땅하다"면서 "이 고난이 극복될 때까지 여기 모인 5개 교회들은 나라와 사회 공동체를 위한 도움의 손길을 함께 모을 것"이라고 밝혔다.

이에 대해 예종석 사회복지공동모금회 중앙회장은 "국가적인 재난을 극복하는데 기독교회들이 교파를 초월하여 도움의 손길을

모아준데 깊은 감동을 받았다" 면서 주신 성금이 소상공인과 영세사업자 등 당장 지원이 시급한 대구·경북 지역에 긴급 지원하는데 쓰이도록 하겠다"고 말했다.

전달식을 마치고 예 회장은 5개 교회 담임목사들에게 코로나 19 감염병 극복을 위한 특별기도를 부탁했고, 목사들은 재난이 극복될 때까지 함께 기도하기로 뜻을 모았다.

이 외에도 각 교회는 코로나 19 감염증으로 어려움을 겪고 있는 작은 교회를 돕기 위해 교단 총회에 별도의 지원금을 기부할 예정이다.

이와 함께 새문안교회는 어려운 이웃을 돕기 위한 활동을 준비중이며, 소망교회는 대구동산병원에 1억원 상당의 의료장비를 지원했고 작은 교회 교육활동 지원을 위해 교재 및 자료집을 제공한다. 잠실교회는 대구광역시 의사회에 1000만원을 지원했고, 주안교회는 인천지역 취약계층에 긴급 생필품 지원 및 작은교회를 위한 2억원 상당의 지원사업을 준비하는 등 코로나 19 감염증 극복을 위한 다양한 기부활동을 펼치고 있다.

예장 5개 교회, 5억5천만 원 기부

새문안교회, 소망교회, 온누리교회, 잠실교회, 주안교회 등 대한예수교장로회 총회(총회장:김태영) 소속 5개 대형교회가 코로나19확산으로 어려움을 겪고 있는 대구·경북 소상공인, 영세사업자를 돕기 위한 사회공헌활동에 함께 나섰다.

김경진 목사(소망교회), 림형천 목사(잠실교회), 이상학 목사(새문안교회), 이재훈 목사(온누리교회), 주승중 목사(주안교회) 등 5개 교회의 담임목사들과 장로들은 지난 13일 오전 서울 정동의 '사랑의 열매' 사회복지공동모금회 중앙회를 방문, 함께 마련한 5억 5000만 원의 코로나19 이웃사랑 성금을 예종석 중앙회장에게 전달했다.

이날 이재훈 목사는 "전 세계적으로 코

로나19 감염증으로 인한 사망자가 급증하고 일상생활과 경제활동의 피해가 막심한 지구적인 재앙을 극복하는데 저희 교회들이 앞장서는 것이 마땅하다"면서 "이 고난이 극복될 때까지 여기 모인 5개 교회들은 나라와 사회 공동체를 위한 도움의 손길을 함께 모을 것"이라고 밝혔다.

이에 대해 예종석 사회복지공동모금회 중앙회장은 "국가적인 재난을 극복하는데 기독교회들이 교파를 초월하여 도움의 손길을 모아준 데 깊은 감동을 받았다" 면서 주신 성금이 소상공인과 영세사업자 등 당장 지원이 시급한 대구·경북 지역에 긴급 지원하는 데 쓰이도록 하겠다"고 말했다. 전달식을 마치고 예 회장은 5개 교회 담임목

지난 13일 예장 총회의 5개 교회가 코로나19 감염증 극복을 위한 기부금 5억5천만원을 사회복지공동모금회에 전달했다.

사들에게 코로나19 감염증 극복을 위한 특별기도를 부탁했고, 목사들은 재난이 극복될 때까지 함께 기도하기로 뜻을 모았다.

이와 함께 새문안교회는 어려운 이웃을 돕기 위한 활동을 준비중이며, 소망교회는 대구동산병원에 1억 원 상당의 의료장비를 지원했고 작은 교회 교육활동 지원을 위

해 교재 및 자료집을 제공한다. 잠실교회는 대구광역시 의사회에 1000만 원을 지원했고, 주안교회는 인천지역 취약계층에 긴급 생필품 지원 및 작은교회를 위한 2억 원 상당의 지원사업을 준비하는 등 코로나19 감염증 극복을 위한 다양한 기부활동을 펼치고 있다.

표현모 기자

코로나19 시기의 애도 방식

코로나19로 모든 장례 일정에 여러 가지 걸림돌이 생겼다. 우선 많은 사람이 모일 수 없었고, 거리두기를 해야 하는 상황이었다. 늘 하던 대로 경조부는 성도들의 마지막 천국환송 예배에 함께 하고자 했다. 장례식장, 화장장, 장지 등 예배 인원 제한으로 권사회 조의부는 상당 기간 참석이 어려웠다. 그중에서도 집례 담당 교역자와 경조부 실행위원은 코로나19 기간에도 정부와 장례 관련 기관들의 규정에 맞추어 꾸준히 참석했다.

장례예배

코로나19 시기의 교회장

2019년 말 발생한 코로나19가 2020년 초 전 세계적인
팬데믹 전염병으로 확산함에 따라 경조부와 조의부의
장례 진행은 제약이 따를 수밖에 없었다. 조의부 권사들의
안전을 위해 2020년 2월부터 장례예배 참석을 중단하였으며,
상황이 호전될 때까지 조의부의 활동을 멈춰야 했다. 조의부는
2021년 6월까지 예배 참석이 중단된 가운데 코로나19 상황의
일시적 호전으로 한 달여 기간 동안 예배 참석이 가능했지만,
상황 재악화로 2022년 5월 초까지 다시 활동을 중단했다.
경조부는 최소 인원으로 집례 담당 지구 교역자를 모시고
교회장을 주관하면서 성도들과 유가족들과 함께 장례를
진행했다. 코로나19 상황이 최악으로 치달아 장례 참석이
어려웠을 때는 집례 담당 교역자만이 참석하여 유가족과
예배드린 경우도 있었다. 상황 변수에 따라 대응하면서
진행했다.

목적 및 개요

정부 당국과 장례 기관들의 코로나19 상황 변수에 따른
제약으로 예배 참석이 제한되고, 설령 참석할 수 있어도
예배 중 찬송을 하지 못하기도 했다. 2022년 5월 이후
코로나19 상황이 호전됨에 따라 조의부의 장례 참석이
재개되고 모든 장례 일정이 정상화되는 가운데 경조부도
마지막 떠나는 성도들과 유가족들을 하나님이 함께하시는
예배와 찬송, 기도로 함께 했다.

1	2
3	4

1. 교역자 1인 집례
2. 제한된 인원의 장례예배
3·4. 소망가족 합동 추모예배

세부 진행 상황

소망가족 합동 추모예배

매년 추석 당일로부터 일주일 전 목요일에 담임목사 집례로 거행하던 소망가족 합동 추모예배도
코로나19 기간 2년 동안 본당에서 온라인예배로 드린 후, 상황 호전에 따라 3년 만인 2022년
9월 1일 소망수양관에서 약 1,300명의 성도와 함께 예배를 드렸다.

장례제도 개선을 위한 TF팀 구성

코로나19로 인한 사망자 증가 그리고 노령인구 증가세로 2022년 교회장이 급증함에 따라
제한된 인원으로 경조 사역을 담당하는 경조부에 과거 경험치 못한 사역 부담이 발생했다. 또한,
조의부 구성 권사들이 대부분 자기 일들을 가지게 됨에 따라 조의부 참석 인원도 과거보다
현저하게 감소하였다. 더욱이 코로나 19 상황의 장기화로 인한 예산상의 제약도 따르는 등,
여러 과제를 해결하기 위해 경조관련 TF팀을 구성하였고, 개선안을 2023년 5월부터 적용하고
있다.

📝 **평가**

일상을 멈추게 한 코로나19 기간에 경조부는 많은 제약에도 불구하고 "우는 자와 함께 울라" 하신
예수님의 말씀을 따라 수칙에 따라 장례 일정을 쉼 없이 진행했다.

'제27회 소망가족 합동 추모예배' 2021.09.16.(목) 본당 및 온라인

'소망가족 합동 추모예배'가 거행됐습니다. 올해도 코로나19로 인해 수양관이 아닌 본당에서 드릴 수밖에 없었습니다. 경조부 담당 이우성 목사의 인도로 찬양과 신앙고백이 드려졌습니다. 경조부장 이혜선 장로는 유가족과 예배 참석자들을 대표해 기도했습니다.

위로의 근원이신 하나님께 가족에 대한 그리운 마음과 천국본향에서 다시 만나리란 믿음을 고백했습니다. 소프라노 이윤지 성도는 '주가 살아계심을 나는 안다'를 독창하며 위로를 전했습니다.

김경진 담임목사는 '하나님께서 기억하시리라'는 제목으로 이사야 49장 14절에서 15절 말씀을 전했습니다.

담임목사는 온라인에 마련된 소망동산 추모공간에 작성된 편지를 나누며 설교를 시작했습니다. 사람이라면 모두 느낄 수밖에 없는 죽음에 대한 인간적 절망감을 나누고 '부활의 신비'를 설명했습니다.

"죽음은 우릴 슬프게 하지만 부활의 소망은 우리를 희망하게 하고 기뻐하게 하십니다."

"죽은 자가 이미 부활의 자리에서 하나님 편에 앉아있음을 믿고, 우리도 언젠가 죽을 때 하나님의 품에 안겨있을 것을 믿는 것입니다. 이것이 우리의 소망입니다."

우리의 사랑보다 더 크고 영원한 하나님의 사랑에 잇대어 위로 받고 오늘을 살아갈 것을 권면했습니다.'

사전녹화로 만들어진 할렐루야 찬양대의 '하늘 가는 밝은 길이' 찬양이 마음을 위로하고 희망을 전했습니다.

소망동산에서 합동 추모예배는 못드렸지만 추모를 위한 개인적인 수양관 방문은 가능합니다.

방역을 위해 방문한 다른 분들과 거리두기를 해주시고, 추모시간을 3분 내외로 간소화 해주시기 바랍니다.

또한 수양관 생활치료센터 관리 공무원의 차량 통제에도 협조해 주시길 부탁드립니다. 부활의 소망을 품어 위로를 얻고 이 땅에서 천국을 살아가는 모든 유가족과 성도 되길 소망합니다.

2020년

03.04.
온라인
연속 기도회를 위한
TF구성 및 기획

03.13.
주보와 홈페이지를
통해 소망등불기도회
홍보

03.16.
1차
소망등불기도회 진행
(2020년 3월 16일
-4월 9일): **19회**

04.13.
2차
소망등불기도회 진행
(4월 13일-5월 29일):
35회

등불과
등불이 모여
큰 불빛이 되듯

코로나19로 영적 갈급함을 느끼는 교인들을 위해
소망 온라인 연속 기도회인 '소망등불기도회'를 진행했다.
이 기도회를 통해 소망의 성도들은 코로나19로 인한 어려움을
함께 나누고, 하나님과 깊은 교제를 놓치지 않도록 했다. 또한
카카오톡 기도 채널을 통해 교역자가 성도들을 위해 기도하는
시간을 가졌다. '소망등불기도회'는 사무엘상 3장 3절 '하나님의
등불은 아직 꺼지지 아니하였으며 사무엘은 하나님의 궤 있는
여호와의 전 안에 누웠더니'의 말씀을 근거로 시작되었다.
기도회를 통해 교회의 구성원들은 모든 것이 막혀버린 일상
가운데 하나님과 더 깊은 교제를 체험하며 자신의 믿음과
생활을 바로잡을 수 있도록 지원하였다.

🔺 소망등불기도회

목적 및 개요

제1차 소망 온라인 연속 기도회인 소망등불기도회는 하나님의 등불이 꺼지지 않음을 상징하며, 사무엘상 3장 3절에서 언급된 여호와의 전 안에서 누웠던 사무엘의 모습을 연상시켰다. 소망등불기도회는 교회 구성원들이 하나님과 더 깊은 교제를 강화하고, 개인적으로나 교회적으로 겪는 어려움과 고통을 함께 나누며, 자신의 삶과 믿음을 새롭게 돌아보고자 노력했다. 또한, 이 기도회를 통해 개인과 나라, 그리고 민족을 위한 기도가 이루어지며, 하나님의 뜻을 이루는 믿음의 인생을 살아갈 수 있도록 도와주었다.

세부 진행

구성 및 진행

이 기도회는 소망교회 전 교인을 대상으로 하였으며, 개인과 나라, 그리고 민족을 위한 중보기도회 형식으로 진행했다. 하루 3차례 부교역자가 기도회를 인도하였고, 나머지 시간에는 개인 기도 시간으로 운영했다. 교역자 1인이 중심이 되어 찬양, 말씀 기도회를 인도하는데, 하루 3명씩 1인당 40분 동안 진행했다.

주제

기도회는 '기쁨'이라는 대주제 아래, 다음의 다양한 소주제를 담아 진행했다.

"기쁨, 감사, 겸손, 교제, 제자됨, 영향력, 소망, 신뢰, 아침의 경건생활, 용기, 고마움, 진실함, 칭찬, 평안, 연합, 치유, 전도, 베풂, 만족, 영적 성장, 축복하는 삶, 내려놓음, 자유, 하나님의 함께하심, 사랑, 도움, 대접, 온유, 찬양, 기다림, 즐거움, 천천히 사는 삶, 인도받음, 정돈된 삶 등" 우리 삶에서 일어나는 많은 감사를 나눴다.

촬영 및 송출

소망등불기도회는 별도의 촬영 장비가 구축된 예배 공간에서 진행되었으며, 사전녹화 후 편집하여 유튜브와 홈페이지를 통해 배포하였다. 기도회 시작 5분 전부터 프로그램 타이틀을 송출하고, 이후 기도회가 끝난 뒤부터는 개인기도 안내 자막을 송출하였다. 경건한 예배를 위해 촬영 인원은 2명의 최소 인원으로 축소하였고, 선명한 내용 전달을 위해 인도자는 별도의 마이크를 사용하였다.

기도 제목 제출 방법

소망등불기도회 시간에는 기도회 전까지 모인 기도 제목을 정리해서 교역자가 함께 중보기도를 진행하였다. 참여자들은 유튜브 실시간 채팅과 카카오톡 플러스친구를 통해 기도 제목을 제출할 수 있고, 교역자들은 제출된 기도 제목을 반영하여 함께 기도하고, 또 카카오톡 플러스 친구를 통해 직접 기도문을 작성하여 전달했다.

📋 평가

코로나19로 인한 어려움 속에서 개최된 소망등불기도회는 소망교회 전체 교인들이 참여할 수 있도록 하였고, 유튜브 실시간 채팅과 카카오톡 플러스 친구를 통해 기도 제목 제출 및 참여를 할 수 있었다는 점이 큰 의미가 있다. 교역자들이 함께 기도를 진행하고 기도문을 읽고 전달함으로써 성도들과의 교류를 강화하였으며, 기도회를 통해 많은 교인들이 중보의 자리에 참여하여 긍정적인 성과를 거두었다. 이러한 성과를 바탕으로 소망등불기도회는 코로나19 시대에 교회 구성원들이 필요로 하는 영적인 지원을 제공하는 데 큰 도움이 되었다.

소망등불기도회

구성 및 진행

- 교역자 1인이 중심이 되어 찬양, 말씀, 기도회를 인도
- 하루 3명씩 1인당 40분 진행
- 함께 기도하는 중보기도팀 참석(권사 2인)
- 찬송가 악보 및 인도자 이름, 본문장절 자막 준비
- 찬양은 무반주로, 기도회는 MR로 진행(20분 MR반주 제작)

진행순서

인사말
(2분)

- 멘트
  소망의 **등불** 기도회에 오신 성도 여러분을 환영합니다.
  ○월 ○일 오전 기도회를 시작합니다.

찬양
(5분)

- 찬송가는 악보와 가사가 송출됨.
  반주는 없음.(새벽기도회와 동일)

성경봉독
(3분)

설교
(10분)

- 나라와 민족, 고난, 사순절 등
  현 상황에 관련된 주제의 설교

찬양
(5분)

- 설교적용기도(5분), 나라와 민족을 위한 기도(5분),
  교회를 위한 기도(5분), 개인중보기도(5분)
- 기도제목은 미리 받아서 통자막으로 제작,
  개인중보기도는 즉석에서 진행.

기도회 일정(안)

일	월	화	수	목	금	토
15	16 박** 박** 임**	17 김** 방** 주**	18 ** 김** 윤**	19 김** 류** 이**	20 강** 유** 김**	21 마포삼열 목사 다큐멘터리 송출
22	23 한** 염** 류**	24 정** 이** 한**	25 박** 김** 태**	26 조** 윤** 허**	27 장** 방** 박**	28 마포삼열 목사 다큐멘터리 송출

- 순서는 무순서로 진행(난수발생기로 무작위 선정)
- 금요일 오전은 금요신앙강좌로 진행
  (담당 : 강영롱, 장선기 목사) 오전 10시 30분
- 교역자 상황에 따라 변경 가능
- 담당자 순서는 외부에 공개하지 않음을 원칙으로 함

기도제목 제출방법

- 기도회 전까지 모인
  기도제목을 정리해서
  교역자가 함께
  중보기도를 진행

유튜브 실시간 채팅 　카카오톡 플러스친구

온라인 이벤트 페이지 버튼 생성

- 현재 이벤트 페이지 아래에
  '소망등불기도회' 버튼 생성
- 타겟은 공지게시판 게시글 이동
- 게시판에서 기도회에 대한
  설명과 '유튜브, 홈페이지 생중계'
  링크버튼으로 이동

✎ 제언

온라인 중계 시스템 구축

온라인 중계 시스템은 코로나19 기간이 지난 현시점에도 제 역할을 충실히 감당하고 있다. 추후 유사 상황이 발생하더라도 구축된 시스템과 매뉴얼을 통해 대응이 가능하리라 생각한다. 앞으로 온라인 중계 시스템을 활용한 다양한 사역의 개발을 통해 시공간의 경계를 넘어 소망교회의 확장이 가능하다고 예상할 수 있다.

온라인예배

온라인예배 송출은 현장(오프라인) 예배가 재개된 후에도 개인 사정(질병, 이사, 해외 거주 등)으로 교회로 올 수 없는 성도들의 경건생활에 도움을 주기 위해 더 체계적인 관리가 필요한 상황이다. 또한 전도(선교)의 도구로도 지속적으로 이용되고 있으므로 현장의 실재감이 잘 구현된 온라인예배는 현장(오프라인) 예배에 대한 어색함을 대신하여 새로운 은혜를 체험할 수 있는 통로의 역할도 감당할 수 있도록 더 업그레이드되면 좋겠다.

버추얼콰이어

버추얼콰이어는 공간과 시간 제약이 적고 녹화를 통해 제작이 되다 보니, 기획을 통해 준비된 이벤트에 유용하다. 하지만, 화면을 통해 보이는 영상미에 있어서 심미적 제약이 있을 수 있고 같은 패턴의 영상이 반복될 경우 사람들의 관심과 집중도 저하 우려가 있어 자주 활용하기에는 어려울 거라 예상하고 있다. 하지만 이를 활용 관점 확장해서 생각하자면 해외 흩어진 성도들이나 선교지 등의 이야기를 담은 이벤트로의 활용이 충분히 가능하다고 생각한다.

모바일 헌금

아직 하나은행의 모바일 헌금 시스템이 최적화되지 않아서인지 종종 간편 비밀번호가 해제되어 재설정해 줘야 하는 불편함이 있다. 젊은 세대들은 '토스'나 '카카오페이'와 같은 간편 송금을 주로 사용하기 때문에, 앞으로 이를 반영하여 모바일 헌금에 접목하는 방법을 고민해야 할 것이다.

장례예배

코로나19로 감염병 앞에서 우리 삶이 얼마나 무기력한지, 준비되지 못한 시스템은 얼마나 무서운지 확인했다. 특히 장례 쪽에서 다양한 대비책이 마련되어야 한다. 코로나19로 인한 장례 증가, 그리고 노령층 증가세로 교회 장례가 급증하고 있는 시점이다. 앞으로 시대 변화를 고려한 경조 관련 TF팀의 구성과 논의가 이뤄져야 한다.

소망등불기도회

교인들이 기도회에 적극적으로 참여할 수 있도록 기도 제목 제출 방법을 다양화하는 것이 필요하다. 이를 위해서 익명으로 제출 가능한 온라인 설문지를 제공하고, 전화나 이메일을 통해 제출하는 방법을 마련하는 것도 하나의 방법으로 보인다. 또한 기술적인 문제가 발생할 경우를 대비하여, 기술지원팀을 구성하고, 교인들이 기술적인 이유로 참석하지 못하는 경우를 위한 지원체계를 마련하는 것이 시급하다.

2022 드림부 여름수련회

내부
사역

———

교육

내부
사역
―
교육

코로나19 대응팀을 구성하다

코로나19의 혼란 속에서 교육1부(영유아유치팀, 아동팀, 청소년팀)의 대응 기준점은 정부의 방역수칙에 두었다. 먼저 교육1부 내 교역자 중심으로 코로나19 대응팀을 꾸리고 그다음 시시각각 변하는 정부의 방역수칙 단계별 조치 내용을 수시로 확인하며 그에 따른 사회적 거리두기를 교회 상황에 맞게 적용하였다. 단계별 수칙에 따라 결정이 된 내용은 지체하지 않고 각 가정에 안내문을 전송하여 예배 및 모임에 혼선이 없도록 하였다. 교육1부는 성도의 건강과 안전을 최우선으로 하는 교회의 입장에 따라 예배 및 모임의 방향성을 결정하고 교육1부의 대응매뉴얼을 작성하여 긴박했던 코로나19 발생 직후 1년 동안 대처 현황을 기록했다.

2020년

01.30.	02.01.	02.07.	02.21.	02.20.
1차	교육1부	교육1부	코로나19 대응팀	교육1부
가정통신문 발송	교사 안내문 발송	코로나19 대응팀 신설	교육1부 대처방안 마련	온라인예배 결정 및 안내

교육1부 대응매뉴얼

목적 및 개요

팬데믹(Pandemic)이 사회의 기능과 우리의 일상을 한순간에 무너뜨리는 것을 목격했다.
코로나19의 엔데믹(Endemic)이 왔다고 하지만 대규모 감염병은 앞으로도 또 생길 수 있고
예측하기 어렵다는 우려의 목소리도 있다. 교육1부의 코로나19 대처 및 대응팀 신설은 팬데믹을
비롯한 여러 위기 상황에서 교회가 어떠한 태도를 보여야 하고 어떠한 결정을 내려야 하는지
분명한 기준과 절차를 제시하는 데 그 목적이 있다.

세부 진행 사항

교육1부는 정부의 방역수칙을 기준으로 코로나19 대응팀을 꾸려 예배 및 모임에 대한 조치를
시시각각 확인하고 안내문을 전송하여 혼선을 방지하였다. 1년간의 대처 현황은 다음과 같다.

1월 30일	겨울방학 프로그램 전면 취소 및 교회학교 주일예배 대처방안 공지, 개인 안전수칙 제시
2월 1일	안전한 현장예배 진행을 위한 상황별 교사 행동지침 가이드 발송
2월 22일	온라인예배 결정에 따른 가정안내문 발송
2월 23일	온라인예배 시작, 현장예배 전면 폐쇄
3월 20일, 31일	대구·경북지역 교회와 해외 선교지에 자체 제작한 신앙교육자료 발송, 마스크 기부 캠페인으로 어려움 겪는 교회 5개 지원

아동팀,
대구 및 경북지역
마스크 지원

교회학교 교사 대상 온라인 분반 활동 교육 진행

4월 25일	현장예배 최종 점검사항 확인 및 TF팀 결성
6월 14일	청소년팀을 중심으로 현장예배 재개
7월 1일	지용근 대표의 세미나를 통해 교회학교의 코로나19 극복과 방향성을 논의
7월 14일 ~8월 13일	전국 교회 초청 여름 사역 자료 나눔 진행
7월 28일	교회학교 교사들에게 온라인 분반 활동을 진행할 수 있도록 온라인 분반 진행 교육
8월 16일	사회적 거리두기 2단계 격상으로 소망교회 모든 예배가 비대면으로 전환
10월 11일	거리두기 단계가 1단계로 하향 조정, 모든 예배를 온·오프라인으로 병행
11월 7일	사회적 거리두기 격상으로 연말까지 모든 부서는 온라인 중심의 예배를 드림

📝 평가

2020년 2월, 정부가 위기대응 단계를 '심각'으로 격상했을 때, 소망교회는 교회 내 모든 모임을 중단하고 서울시 최초로 비대면 온라인예배로 전환하였다. 이후 교회의 방향성은 이웃에게로 향하여 삼일절 온라인 헌금 전액을 대구동산병원에 기부하였으며 소망선물상자 캠페인을 통해 노숙인, 독거노인 등을 후원하였다. 교회가 코로나19 팬데믹의 위기 상황 속에서 이웃 사랑을 실천할 수 있었던 것은 교회 내의 체제가 안정되어 있었기 때문이었다. 교회의 신속한 대처 방안 구축과 단계별 대응 매뉴얼은 교회 내 혼란을 방지해 주었고 사회 속에서 교회의 분명한 역할을 제시하는 데에 큰 몫을 기여했다.

코로나19 대응 기록

소망교회 교육1부
코로나19 대응매뉴얼

정부의 단계별 방역수칙에 따른 대응방안

• 교육 1부는 정부의 방역수칙 단계별 조치 내용을 준수하며 사회적 거리두기를 교회 상황에 맞게 적용한다

	1단계 (50명 미만)	2단계 (50~100명 미만)	3단계 (100~200명 이상 1주 2회 더블링 발생)	확진자 발생시
집합·모임·행사	허용 (방역수칙 준수 권고)	실내 50인·실외 100인 이상 금지	10인 이상 금지	금지
주요 방역 지침	방역수칙 준수하며 집합·모임·행사 허용	외출·모임·집회 자제 / 예배 외의 모임 집합 인원 제한	모든 활동·모임 중지	건물 폐쇄 / 이용자 검진 및 자가 격리
교육1부 대응방안	• 온라인/현장 예배 병행 • 찬양팀, 성가대 운용 • 소모임 전체 진행 • 교사경건회 진행 • 식사 및 간식 자제	(1단계 +) • 사무실 분리	• 온라인 예배 • 모든 모임 금지 • 비대면 회의 (zoom활용) • 순환 근무제	(3단계 +) • 재택 근무제
	• 주중 예배 준비 1. 예배실 좌석 수 산정 2. 방역 3. 안내물 설치 4. 부서별 준비사항 • 주일 예배 1. 입장 2. 예배 3. 퇴장 4. 식사모임 • 기타 준비 활동 • 유사시 대비 활동	(1단계 +) • 유사시 대비 활동 1. 사무실 분리 운용 2. 식사 시간 배정	(2단계 +) • 유사시 대비 활동 1. 순환근무제 도입	(3단계 +) • 신속한 상황 전파 • 확진자 케어

교육1부 대응매뉴얼 _ 1

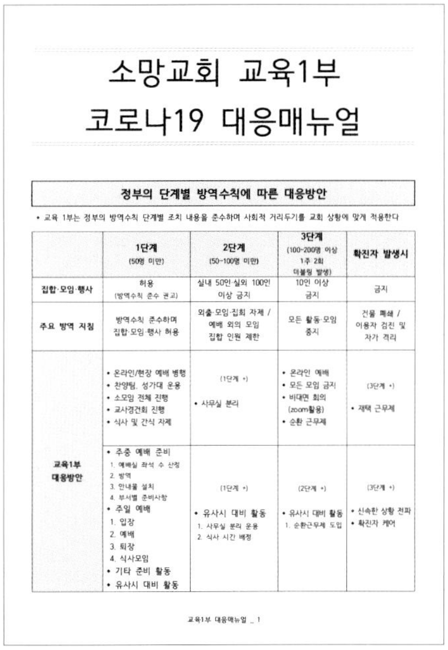

교육1부 코로나19 대응매뉴얼(총 7장)

- 생활 속 거리두기 방침에 따라 개인 간 거리(2m)를 유지한 채 예배가 진행될 수 있도록 환경을 조성한다.
- 찬양팀과 성가대는 운용하되 거리를 유지한 채 운용하고, 마스크를 착용하도록 한다(연습 때도 동일)
- 소모임은 좁은 공간에서 진행하지 않고 예배실에서 단체로 진행한다.
- 교사 경건회는 진행하되 간식은 먹지 않는다.
- 집합·모임·행사가 허용되지만 방역수칙 준수를 권고하는 만큼 예배에 참여하는 교사, 학생, 학부모 모두가 안심하고 교회를 믿을 수 있도록 방역을 철저하게 준비한다.
- 가능한 한 예배 참석 인원을 사전 조사하고 이에 맞게 예배를 준비하여 미흡한 상태를 미연에 방지한다.
(교육1부 코로나19 대응매뉴얼 중)

교육1부 코로나 대처현황 기록(2020. 8. 21 ver)

요일(날짜)	대처현황	세부내용
1월 28일(화)	코로나 대처를 위한 마스크 대량 구매	영유아유치팀 460개, 아동팀 930개, 청소년팀 550개, 소망부 100개 구매 요청(손소독제 장소별 비치)
1월 30일(목)	코로나 대처를 위한 교육1부 교역자 기도회 진행	1월 30일(목) 예정된 교역자 MT 대신 교역자 기도회 진행
	가정통신문 발송	교회학교 각 가정에 가정통신문 발송 ① 봄맞이 성경학교, 학부모 참여예배 전면취소 ② 교회학교 주일예배 대처방안(마스크, 손소독제 구비)에 대한 공지 ③ 개인 안전수칙 제시 등
1월 31일(금)	부서별 인원 감염의심 현황조사	코로나 감염의심지역 방문자 부서별 전수조사(유선)
	*세계보건기구(WHO) 비상사태 선포	2020년 1월 31일, 국제적 공중보건 비상사태 선포
2월 1일(토)	교사안내문 발송	안전한 현장예배 진행을 위한 교육1부 상황별 교사행동지침 마련 및 배포 ① 학생 맞이 시 ② 예배 시 ③ 분반공부 시
2월 7일(금)	교육1부 코로나 대응팀 신설	① 회의실에 코로나 대응 상황실 설치 ② 각 팀별 1인씩 소집(총괄-박상건, 팀장-최용현) (영유아-엄상훈, 아동-안성진, 청소년-윤보라)
2월 21일(금)	코로나 전염상황 악화에 따른 교육1부 대처방안 마련	각 팀별로 1안, 2안, 3안을 만들어 상황별 대처방안 마련 ① 1안 : 기존처럼 예배 그대로 진행 ② 2안 : 예배를 진행하되 제한된 형태로 진행 ③ 3안 : 주일예배 완전 폐쇄의 경우
2월 22일(토)	온라인예배 결정에 따른 가정통신문 발송	온라인예배 시행 결정에 따른 각 팀별 온라인예배 및 가정-신앙교육 방법에 대한 안내문 발송
2월 23일(일)	온라인 예배 시작	① 교회학교 교육1부 온라인예배 시작 ② 오프라인 현장예배 전면폐쇄

1

교육1부 코로나19 대처 현황 기록(총 5장)

2월 27일(목)	교육1부 유튜브 채널 개설	소망교회 교회학교 유튜브 채널에 각 팀별 온라인예배 제공 플랫폼 마련
	신앙교육자료 가정으로 발송	월별신앙교육자료, 사순절 활동자료 가정으로 발송 (영유아유치팀 600개, 아동팀 900개, 청소년팀 온라인 전달)
2월 28일(금)	*세계보건기구(WHO) 위험도 격상	2월 28일부로 코로나19의 전 세계위험도를 "매우높음"으로 격상
3월 11일(수)	교육1부 교역자 식사시간 분리	집단감염 방지를 위해 팀별 친교실 이용시간 분리
	*세계보건기구(WHO) 전염병 선언	코로나바이러스감염증-19가 범유행전염병임을 선언
3월 17일(화)	교육1부 교역자 사무실 분리 시행	집단감염 방지를 위해 팀별 사무실 분리사용 ① 영유아유치팀 : 소망어띠 ② 아동팀 : 교역자 사무실 ③ 청소년팀 : 책과 사람들
3월 20일(금)	대구 & 경북지역 교회 해외선교지 지원	어려움을 겪고 있는 교회들을 섬기기 위해 영유아유치팀 신앙교육 자료 총 1,765개 발송 (해외선교지 및 한인교회 262개)
3월 26일(목)	교육1부 각 팀별 출입관리 대장 및 체온계 마련	강남구청 감염병 예방준수 수칙에 따라 교육1부 출입관리 대장 및 체온 체크 장소별 시행
3월 31일(화)	대구 & 경북지역 마스크 지원	아동팀 어린이들이 3월 15일(주일)부터 3월25일(수)까지 11일간 마스크를 기부하는 캠페인을 진행하여 총 293개를 국내선교부에서 지원 중인 대구&경북지역 5교회로 발송
4월 1일(수)	신앙교육자료 가정으로 발송	부활절 신앙교육 자료 우체국을 통해 가정으로 발송 (영유아유치팀 800개, 아동팀 1,000개)
4월 12일(일)	착한 소나기 교회학교 홍보	담임목사님 부활축하 메시지 & 착한 소나기 홍보영상을 촬영하여 교회학교 팀별 온라인 예배영상 광고에 삽입
4월 25일(토)	현장예배 오픈 준비 (온오프 최종 점검사항 부서별 공지)	현장예배 오픈을 준비하여 점검사항 문서 부서별 공지 ① 중등부 및 고등부 : 5월 10일(주일) - 5월 24일(주일) ② 아동부 : 5월 17일(주일) - 5월 24일(주일) 예정 ③ 영유아유치부 : 5월 31일(주일) 예정

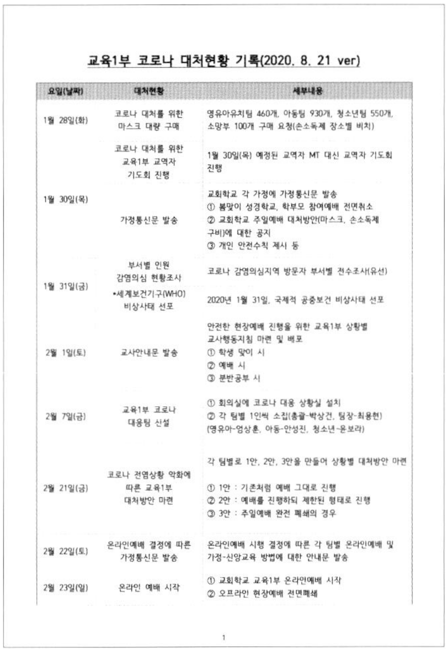

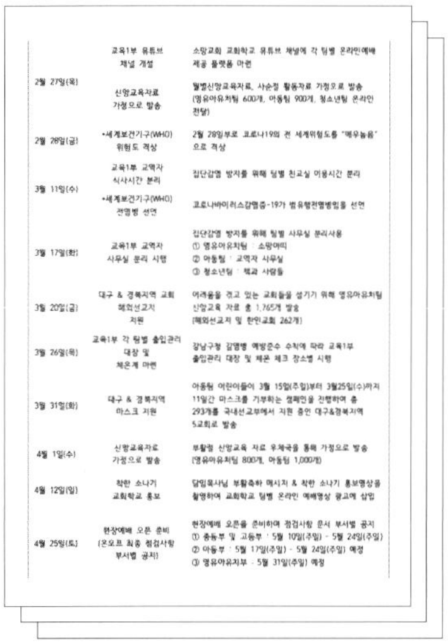

각 부서별 유튜브 채널을 개설하다

온라인은 코로나19가 교회에 가져온 가장 강력한 변화 중
하나이다. 부득이한 상황에서 선택할 수밖에 없던 온라인예배가
교회에서도 선택지 중 하나가 되었다. 온라인 시대에 발맞추어
다양한 변화에 적응이 필요한 상황에 맞춰 소망교회 교육1부는
오프라인과 온라인 형식을 잘 적용하여 코로나19 팬데믹 위기를
극복해나가고 있다. '올라인(All line), 올라잇(All right)'은
교회학교가 지속적으로 나아가야 할 방향을 함축하고 있다.
현장예배의 중요성을 강조하되 상황에 따른 온라인 모임 및
예배를 병행하는 것이 온라인 시대를 살아가고 있는 다음
세대에게 적합한 교회의 방향성이라고 판단하기 때문이다.

▷ 교육1부 유튜브 채널 개설

목적 및 개요

2020년 2월 22일(토), 소망교회 교육1부는 현장예배를 전면 폐쇄하고 온라인예배를 드리기로 결정했다. 이어 각 가정에서 신앙교육을 진행할 수 있도록 여러 신앙 자료를 제공하였으며 특별히 학생들이 온라인예배를 소홀히 하지 않도록 각 부서 유튜브 채널을 개설하여 연령에 맞는 다양한 콘텐츠를 제공하였다

세부 진행 사항

소망아이(영유아 유치팀)의 올라인 올라잇

소망교회 영유아유치팀은 3월 1일(주일)부터 본격적으로 온라인예배를 제공하였다. 미취학 어린이들이 집중할 수 있는 시간을 고려하여 약 20분 정도의 길이로 부모님과 함께 하는 찬양, 기도, 성극으로 듣는 재밌는 말씀 순서로 진행했다. 더하여 미취학 어린이들이 가정에서 계속해서 배울 수 있는 말씀송을 익히게 하고 아이들의 찬양 영상을 받아 예배 영상에 삽입하여 함께하는 예배 영상을 제작하였다.

절기에는 특별히 워크스루라는 현장 방식을 선택하여 아이들이 교회에 나와 담임교사 및 담당 교역자와 만남의 시간을 가졌다. 현장예배가 재개될 것을 대비하여 해당 부서 예배 장소를 탐방하고 아이들에게 필요한 신앙 자료를 전달하며 아이들의 이름과 얼굴을 익히는 소중한 시간을 가지기도 했다. 이처럼 영유아 유치팀은 어린아이들이 일찍이 예배의 습관을 기를 수 있도록 예배드리는 태도와 시간에 초점을 맞추어 다양한 예배 영상을 기획하였으며 안전한 현장예배 재개를 위해 철저히 준비하였다.

2020.02.23.
온라인예배 시작 — 2020.02.27.
교육1부
유튜브 채널 개설 — 2020.08.01.
온라인 활용
여름 사역 자료
신청 및 발송 — 2020.08.23.
아동팀 및
청소년팀 온라인
여름수련회

소망키즈(아동팀)의 올라인 올라잇

소망교회 아동팀은 2월 23일(주일)부터 유튜브 채널을 통해 온라인예배를 시작했다. 그림을 이용한 설교, 절기에는 요리와 꽁트 등 다양한 콘텐츠를 준비하여 어린이들이 온라인예배를 소홀히 하지 않도록 힘썼다. 이후 5월 10일(주일)부터 학년별 수준을 고려하여 저학년과 고학년으로 나누어 예배 영상을 제작하였으며 어린이들의 참여를 독려하기 위해 여러 말씀 미션을 제공하고 끊임없이 소통을 시도했다. 6월 21일(주일) 현장예배가 재개됨에 따라 온라인예배와 오프라인 예배를 병행하다가 10월부터는 현장예배를 실시간으로 송출하기 시작했다. 각 부서 예배실에 송출에 필요한 장비들이 구비되었고 송출 담당 교사를 위한 아이소망의 교육도 진행되었다.

올라인 예배의 본격적인 시작으로 아동팀 교역자들은 현장에 출석한 어린이들을 담임선생님과 케어하는 동시에 온라인예배를 드리는 어린이들이 배제되지 않도록 다양한 온라인 채널(줌, 유튜브 라이브 방송 등)을 이용하여 지속적으로 교제했다. 이처럼 아동팀은 학교의 온라인 수업에 익숙한 어린이들이 온라인예배에도 흥미를 갖도록 힘썼으며 여기에 그치지 않고 현장예배에 참여했을 경우 느낄 수 있는 다양한 경험과 예배의 현장감에 집중하여 올라인 사역에 최선을 다했다.

소망틴즈(청소년팀)의 올라인 올라잇

소망교회 청소년팀은 2월 23일(주일)부터 오프라인예배가 전면 폐쇄됨에 따라 유튜브를 이용한 온라인예배를 시작했다. 3월 1일부터 본격적인 온라인예배를 제작하여 학생들이 좋아하는 찬양을 부르고 설교 말씀 이벤트를 진행했다. 말씀 이벤트는 퀴즈로, 학생들이 말씀에 집중하고 퀴즈에 대한 답을 교역자에게 전달하면 시상을 하는 형식으로 진행했다. 청소년팀 역시 절기 시에는 10대 청소년들이 좋아하는 토크쇼, 요리 등 다양한 콘텐츠를 활용하여 청소년들의 관심을 끄는 데에 성공했다. 특별히 드림부는 평일 말씀 영상 제작을 통해 N수생들을 지속적으로 위로해 주며 보이는 라디오와 같은 프로그램을 제작하여 해당 학생들의 꿈을 응원해 주기도 했다. 10월부터 청소년팀 예배는 각 부서 실시간 송출로 전환되었고 각 부서 교사와 함께 올라인 예배 시스템을 구축해나가고 있다. 청소년팀은 현장예배와 더불어 대면 심방(문고리 심방)을 통해 학생들을 직접 찾아가 간식을 전달하고 함께 기도해 주며 응원하는 올라인 사역을 이어가고 있다.

📋 평가

교회뿐만 아니라 학교, 기업을 비롯한 여러 단체는 이제 온라인에 적응해야 할 때가 되었다. 특별히 교회는 온라인 시대에서 생존할 방법을 생각해야 하며 온라인과 오프라인을 적절히 배합하는 지혜도 갖추어야 했다. 코로나19로 부서별 온라인 채널을 개설하고 다양한 교제와 교육의 방식을 접해본 것은 교역자와 교사 그리고 학생들에게 특별한 경험이었다. 이번 경험으로 소망교회가 다양한 콘텐츠 제작에 앞장서고 온라인 시대에 발맞추어 움직일 것으로 예상할 수 있다.

온라인 채널 개설

1	2	3
4	5	6

1·2.오프라인(학부모 대기 장소 및 방역 실시) 3.오프라인(유아세례 진행)
4.올라인(실시간 예배 유튜브 송출) 5·6.올라인(줌 찬양, 가정심방)

'아이엠 멜로디 Blooming Concert for 부모와 자녀'편

두세 사람이 내 이름으로 모인 곳에는
나도 그들 중에 있느니라
마태복음 18장 20절

신앙교육
자료를
발송하고
나누다

2020년 2월 22일 토요일. 소망교회는 현장예배 전면 중단이라는 큰 결단을 내린다. 이러한 교회의 결정에 발맞추어 교육1부는 2월 23일 주일부터 모든 부서의 예배를 온라인으로 전환하게 되었으며, 주일 및 주중 신앙교육 자료를 가정에 발송했다. 코로나19 상황 속에서 소망교회 교육1부의 신앙교육 키워드는 '떨어져서도 함께 말씀으로 자라나기'다.

코로나19 초기, 김경진 담임목사님의 목회서신을 통해 선포된 "떨어져서 함께하기"(Distant Socializing)를 이어받아 '멀리 떨어져서도 예수 그리스도, 복음, 말씀을 통해 함께 자라나야 함을 강조'한 것이었다. 이를 위해 교육1부에서 가장 먼저 준비하고 실행했던 것이 바로 '신앙교육자료 발송과 나눔'이었다.

신앙교육자료 발송

목적 및 개요

현장예배의 중단과 온라인예배의 등장은 예배를 비롯한 신앙교육의 주도권을 가정에게
이양시켰고, 교회와 가정을 분리해서 말하던 기존의 신앙교육(양육)에서 가정이 곧 교회, 교회가
곧 신앙공동체라는 새로운 인식의 전환(Paradigm Shift)을 가져왔다. 이에 따라 소망교회
교육1부는 가정에서 양육자(부모)가 자녀를 말씀으로 세우는 신앙의 교사로서 준비되고,
교사(기존 교회학교 교사)가 멀리 떨어져서도 신앙의 부모(영적 부모)로서 역할을 감당할 수
있도록 이들을 돕는 신앙교육자료를 제공하게 되었다. 더 나아가 소망교회에 속한 가정뿐만
아니라 같은 어려움을 겪고 있는 국내 미자립 교회와 군인교회, 해외 한인교회와 선교지 등에
자료를 나누었다. 이는 성도들의 건강과 안전을 지키기 위함인 동시에 멀리 떨어져서도 우리는
함께 하나님을 예배하는 공동체라는 의식에 기인한 것이었다.

세부 진행 사항

2020년 2월 27일(목)

교육1부 가정을 대상으로 한 신앙교육자료 발송

교회학교 현장예배 전면 중단이 발표된 직후, 교육1부는 팀별로 신앙교육자료(당시 자체
커리큘럼에 따라 제작해 놓은 신앙교육자료 및 사순절-부활절 신앙교육자료)를 일괄 가정에
발송하였다(영유아유치팀 600개, 아동팀 900개, 청소년팀 온라인 자료 전달).

1	2
3	4

1. 자료 나눔 감사인사(아동팀)
   _ 군교회
2. 발송받은 신앙교육자료로
   예배드리는 가정
3. 자료 패킹 후 목회자 및 교사들
4. 패킹한 자료

2020년 3월
대구&경북지역 및 해외 선교지 교회와 가정을 위한 신앙교육자료 나눔

코로나19 초기 극심한 어려움을 겪고 있던 대구&경북지역
교회와 가정을 돕고 섬기기 위해 영유아 유치팀에서
제작한 신앙교육자료를 나누었다. 먼저 목회자들 중심으로
대구&경북지역에서 목회 중인 지인과 목회자들에게
직접 연락을 취하였고, 매년 번갈아 진행되어온 씨앗 캠프
(학령기 어린이 대상), 부르심 캠프(청소년 대상)에 함께 하였던
개교회들에도 연락하였다. 총 2,000부를 제작하여 진행된
자료 나눔은 한 교회당 신청 상한선을 100부로 제한하여
실질적 도움이 필요한 미자립교회 및 소규모 교회 중심으로
나눔이 이루어지도록 하였다. 이후 많은 교회의 요청과 문의에
따라 나눔의 범위를 전국 및 해외로 확대하여 시행하였으며,
최종적으로 국내 교회 및 가정에 1,765개, 해외 선교지 및
한인교회에 262개의 자료가 전달했다(부족한 수량은 교회 내
여분으로 충당함).

2020년 7월
국내 미자립교회 및 가정, 해외 한인교회 및 가정, 선교지, 군교회를 대상으로 한 여름 사역 자료 나눔

2년에 한 번씩 전국 미자립교회 어린이를 대상으로
진행해오던 씨앗 캠프를 온라인으로 전환하고 나이의 폭을
확대하여 전국 교회 1만 어린이(미취학 및 학령기 어린이)를
대상으로 온라인 여름성경학교를 진행하였다. 이를 위해 먼저
영유아 유치팀과 아동팀에서는 온라인 성경학교를 기획하여
주제에 따른 영상 자료와 교재, 활동 자료(만들기, 게임 등)를
제작하였다.
온라인 여름성경학교는 국내선교부에서 지원하는 국내
미자립교회를 대상으로 한 유선전화 및 구글 설문 신청을
시작으로, 교단 내 군목단 카톡방을 통한 군인교회의 신청 및
8월 1일(토)부터 8일(토)까지 게시된 기독공보 지면 광고를
통한 신청 등을 포함하여 총 258개 교회가 신청하였다.
7월 29일(수)부터 8월 말까지 진행된 영유아 유치팀의 발송
수량은 국내 총 2,110개 및 해외 696개이고, 아동팀은
국내 2,310개 및 해외 837개, 청소년 팀은 1,011개이었다.

정은혜 목사 / 군인교회
자체적으로 성경학교를 진행하기 힘든
군인교회 자녀들을 위해

윤대운 목사 / 군인교회
소망교회에서 보내주신 이 멋진 교재로
우리 아이들 신앙양육 잘 시키도록 하겠습니다.

홍성호 목사 / 런던순복음교회
이번에 우리 학생들에게 말씀을 효과적으로 전할 수 있도록
교재를 보내주신 소망교회 진심으로 감사드립니다.

김승환 전도사 / 제주명학교회 농아부
성경학교가 취소될 상황이었는데
보내주신 자료를 통해 우리 청각장애인 아기들과

김어언, 김아신 학생 / 스위스
스위스에서 책 잘 받았습니다.
감사합니다.

김다운 어린이 / 미국 인디애나
미국 인디애나에서도 소망성경학교 같이 해요.
고맙습니다.

말레이시아에서 온 편지

감사합니다 예수님!

| 1 | 2 | 3 | 4 |
| 5 | 6 | 7 | |

1·2.자료 나눔 감사 인사_군교회
3.자료 나눔 감사 인사_해외 한인교회
4.자료 나눔 감사 인사_농아인 부서
5·6.자료 나눔 감사 인사_해외 한인교회
7.자료 나눔 감사 인사_해외 선교지

국민일보. 2020.03.12.

코로나19 기간 관련 보도자료

"교회학교 교재 집으로 배달합니다"
소망교회 코로나19 교육나눔

서울 소망교회(김경진 목사)가 교회학교 학생을 위한 교재를 집집마다 배달하는 나눔 운동에 나섰다고 12일 밝혔다.

교재 신청은 17일까지 소망교회 홈페이지(www.somang.net)를 통해 할 수 있다.

교회는 11일부터 자체 제작한 '사순절·부활절 말씀 묵상책' '예수님과 백부장 팝업북' '풍랑잔잔 돌림판' '눈이 번쩍 바디매오 가면' 등의 교재를 가정으로 보내기 시작했다.

신종 코로나바이러스감염증(코로나19)으로 직격탄을 맞은 대구·경북 지역을 위해 시작했지만, 지역 제한을 두지 않고 발송하고 있다.

박상건 소망교회 교육목사는 12일 "교회에서 자체 제작한 교재가

반응이 너무 좋아 전국 교회와 나누기로 했다"면서 "코로나19로 어린 자녀들이 가정에서 지내는 시간이 많아졌는데 아이들 눈높이에 맞춘 신앙교육 교재가 큰 도움이 되길 바란다"고 했다.

평가

시간이 지나면서 신앙교육자료 외에 가정(양육자)을 위한 온라인 자료(성경학교 주제 강의 영상 및 기도회 등)를 제공하게 되면서 점차 신앙의 주체로 세워지는 양육자의 가정의 모습을 발견하게 되었다. 뿐만 아니라 이들을 위해 늘 섬김의 기쁨과 헌신의 자리를 마다하지 않는 교사들과 양육자(부모)의 신앙과 교사의 헌신의 토대 위에 말씀으로 견고히 서가는 아이들과 학생들의 모습을 통해 더 이상 이들이 "다음"으로 미뤄지는 '다음 세대'가 아니라 '지금' 중요한 '지금 세대'임을 다시금 확인하게 되었다.

특별히 각 가정에서 온라인으로 진행된 여름성경학교는 정말 놀라운 신앙 경험의 계기가 되었다. 처음에는 부모와 양육자의 주도로 시작되는 듯하였으나, 점차 아이들이 자발적으로 자료를 활용하여 온라인 성경학교에 참여하면서, 이후 온 가족이 함께 주일 온라인예배와 주중 신앙교육 활동을 이어가는 중요한 분수령이 되기도 하였다. 소망교회뿐만 아니라 자료 나눔을 함께 한 교회들에서도 놀라운 소식들이 전해졌다. 성경학교를 진행할

엄두조차 내지 못했던 국내 미자립 교회와 군인교회, 해외 한인교회와 선교지 등에서 성경학교를 진행할 수 있게 되었고, 성경학교를 계기로 전도의 물꼬가 터져 함께 하는 아이들의 수가 늘어난 교회도 있었다. 부모를 따라 해외 한인교회와 선교지에서 살아가는 PK 및 MK들이 모국어로 하나님의 놀라운 이야기, 말씀을 경험하는 귀중한 시간이 되기도 하였다.

자료 나눔을 통해 언어의 장벽을 넘어 역사하시는 하나님을 경험하기도 하였는데, 언어는 다르지만 해외 선교지(말레이시아)에서도 여름 온라인 성경학교 자료를 통해 하나님의 아이들에게 말씀이 심겨지고, 그들의 삶에 말씀이 기쁜 소식, 복음 자체로 흘러 들어가는 놀라운 일들을 경험하게 되었다. 뿐만 아니라 온라인 영상 예배에 자막을 추가하자 농아 어린이들과 가정에서는 하나님을 알아가는데 큰 힘이 되었다는 고백을 듣기도 했다.

다니엘과 세 명의 친구는 그 음식을 먹지 않고

아주 특별한 성경학교, 수련회

코로나19로 인해 현장예배 참석이 어려운 가운데, 가장 시급하게 제기된 문제는 바로 교회학교의 여름성경학교와 수련회였다. 이는 아이들이 인격적으로 하나님을 만나고 경험할 기회의 시간이자 신앙교육에 있어서 가장 중요한 프로그램이기 때문이다. 그렇기에 교육1부에서는 가정 안에서도 현장감 있고 감동이 있는 예배와 프로그램을 준비하기 위해 노력했다. 더불어 학생들이 온라인 상황 속에도 수동적으로 프로그램에 참여하기보다 능동적으로 소통하며 신앙생활을 이어갈 수 있도록 온라인 성경학교와 수련회를 준비했다.

여름성경학교&수련회

목적 및 개요

영유아유치팀(미취학)에서는 하나님만 섬길래요(수 24:14)라는
주제로 아이들의 삶의 중심과 방향성을 하나님께 맞추어
가는 시간을 가졌다. 또한 아동팀(학령기)과 청소년팀은
히브리서 11장 1~2절 말씀을 중심으로 히브리서 11장에
등장하는 믿음의 인물들을 통해 '믿음'의 구체적인 모습에 대해
살펴보았다.

세부 진행 사항

하나님만 섬길래요!(영유아유치팀)

영유아 유치팀에서는 '하나님만 섬길래요(수 24:14)'를 주제로
온라인 가정 성경학교를 진행했다. 특별히 코로나19 기간 동안
가정 안에서 성경학교가 진행되어야 하는 만큼, 교사가 아닌
학생들을 돌볼 양육자가 교육의 주체가 되어야 했다. 그렇기에
영유아 유치팀에서는 온라인 양육자들이 가정 안에서 효과적으로
성경학교를 도울 수 있도록 영상을 통해 사전을 교육을
시행했다. 또한 이론적인 교육뿐만 아니라 가정으로 배송되는

1. 아동팀 온라인 성경학교 애니메이션
2. 아동팀 온라인 성경학교 드라마
3. 청소년팀 온라인 수련회 프로그램

교육자료(Bible Kit)를 효과적으로 사용할 수 있도록 가이드 영상도 함께 제작하여 진행했다. 온라인 수련회는 두 주간 진행되었으며 두 번의 온라인예배를 통하여 주제 말씀을 전하고, 주중에는 교육자료를 이용한 다채로운 활동(컬러링, 가랜드 제작, 퍼즐 만들기, 숨은 그림 찾기, 가정 예배지 등)을 통해 하나님의 마음을 알고 닮아갈 수 있도록 교육했다. 또한 코로나19로 인해 온라인 성경학교를 진행하기 어려운 전국의 미자립 교회들을 위해 활동 자료와 영상을 제공했다.

씨드니 어드벤쳐(아동팀)

씨드니는 소망교회 아동팀 학생을 형상화 시킨 캐릭터이다.
이 캐릭터가 히브리서 12장에 등장하는 믿음의 사람들(노아, 아브라함, 요셉, 사무엘, 다윗)을 만나게 되는 에피소드를 다양한 방식(드라마, 애니메이션, 웹툰, 브이로그 등)으로 그려내어 학생들이 믿음의 인물들을 흥미롭게 이해하고, 접근할 수 있도록 도움을 주었다.
8일간의 일정으로 진행되었으며 주일에는 개회예배와 폐회예배를, 또한 주중에는 매일 3가지 단계로 나누어(활동 영상, 성경공부, 활동 영상) 활동을 진행했다. 특별히 코로나19로 인해 온라인 수련회를 진행하기 어려운 미자립 교회를 돕기 위해 신청을 통하여 교회에서 제작한 영상과 교재 및 자료를 배송하였으며, 효과적인 자료 전달과 소통을 위하여 수련회 팝업 페이지를 제작했다.

영유아유치 온라인 가정 성경학교 영상

허다한 증인들, 나 때는 말야!(청소년팀)

청소년팀에서는 '허다한 증인들, 나 때는 말야!(히 12:1-2)'라는
주제로 온라인 수련회를 진행했다. 총 7일간 온라인 수련회를
진행했으며, 매일 Quiet Time(묵상), Half Time(레크레이션),
Faith Time(예배)를 통해 가정 안에서 수련회에 감격을 경험할
수 있도록 프로그램을 구성했다. 특별히 Quiet Time(묵상)에서는
히브리서에 등장하는 믿음의 인물들(아벨, 노아, 아브라함, 요셉,
모세, 다윗)에 대하여 말씀을 더욱 생생하게 느낄 수 있도록
연관된 장소에 방문하여 촬영을 진행하였으며, Half Time
(레크레이션)에서는 다양한 예능 포맷을 이용하여 학생들이
흥미를 느끼고 참여할 수 있도록 영상을 구성했다. 특별히
Faith Time(예배)에서는 실시간 댓글과 줌 참여를 통하여 소통을
강화하여 현장감 있는 말씀 부흥회를 진행했다.

평가

온라인 성경학교 및 수련회는 코로나19 상황으로 인해
무뎌진 신앙을 다시금 점검해 보고 하나님께로 다시금
돌이킬 수 있는 시간이 되었다. 뿐만 아니라 현실적으로
온라인 수련회를 진행할 수 없는 미자립 교회들과
선교지, 그리고 해외에 흩어져 있는 여러 소망의
가정들에 예배할 기회를 마련해 주었다. 이는 팬데믹
상황 속에서도 온라인 환경의 특수성을 살려 하나님
사랑과 이웃 사랑을 실천할 수 있는 계기가 되었다.

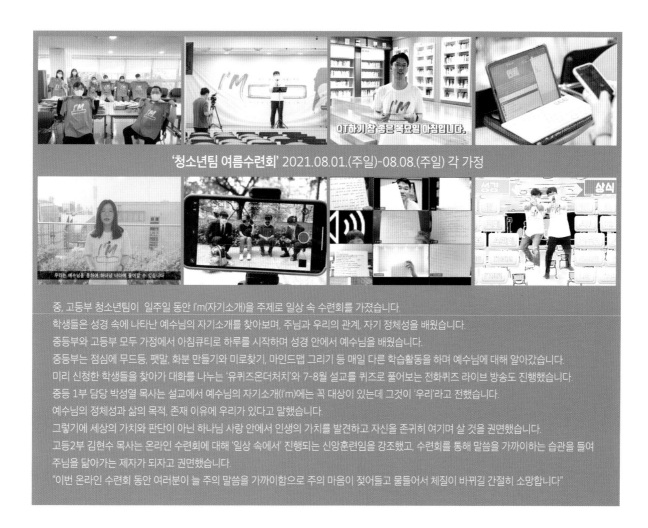

'청소년팀 여름수련회' 2021.08.01.(주일)-08.08.(주일) 각 가정

중, 고등부 청소년팀이 일주일 동안 I'm(자기소개)을 주제로 일상 속 수련회를 가졌습니다.
학생들은 성경 속에 나타난 예수님의 자기소개를 찾아보며, 주님과 우리의 관계, 자기 정체성을 배웠습니다.
중등부와 고등부 모두 가정에서 아침큐티로 하루를 시작하며 성경 안에서 예수님을 배웠습니다.
중등부는 점심에 무드등, 팻말, 화분 만들기와 미로찾기, 마인드맵 그리기 등 매일 다른 학습활동을 하며 예수님에 대해 알아갔습니다.
미리 신청한 학생들을 찾아가 대화를 나누는 '유퀴즈온더처치'와 7-8월 설교를 퀴즈로 풀어보는 전화퀴즈 라이브 방송도 진행했습니다.
중등 1부 담당 박성열 목사는 설교에서 예수님의 자기소개(I'm)에는 꼭 대상이 있는데 그것이 '우리'라고 전했습니다.
예수님의 정체성과 삶의 목적, 존재 이유에 우리가 있다고 말했습니다.
그렇기에 세상의 가치와 판단이 아닌 하나님 사랑 안에서 인생의 가치를 발견하고 자신을 존귀히 여기며 살 것을 권면했습니다.
고등2부 김현수 목사는 온라인 수련회에 대해 '일상 속에서' 진행되는 신앙훈련임을 강조했고, 수련회를 통해 말씀을 가까이하는 습관을 들여
주님을 닮아가는 제자가 되자고 권면했습니다.
"이번 온라인 수련회 동안 여러분이 늘 주의 말씀을 가까이함으로 주의 마음이 젖어들고 물들어서 체질이 바뀌길 간절히 소망합니다"

2021 소망대학부 간식투어

닭치고 공부

이런 투어는 없었다, 중간고사 간식 투어

코로나19라는 재난을 통해 대학부 사역은 원래의 색깔을 크게 바꿔야 했다. 코로나19 이전의 대학부는 20대 초중반의 대학생들을 대상으로 하는 대학부의 특성상, 오프라인에서의 액티브한 활동을 중시하며 직접 대면하는 심방 사역을 많이 해왔다. 그러나 코로나19라는 특수한 상황은 대면으로 진행한 사역들과 실내에서 진행했던 소모임, 식사 교제 등을 할 수 없게 되며 많은 부분에서의 변화가 필요했다. 그래서 대학부는 이전에 해왔던 사역을 새로운 것으로 대체하거나, 방식을 바꾸었다. 사역의 가장 기본적인 본질-상담과 양육, 위로와 격려 등을 해치지 않는 선에서 많은 변화를 시도했다.

⊙ 대학부: 중간고사 간식 투어

목적 및 개요

코로나19 상황 속에서도 간식 투어의 목적은 변하지 않았다. 기본적으로는 바쁜 일정을 보내고 있는 학생들을 향한 위로와 격려, 멤버십 확립이 그 목적이었다. 그러나 개별적으로 진행하는 심방들과는 다르게 간식 투어는 대학부 전체를 대상으로 하였다. 진행하는 1~2주 동안 80~90여 명의 학생들을 방문하였다. 그렇기에 간식 투어는 신청하는 사람의 입장에서도 부담이 적은 심방이고, 핵심 리더십이나 강한 멤버십을 가진 친구가 아닌 새가족과 브릿지(신입생)를 많이 만날 기회가 될 수 있었다. 짧은 5-10분 정도의 만남을 통해 잘 알지 못했던 새로운 친구들을 만나고, 얼굴을 익히고, 환담을 나누고, 기도 제목을 들을 기회를 얻었다. 코로나19 상황 속에서 간식 투어는 심방 사역의 돌파구가 되었다. 캠퍼스를 찾아가거나, 직장, 집 앞을 찾아가서 야외에서 만나 간식을 전달하고 기도를 해주는 방식이기에, 좁은 장소에서 오랜 시간 만나거나 식사를 할 수 없다는 제약에서 자유로운 심방이었다.

세부 진행 사항

간식 투어의 컨셉

2020년, 가장 코로나19가 심각했던 순간에 중단됐던 간식 투어를 2021년에 다시 시작했다. 중간고사 때에만 진행하여 연 2회였던 간식 투어를 확대하여 연 4회 진행했으며, 이전에 하지 않았던 몇 가지 방식들을 시도하였다. 그 방식들은 다양한 타이틀에 녹아있다. 2021년에 진행했던 4번의 사역은 '스윗박스', '닭공', '도너츠게임', '소망쿠팡' 이라는 이름이었고, 2022년의 사역은 '해피뉴치킨', '벚꽃엔딩', '어, 난데', '캠퍼스오락실'이라는 이름이었다. 이 모든 타이틀은 사역을 진행하는 시기에 가장 유행하는 OTT 드라마, 인터넷 밈 등과 연결되어 있고 그 방식도 연결되어 있었다. 예를 들어 도너츠게임은 당시 유행하던 오징어게임이라는 OTT 드라마의 이름에서 따왔으며, 여러 가지의 게임을 통해 더 좋은 추가 선물을 받을 수 있는 방식이었다.

이 시도들은 코로나19 상황, 사회적 거리두기 단계와 밀접한 관계가 있다. 거리두기가 완화되는 시점에서는 더 많은 학생을 만나기 위한 방법을 시도하였고 거리두기 단계가 높을 때는 완전한 비대면으로 간식을 배달하기도 했다.

어. 난데.
기말보고
있다고?
어. 알았어.
끊어.

소망대학부
간식투어

간식 투어

코로나19 시기 속에서의 대학부의 변화를 단적으로 가장 잘 보여주는 사역은 간식 투어였다. 간식 투어는 중간고사를 맞이한 대학부 학생들, 일하는 직장인을 응원하기 위해 간단한 간식과 이벤트를 준비해서 찾아가는 사역이었다. 예배 시간의 광고와 카카오톡 채널 메시지를 통해 신청을 받고 일정을 조율하여 방문하여 간식을 전달하고 기도하였다. 대략 2주 동안 진행하며 장소는 캠퍼스나 직장, 집 앞 등 야외에서 진행했다. 신청했지만, 만나는 것이 부담스럽거나 일정을 조율하기 어려운 친구는 비대면으로 전달하였다.

캠퍼스에서 만난 대학부원들

대상의 확대

이전의 간식 투어는 '중간고사 응원'이라는 수식어가 붙어 있었다.
그래서 대학부지만 이미 직장을 다니고 있는 대학부원이나, 반수를
하는 친구, 대학을 다니지 않는 친구들에게는 거리감을 줄 수 있는
측면이 있었다. 그래서 2021~2022년 간식 투어에서는 '중간고사'라는
타이틀을 뺀 간식 투어들을 추가하여 진행했다. 추가된 간식 투어는
대학부에 대해 강한 멤버십을 가진 기존의 친구들을 제외한, 신입생
새가족 등을 대상으로 하였다. 간식 투어에는 포함되어 있지 않지만,
'소망사나이'라는 이름으로 진행된 군인 격려 프로젝트도 이런 노력의
일환이었다.

간식 투어 포스터와 홍보자료

2021년

07.11.
"Hayyim:4Rest" 수련회와 연계하여
새가족 브릿지 간식 투어 기획

08.01.~08.
홍보기간

08.10.
"Hayyim:4Rest" 간식 투어 진행
강동, 송파, 광진 지역 캠퍼스 투어

08.10.
강동, 송파, 광진 지역 캠퍼스 투어

08.11.
강남 지역 캠퍼스 투어

08.12.
강북 지역 캠퍼스 투어

08.13.
서초, 동작 지역 캠퍼스 투어

08.14.
경기권 캠퍼스 투어

평가

코로나19 상황 속에서 간식 투어를 개편하며 얻은 좋은 효과의 첫 번째는 참여의 폭이 확대되었다는 것이다. 처음에는 간식 투어에 참여하는 인원들이, 이미 교역자들과 라포가 형성되어 있는 학생들이 주된 친구들이었다. 그러나 신입생과 새가족들을 위한 간식 투어를 추가하고 그들에게 대학부에서 큰 관심이 있다는 것을 지속적으로 알리며, 이 사역이 핵심 멤버들을 위한 그들만의 잔치가 되지 않을 수 있도록 참여의 폭을 확대하였다. 그리하여 2022년에 간식 투어를 신청받을 때에는 그동안 거의 대학부 예배 출석 인원만큼의 인원들이 이 간식 투어에 참여했다는 점을 확인할 수 있었다. 이 사역을 통해 얻을 수 있는 또 하나의 이점은 친밀감이었다. 교회나 압구정 근처에서 학생들이 찾아오는 심방이 아니라, 교역자들이 학생들이 머물고 있는 현장으로 찾아가는 과정에서 생기는 친밀감이 있었다. 또한 이 점을 강조하기 위해 모든 콘셉트에서 교역자들은 영적 멘토나 사제와 같은 모습을 벗어버리고, 친근한 동네 형, 누나의 모습을 표현했다. 그때 그때의 인터넷 밈들을 활용하고, 간식의 내용도 당시 학생들 사이에서 가장 인기가 있는 메뉴들로 선정하였다. 어쩌면 코로나19가 아니었으면, 더 정형화된 간식 투어를 진행했을 것이다. 코로나19를 통해 새로운 컨셉과 방식들을 개발할 기회가 되었다고 생각하고 있다.

하지만 동시에 코로나19 상황 속에서 비대면 중심의 심방이 가진 한계점 또한 확인할 수 있었다. 대면 심방을 통해 얻을 수 있는 깊은 대화들과 기도 제목들은 간식 투어를 통해 알기 어려운 부분이었다. 또한 학생들의 바쁜 일정 속에 뛰어 들어간 사역이니만큼 더 촉박하게 진행할 수밖에 없었고, 그에 따른 아쉬움도 있었다.

베들레헴
프로젝트

코로나19로 모든 것을 멈춰야 했을 때, 그러나 소망교회 '더 깊은'
청년부는 멈춤과 진행을 병행했다. 사회적 거리두기에 충실하여
물리적으로는 거리를 두었지만, 최선과 차선의 노력으로
공동체 안팎을 살뜰히 챙겼다. 내부를 다지기 위해서는 온갖
종류의 온라인 모임을 기획하고 실행했다. 그렇지만 이는
여타의 모든 교회가 힘쓴 영역이다. 그러므로 소망교회
청년부의 정체성을 드러내는 사역으로 '베들레헴 프로젝트'를
소개한다. '베들레헴'은 빵집 혹은 떡집을 뜻한다. 굶주린 무리에게
빵을 먹이셨던 예수님의 마음을 생각하며 우리의 작고 적은 것을
나눈다는 의미로, '베들레헴 프로젝트'라 이름하였다.

♥ 청년부: 베들레헴 프로젝트

목적 및 개요

'베들레헴 프로젝트'는 특히 국내외 선교지에 초점을 맞춰 진행했다 당시 청년부의 국내 선교지인
경남 의령 지역과 청년부가 후원하는 해외의 몇 지역과 연계하여 필요한 도움에 응답했다.
비록 물리적인 참여로서 선교는 불가능하지만 선교지와 연결된 끈을 꼭 붙들고자 했다. 머잖아
코로나19로 막힌 길이 뚫렸을 때 선교지와 여전히 연결되어 있기를 바라는 마음을 담았다.

세부 진행 사항

'베들레헴 프로젝트'를 진행한 지역은 다음과 같다.

국내_경남 의령

소망교회 청년부는 한 곳의 국내 선교지를 몇 년 동안 방문하곤 했다. 경남 의령 지역은
2019년에 처음으로 방문했다. 2020년이 두 번째 해였으나 코로나19로 방문할 수 없었다. 해가
두 번 바뀐 2021년 겨울은 거리두기에 약간의 여지가 생겼던 시기이다. 성탄절을 앞두고 소수의
인원이 의령의 각 교회를 당일치기로 방문했다. 각 교회의 목사님 내외분을 위로하고 교회마다
크리스마스트리를 장식했다. 이로써 다음 국내 선교까지 관계가 이어질 교두보를 구축했다.

국외_인도

현지 교회와 연합하여 실시간 온라인예배를 드렸다. 인도에서
사역하다가 베트남으로 사역지를 옮긴 김세진 선교사를
주축으로 인도 현지의 십여 개의 교회가 참여했다. 소망교회
청년 30~40명, 인도 현지 교인 100여 명, 도합 150여 명이
온라인으로 모여 예배를 드렸다. 양국의 청년들은 각자 미리
녹화한 문화공연 영상을 공유하며 교제했다. 약 2시간 20분
동안 영어와 한국어 통역을 곁들여 진행한 예배는 서로의
연결과 연대를 확인하는 은혜로운 시간이었다.

국외_피지

상황을 먼저 설명해야겠다. 피지의 임재민 선교사는
코로나19로 인해 한국에 돌아와 머물고 있었다. 2021년
크리스마스에 맞추어 현지 교회의 크리스마스 예배를 돕고자
할 때 소망교회 청년부가 임선교사를 도왔다. 청년들이
문화공연을 영상으로 촬영하여 보냈고, 그에 임선교사의
설교 영상을 더하여 한 편의 예배 영상을 완성했다. 이 영상을
피지로 보내어 현지 교회에서 크리스마스 특별 예배를
드리도록 도왔다.

국외_마다가스카르

마다가스카르에서 의료 사역을 하는 이재훈 선교사는
두 가지 도움을 요청하였다. 하나는 물품을 보내는 일이다.
의료 사역에 필요한 물품과 도서 등을 보내야 했는데 그 양이
꽤 많았다. 열댓 명의 청년이 물류센터를 방문하여 온종일
물품을 포장하여 배송했다. 다른 것은 문서 사역이다. 의료
사역의 특성상 후원 기관에 보낼 자료와 현지 사역을 진행하는
데에 필요한 문서가 필요했다. 특히 당시 미국의 어느 기관과
추진하던 사역을 위하여 한국어 문건을 급히 영어로 번역해야
했는데 소망교회 청년 여러 명이 순식간에 작성을 도왔다.
이듬해 2022년 2월 이재훈 선교사 내외가 소망교회를 잠시
방문하였을 때 특히 이 사역을 거론하며 무척 고마워하였다.

📝 평가

코로나19의 시간은 특히 선교 사역을 크게 방해했다. 외부로는 선교지와의 관계가
소원해질 위기였고 내부로는 선교의 동력이 약해질 만한 상황이었다. 그러나 소망교회
청년부는 손을 놓고 시간을 허비하지 않았다. 국내외 선교지와의 관계를 끈끈하게
이어가고자 노력했고 베들레헴 프로젝트는 그 노력의 일부이다. 돌아보면 작은
몸짓이었지만 작은 몸짓은 작은 불씨와 같았다. 내부적으로는 선교의 열망을 간직하게
해주었고 외부적으로는 선교지와의 연결을 공고하게 해주었다.

도시의 어부

거룩한 매력과 성숙한 중심을 지향하는 공동체인 청년플러스는 코로나19로 거리두기를 해야 할 때 어떻게 예배를 드려야 할까 고민하고, 대안을 찾아 노력했다. 신속하게 Zoom과 다른 방법을 찾기도 하고, 또 개인의 휴대폰과 노트북 등을 이용하여 온라인예배의 방법을 도입하였다. 그리고 이 시대의 예수님의 제자를 의미하는 '도시의 어부'라는 사역을 진행하였다. "나를 따라오라 내가 너희를 사람을 낚는 어부가 되게 하리라"(마태복음 4:19)의 말씀에 근거하여 도시 속의 사람을 낚는 어부가 된다는 의미를 담고 있다.

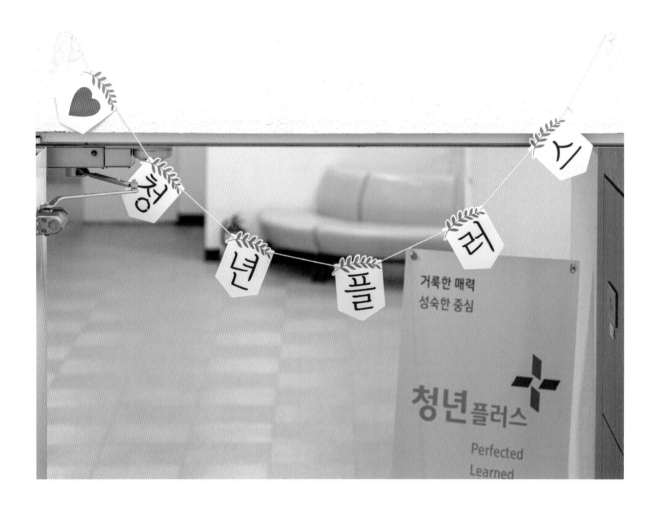

🐟 청년플러스: 도시의 어부

목적 및 개요

'도시의 어부' 프로그램은 두 달 동안 진행했다. 도시에서 예수님의 제자로 살아가기 위한 방법을 공동체 안에서 함께 배워나가길 바라는 마음에서 시작했다. 직접 만날 수 없는 환경이지만 서로의 모습을 공유할 방법을 찾아서 각자가 신앙생활을 위해 노력하고 있음을 나누길 원했다. 내가 살아가고 있는 도시 안에서 할 수 있는 작은 실천을 공동체가 함께 하자는 목적 아래서 기존의 틀에서 벗어난 새로운 방식으로 이 프로그램을 진행했다.

2021년 ──

06.20.
"도시의 어부"
프로그램 결정 및 안내,
성경 필사 책 준비

── 07.04.~07.25.
매 주일 오후 3:30,
현장과 온라인 송출을 통해
도시어부 특강 진행

── 08.23.~08.27.
매일 오후 8:00-10:00,
"옴" 앱을 통해 도시어부 야자
(온라인 성경 통독) 진행

── 12.21.
도시어부 필사
(성경 필사) 전시

세부 진행 사항

Part1_도시어부 특강

모이기 어려울 때에 강사를 초청하여 말씀에 집중할 수 있는 환경을 만들고자 노력한 것이 첫 번째 도시어부의 내용이었다. 4명의 강사를 초청하여 4가지 주제로 4주의 기간 동안 도시에서의 예수님의 제자로 살아가는 방법에 관한 이야기를 나누었다. '정체성', '목적성과 안정성', '다시 낚으러 갑니다', '예수를 믿는 이유'라는 제목으로 말씀을 들으며 신앙인의 정체성에 대해 생각해 보게끔 하였다. 또한 참여하지 못한 이들을 위해서 말씀 내용을 요약하여 모두에게 나누는 작업을 병행했다.

Part2_도시어부 야자

두 번째로 청년플러스는 말씀을 듣는 것으로 끝내지 않고, 직접 참여할 수 있도록 하는 방안을 고민하였다. 그리고 온라인 통독을 통해 서로 말씀을 가까이하고자 하는 목표를 세우게 되었다. 당시 미국에서 '클럽하우스'라는 음성 기반 소셜 미디어 플랫폼이 흥행하였고, 얼마 후 한국의 카카오에서 소셜 오디오 플랫폼인 '음(mm)' 어플을 개발하였다. 서로 대화하고 함께 참여할 수 있는 방법이라는 생각에 어플을 통해 온라인 통독을 진행했다. 1일 30장을 목표로 하여 정해진 시간에 온라인으로 함께 모여 진행한 성경 통독은 서로 함께 있음을 느끼게 해주었고, 연대감을 느끼며 정한 목표를 함께 이룰 수 있도록 하였다.

Part3_도시어부 필사

세 번째로 청년플러스는 직접 써 내려가는 성경 필사를 진행했다. 성경 필사책과 펜을 준비하고, 손편지로 한 분 한 분에게 마음을 담아 전달하였다. 성경 필사에 참여한 이들의 책은 이후에 전달받아 게시하고, 아직 진행하고 있는 이들에게 보여줌으로써 모두가 끝까지 필사를 완성할 수 있도록 하였다.

📝 평가

새로운 방식을 도입한 사역은 기존의 신앙생활에 새로운 활력을 불어넣어 주었다. 기존의 방식과 틀에서 벗어나서 다양한 활동을 할 수 있다는 자신감과 도전의식을 갖게 해주었고, 교회를 의존하던 신앙생활에서 개인의 의지로 이어가는 신앙생활로 전환을 가능케 했다. 모일 수 없는 상황이 문제가 아니라, 각자의 생각과 삶의 태도가 신앙생활에서 중요한 부분임을 생각하게 해주는 시간이었다.

"청년플러스 여름수련회-Part 1 도시의 어부" 2021.07.04.(주일) 본당 지하2층 2예배실

거룩한 매력과 성숙한 중심을 가진 공동체 '청년플러스'가 여름수련회를 열었습니다.

수련회 주제인 '도시의 어부'는 사람 낚는 어부로 우릴 부르신 주님의 말씀을 가지고 정했습니다. 이번 수련회 기간은 두 달입니다.

7월에는 4주간 4인의 강사가 도시에서 어부가 되기 위한 특강을 하고, 8월에는 다른 순서로 진행됩니다.

수련회 첫 번째 시간에는 청년플러스 담당 윤환 목사가 '목적성과 안정성'이란 제목으로 부원들에게 말씀을 전했습니다.

윤 목사는 주의 말씀에 순종해 물 위를 걸은 베드로 이야기를 전하며 신앙은 안정성 추구가 아니라 주님을 목적하는 것이라 강조했습니다.

예배 후에는 부원들끼리 축복하고 기도하며 응원했습니다.

11일에는 '정체성'이란 제목으로 청년부 담당 주요한 목사가 말씀을 전합니다.

그리고 오는 7월 18일과 25일은 방역지침에 따라 온라인으로만 진행됩니다.

청년플러스 부원들이 이번 수련회를 통해 각자 삶의 자리에서 주님의 부르심을 이루는 멋진 도시의 어부가 될 것을 소망합니다.

2020년 ──── **05.29.~06.04.**
성인세례교육,
세례문답, 세례식
──── **07.02.~07.10.**
유아세례 부모교육,
유아세례식
──── **03.25., 10.10.**
영성마을
──── **11.22.**
허니브리지

따로, 또 같이,
코로나19
세례식

제직교육부의 모든 사역은 모임과 만남을 기반으로 한다.

구역지도자 수련회, 제직수련회, 세례교육과 문답 및 세례예식,

지구 성인성서 연구, 허니브리지, 영성마을, 집사교육 등의 모든

교회 내 성인교육은 모임을 전제로 진행했다.

그러나 코로나19의 확산은 모임을 불가능하게 만들었고, 이는

전통적인 성인 신앙교육에도 많은 어려움과 장애를 초래했다.

그러나 제직교육부는 이에 대응하여 온라인 교육을 중심으로

빠르게 재편하였고, 기존의 모임을 대체할 뿐만 아니라

보완하고 보충하는 방향으로 다양하게 시도를 했다.

📖 제직교육

목적 및 개요

제직교육부의 성인교육의 목적은 교회의 본질적 기능인 디다케에 충실하는 것이다. 세례는
예수 그리스도의 마지막 지상 명령 중 하나로서, 교회의 본질적인 기능이기 때문에 코로나19의
상황 속에서도 결코 포기할 수 없는 예식이었다. 따라서 코로나19의 혼란스러운 상황 속에서
세례교육과 문답 그리고 세례예식을 경건하고 안전하게 진행하는 것이 제직교육부의 일차적인
목적이었다.

또한 교회의 가정이요 유기적인 세포라고 할 수 있는 지구와 교구 그리고 구역의 활성화 역시
놓칠 수 없는 중요한 선교적 동력이었다. 따라서 제직교육부는 구역활동과 지구 성인성서연구가
온라인, 오프라인을 원활히 진행되는 것을 목표로 다양한 시도를 해왔다.

신혼부부의 재교육과 공동체로의 편입을 돕는 허니브리지와 소망교회 성도들의 자발적 참여로
이루어지는 영성마을은, 기본적으로 합숙을 전제로 해왔기 때문에 가장 어려움이 큰 사역이었다.
그러나 제직교육부는 다양한 시도들을 통하여 모임은 최소화하고 효과와 명맥은 지속적으로
이어가는 방향을 취했다.

결론적으로 코로나19 기간 동안 제직교육부의 사역은 교회의 본질적이고 필수적인
성인교육사역을 중단 또는 단절시키지 않고, 대안적이며 더욱 발전시켜나가는 것을 목표로
진행했다.

세부 진행 사항

세례 집례의 소형화와 규정 변경 그리고 온라인 교육

소망교회에서는 지금까지 세례예식을 5부 예배가 끝난 후
집례하고, 모든 수세교인들이 함께 성찬식에 참여하는 방식을
취해왔다. 그러나 코로나19의 확산으로 인해 많은 인원이 모여
세례식을 집행하는 것을 지양하고자, 소그룹 형태로 예배 중
세례를 집행하기로 결정했다. 이러한 결정으로 매 예배마다
세례식이 집행되어, 한 번에 많은 인원이 세례를 받는 것을
피하게 되었다. 이에 교인들은 더 안전하게 예배를 드리고
세례를 받을 수 있게 되었다. 유아 세례의 경우, 전통적인
기준으로는 아이가 24개월 미만이어야만 세례를 받을 수
있는 제한을 두고 있었다. 그러나 코로나19의 확산으로 인해,
교회는 유아 세례 규정을 변경하고 나이 기준을 연기시켜,
코로나19 확산이 잦아든 뒤 아이들이 세례를 받을 수 있도록
권고 조치하였다.

또한, 코로나19로 인해 현장 모임이 중단된 상황에서
세례교육과 문답이 온라인 서비스를 통해 진행되어, 세례를
받기 원하는 이들이 세례교육과 문답을 계속할 수 있도록
지원하였다. 모임이 재개된 이후에도, 성도들의 건강과 안전을
위해 교회 내부를 철저히 청소하고 소독하기 시작했으며,
성도들이 모임 중 안전하게 교육을 받을 수 있도록 다양한
예방수칙을 시행하였다. 이러한 노력들로 인해 세례를 받기
원하는 많은 성도에게 안전하고 의미 있는 세례예식을 진행할
수 있었다.

지구 활동의 온라인화

매 학기마다 진행되던 지구별 성인 성서연구 온라인으로
진행하였다. 코로나19로 인한 온라인 모임의 증가로, 각
지구의 목회자들은 유튜브(YouTube)나 줌(Zoom)을 통해
지구의 성도들과 함께 신앙교육을 하고 소통할 수 있게
되었다. 이에 제직교육부는 각 목회자들에게 온라인 사역에
필수적인 장비를 제공하고, 활용 교육을 통하여 온라인
교육사역이 원활하게 진행되도록 도왔다. 처음에는 운용의
어려움이 있었으나, 차츰 온라인 모임의 장점이 부각되기
시작했다. 여전히 온라인이 오프라인을 대체할 수는 없으나
온라인 성경공부는 지리적, 시간적 제약이 적으며, 지구 내
성도들 간의 상호작용을 증진할 수 있어서 유익하였다는 것이
교육을 진행한 목회자들의 중론이 있었다. 게다가 온라인으로
진행되는 성인 성서연구는 더 많은 참여자를 유입하는 데
도움이 되었고, 이를 통해 지구의 성도들이 소통을 이어나가는
데에 큰 도움이 되었다.

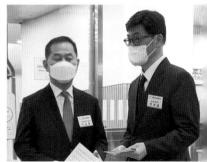

오프라인과 메타버스에서 함께 진행된 허니브리지

허니브리지와 영성마을의 비대면화

신혼부부를 대상으로 하는 1박 2일 수련회 프로그램인 허니브리지의 경우, 10여 가정이
합숙하는 형태로 진행됐다. 소망교회 성도들의 자발적인 참여로 이루어진 영성마을 역시
30명 정도의 성도들이 소망수양관에서 다양한 집회와 강의 그리고 성찬과 세족식을 진행하던
프로그램이었다. 그러나 코로나19의 확산으로 집합금지와 비대면이 강제된 상황에서
허니브리지와 영성마을의 진행이 어렵게 되었다.

이에 코로나19의 유행이 정점에 달했던 당시 허니브리지는 잠정적으로 중단을 했으나, 이전에
허니브리지를 경험했던 부부들은 장로와 목사로 이루어지고 지정된 멘토들의 개별적인 관심과
돌봄으로 공동체성을 유지할 수 있었다. 이들은 온라인과 전화 등을 통해서 주기적으로 연락을
주고받았으며, 이를 통하여 비록 비대면이지만 지속적인 친교와 나눔을 진행할 수 있었다.

영성마을의 경우 화상채팅을 통하여 렉시오 디비나와 영성지도 프로그램을 활성화하였다.
영성마을 참가자들을 소그룹으로 나누어 담당 목사와 화상채팅을 통해 렉시오 디비나와
영성지도를 나누게 하였다. 또한 코로나19의 유행이 지나간 이후 다시 영성마을을 모이게 되었을
때도, 성찬을 위해 개인용 성찬키트를 구비해, 성찬의 의미는 잊지 않으면서 동시에 자가방역에
힘쓰도록 노력했다.

📝 평가

이와 같이 제직교육부의 성인교육 사역은 코로나19의 확산의 동향에 따른 민감한
반응과 온라인과 오프라인이라는 다양한 경로로 지속하였다. 이를 위하여 제직
교육부의 실행위원들은 충분한 시뮬레이션과 회의를 통해, 교육과 행사 진행에 차질이
없도록 원만한 대비와 준비를 진행했다. 이러한 노력과 시도를 통해 이제는 전통적인
신앙교육 방법론에서 온라인이라는 거대한 전환이 매우 신속하고 효과적이었으며
또한 유익하였다.

새가족을
어떻게
맞이할까

코로나19 상황으로 새가족들에 대한 대면 교육이 어려워짐에
따라 새가족 온라인 교육프로그램을 도입·시행하였다. 전쟁
속에서도 꽃이 피듯이 코로나19 상황에도 새가족들이 교회로
들어왔다. 교회에 익숙해질 때까지 새가족들은 도움이
필요했다. 이에 기존에 진행되던 대면교육을 전면
온라인 교육으로 바꾸어 진행하였다.

새가족교육

목적 및 개요

코로나19 상황에서도 새가족 교육을 계속적·안정적으로
진행하여 새가족들이 소정의 교육을 받고 교인으로
등록하여 교회 및 신앙생활을 원활히 할 수 있도록 하는
것이 목적이었다. 온라인 교육프로그램은, 먼저 매 주차별
홍보영상, 인사 말씀, 대표기도와 담당 목사의 교육내용 등이
담긴 동영상을 촬영하고, 해당 교육내용에 대한 퀴즈, 설문
등을 만들어 이를 새가족들에게 웹주소를 통하여 안내하고
응답하게 함으로써 4주 교육을 대면교육과 마찬가지로 차질
없이 진행했다.

세부 진행 사항

매 주차별 교육 동영상 촬영

새가족 교육 매 주차별 홍보영상, 인사 말씀 및 대표기도,
담당목사의 교육내용(하나님, 구원, 성경, 교회 관련) 등을 담은
동영상을 촬영하여 온라인 교육을 제공했다.

동영상, 관련 퀴즈와 설문을 웹주소로 제공·출석 확인

새가족 등록이 되면 매달 교육 조장을 배정하여 각 조별로
카톡 등 온라인으로 소통한 후, 매주 관련 동영상, 퀴즈,
설문을 웹주소로 제공하여 새가족들이 4주 동안 매 주차별
교육내용을 시청하고, 그 교육내용을 바탕으로 한 퀴즈에 대한
답변 및 교육과정 중 느낀 점 등을 기재하여 제출하면 출석이
자동처리되도록 했다.

수료식, 공동체 및 지구 모임 진행

4주 동안의 온라인 교육이 완료되더라도 교회를 알고 각종
공동체 모임 등에 원활하게 연결될 수 있도록 수료식, 공동체
모임, 지구 모임은 원칙적으로 대면으로 진행했다. 다만,
거리두기를 준수해야 하므로 장소가 넓은 본당에서
5부 예배가 끝나는 시간 무렵부터 수료식, 공동체 및
지구 모임을 순차로 진행했다.

별도의 새가족부 홈페이지 개설 및 각종 온라인 소통 방안 강구

소망교회 홈페이지와 별도로 새가족부
홈페이지(somangnew.net)를 개설하여 새가족들이
궁금해하는 많은 내용을 소개하였고, 온라인 교육 기간에도
교육 조장들로 하여금 카톡 등으로 수시로 소통하면서 교회
생활에 필요한 각종 정보를 제공했다.

코로나19 기간 관련 새가족 초청행사 진행

2022. 11. 27. 소망교회가 북적였다. 코로나19로 몸살을
겪던 3년간 새가족으로 교회에 등록한 교인 중 180여 명을
초청하여 축복하고 위로하는 시간을 가졌다. 새가족 교육을
받은 후 교회 생활에 잘 정착하고 있는 우정현, 김희준
성도의 눈물과 감동의 간증 스토리와 함께 특송, 특주 무대가
이어졌고, 마지막으로 김경진 담임목사는 축복의 말씀을
통하여 코로나19 위기 속에서도 든든한 소망의 울타리 안에서
기쁘게 하나님을 예배하고 성도들과 활발히 교제할 수 있도록
새가족들을 위로하고 격려하였다.

📋 **평가**

새가족들이 코로나19 상황에서도 계속적·안정적으로 온라인 교육을 받아 교인으로 등록하고 공동체 모임, 지구 모임에 원활하게
연결하여 봉사와 섬김 활동 등에 참여하도록 하였고, 건강상 염려나 장소, 시간의 구애를 받지 않고 온라인 교육을 받고 교인 등록을
할 수 있다는 이유로 새가족들도 좋은 반응을 보였다.

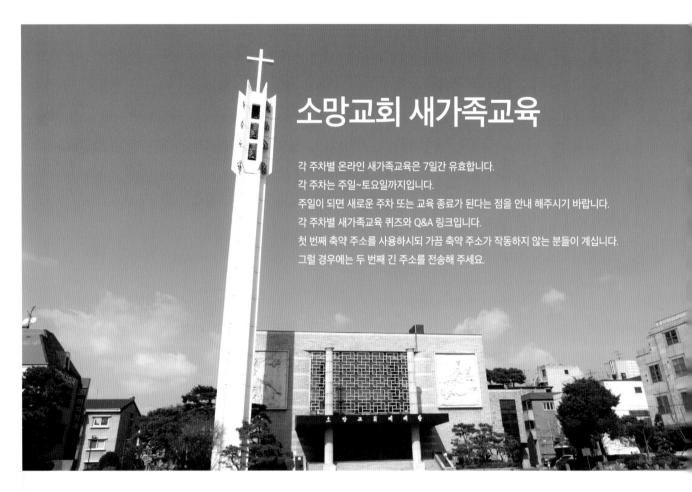

소망교회 새가족교육

각 주차별 온라인 새가족교육은 7일간 유효합니다.

각 주차는 주일~토요일까지입니다.

주일이 되면 새로운 주차 또는 교육 종료가 된다는 점을 안내 해주시기 바랍니다.

각 주차별 새가족교육 퀴즈와 Q&A 링크입니다.

첫 번째 축약 주소를 사용하시되 가끔 축약 주소가 작동하지 않는 분들이 계십니다.

그럴 경우에는 두 번째 긴 주소를 전송해 주세요.

[1주차 새가족교육 퀴즈와 Q&A]

https://forms.gle/XSdyX93nGQgXxtLQ8

https://docs.google.com/forms/d/e/1FAIpQLSdiezI0sxUTLx9MNVPw
vYMrKSzaXC6267S3wJVXj6pNdejT5g/viewform?usp=sf_link

[2주차 새가족교육 퀴즈와 Q&A]

https://forms.gle/D5iXiYbbCMVdWS4q6

https://docs.google.com/forms/d/e/1FAIpQLScHAT-6UKSb1uF47kR
0sCRH22r6bS3WnPlXdw5uf4dpklVU_w/viewform?usp=sf_link

[3주차 새가족교육 퀴즈와 Q&A]

https://forms.gle/2V4K4xTNedLsD1ct5

https://docs.google.com/forms/d/e/1FAIpQLSeAHPhvBgQDK_CRBm
nwWMVYs1ar2hZTQusK4Rvzeikd36WiQg/viewform?usp=sf_link

[4주차 새가족교육 퀴즈와 Q&A]

https://forms.gle/RZzR8TeYMZ8v4dyCA

https://docs.google.com/forms/d/
e/1FAIpQLSdoA81Dc6v65L8Y3t3c-mxDgnsOply

소망교회 새가족 등록을 신청해 주셔서 감사합니다.

소정의 4주차 교육을 이수하시고 수료하시면 소망교회의 새가족으로 등록이 완료됩니다.

✎ 제언

교육1부

어떤 일이 이미 잘못되고 나서야 비로소 그 일을 바로잡으려 하는 어리석은 모습을 빗대어 '소 잃고 외양간 고친다'라는 말이 있다. 코로나19 발생은 우리 사회에 위기의식을 심어준 동시에 발 빠른 대처와 올바른 판단과 기준이 얼마나 중요한지를 알려주었다. 특별히 소망교회가 앞장서서 위기에 대응하고 대처 방안을 마련한 것은 사회에서 교회의 역할과 위치가 지대하다는 것을 보여주었다. 어떤 위기 상황에서도 교회가 하나님의 말씀을 분별하고 사회적 어려움에 미리 대처하고 올바른 기준을 제시할 수 있도록 해야겠다.

특별한 경험이 과거에 머물지 않게 하기 위해서는 지속적인 시도와 관심이 필요하다. '올라인 올라잇'에 들어맞으려면 어느 한쪽에 치우치지 않아야 하며 온라인과 오프라인이 계속해서 병행될 수 있도록 해야 할 것이다. 지속적인 온라인 시스템에 대한 관심과 현장예배의 이점이 잘 드러날 수 있는 교회 전반적인 지원이 필요하다.

우리가 추구해야 하는 신앙교육의 목적은 '개인의 신앙 성숙'만을 고집해서는 안된다. 함께 잇대어 살아가는 사람들, 이웃과 친구, 나라와 세계를 향한 도전과 비전, 그리고 그 속에 담긴 하나님의 놀라운 구원의 계획을 발견하고 찾아가는 것, 또한 하나님 나라를 이루어가는 신앙교육의 궁극적인 목적이 되어야 한다. 더불어 에베소서 4장 13절 "우리가 다 하나님의 아들을 믿는 것과 아는 일에 하나가 되어 온전한 사람을 이루어 그리스도의 장성한 분량이 충만한 데까지 이르리니"에서와 같이 신앙교육은 믿음(앎)과 행위(삶)의 일치를 이루며 예수 그리스도를 닮아가게 하는 것이다. 예수님께서 몸소 가르치신 바를 실천하고 살아내신 것처럼, 그의 제자 된 우리도 하나님의 진리 말씀을 바로 알고, 삶으로 실천하며 살아가야 한다.

우리는 지난 3년여의 기나긴 코로나 팬데믹의 터널을 지나오면서 우리가 자부해왔던 '내 신앙'의 민낯을 마주했다. 그리고 분명 깨달았다. 우리가 하나님의 아들을 믿는 것과 아는 것에서 멈추는 것이 아니라 예수 그리스도를 닮아가는 것을 계속해서 진행할 때, 살아낼 때 우리는 온전한 사람, 그리스도의 장성한 분량이 충만한 사람으로 자라날 수 있다는 것을. 그리고 이 신앙의 여정을 홀로 가는 것이 아니라 '우리가', 개인과 가정이, 교회가 잇대어 함께 걸어가야 한다는 것을.

온라인 성경학교와 수련회는 교육의 주체가 교사에서 양육자로 바뀌어야 했다. 그렇기에 교회학교 교사의 역할에 대해서 소홀해지기가 쉽다. 그렇기에 온라인으로 성경학교 및 수련회를 진행할 때에는 교사의 교육적 역할보다, 돌봄의 역할을 강화할 방법을 찾아야 하며, 온라인과 오프라인 사역은 경쟁상대가 아닌 서로를 보완해 주는 역할임을 인지하고 서로의 장점을 어떻게 살릴 수 있을지는 고민해야 한다.

대학부: 중간고사 간식 투어

코로나19 이전의 심방 사역과 이후의 심방 사역은 달랐다. 포스트 코로나의 사역을 2020년 이전의 상황으로의 복귀하는 것으로 생각한다면 이미 수년간 코로나19를 통해 새로운 세상을 목도한 학생들에게 우리는 다가갈 수 없었을 것이다. 간식 투어라는 방식, 대면과 비대면의 중간 선상에 있는 심방을 통해 배운 것들을 개선하고 또 다른 새로운 방식을 개발해야 한다. 그리하여 청년 사역에 있어서 온라인과 비대면의 영역을 오프라인에서의 만남과 잘 녹아들 수 있도록 사역의 영역을 계속해서 확장해 나갈 필요가 있다.

청년부: 베들레헴 프로젝트

내부의 동력과 외부의 연대를 유지하는 일은 비단 선교 사역에만 중요하지 않다. 사역의 모든 영역에서 중요하게 여기고 힘써야 한다. 사역의 난관은 어느 시절에서 존재할 테니 그러므로 때에 맞춰 유연하게 동력과 연대를 유지해야 함이 마땅하다. 이러한 관점을 사역 전반으로 확대하여 시절마다 필요한 조치가 적절히 이뤄지도록 준비하는 일이 필요하다.

청년플러스: 도시의 어부

빠르게 변화하는 만큼 활용할 수 있는 도구가 많아지는 시대에 우리는 살고 있다. 교회는 도입할 수 있는 여러 방식을 교회 안에 적절하게 도입하여 성도가 함께 참여하고, 나눌 수 있는 신앙생활의 방식을 더 고민해 볼 수 있을 것이라고 생각하고 있다. 성경 통독과 필사 외에 신앙생활을 공동체가 함께 공유해갈 수 있는 방식을 찾아 도입하고, 시도해 보는 과정을 통해 새로운 가능성들을 계속해서 발견해나가는 자세를 교회가 가질 것을 제언한다. 이를 두려워하지 않고, 받아들이며 어떤 상황과 조건에서도 신앙생활을 이어나갈 수 있는 유연하고도 열린 태도를 보여야 한다.

제직교육

온라인 사역에서 가장 큰 문제점으로 드러난 것은 특정 플랫폼 서비스에 의존적일 수밖에 없다는 것이었다. 더욱 많은 사람이 접속하기에 쉽고 편리한 대형 IT 업체의 서비스를 이용해야 한다는 한계점을 가지고 있다. 또한 교육방식도 지나치게 동영상 스트리밍의 일방적인 경로가 주를 이루었다는 비판점도 가지고 있다. 현재로서는 이에 대한 뚜렷한 대안이나 방안은 없지만, 향후 온라인 사역의 확장을 위해서는 텍스트나 메신저 등의 다양한 방식의 사역 또한 개발되어야 한다는 필요성이 제기되었다.

새가족교육

코로나19가 지나간 후에도 해외 거주나 질병, 직장 등으로 부득이하게 장기간 대면 교육을 받을 수 없는 경우, 다소 탄력적으로 이미 도입한 온라인 교육 프로그램을 부분적으로 진행하여 좀 더 많은 새가족들이 교육을 받고 교인으로 등록한 상태에서 온라인 지구 등으로 배정되어 활동하도록 운영하고자 했다.

내부
사역
—
교제

내부
사역
—
교제

구역예배, 우리는
온라인에서 해요

코로나19의 걷잡을 수 없는 확산으로 정부의 행정
명령에 따라 대다수의 교회가 문을 닫게 되었다.
이에 따라 소망교회 또한 모든 예배를 온라인예배나
가정예배로 대체할 수밖에 없는 상황에 놓이게 되었다.
장기화되는 코로나19의 상황과 사회적, 문화적 변화에
따라 소망교회는 기존의 구역예배와 지구 성경공부를
온라인으로 진행하기로 결정했다. 늘 현장예배에
익숙해져 있던 소망 교인들에게는 새로운 전환이며
도전이었다. 이를 위해 모든 지구 담당 교역자들은
온라인 생중계 장비를 구축하고, 사용법을 익히며
준비하였다.

🌐 온라인 구역예배

목적 및 개요

코로나19로 인해 대면 모임이 어려운 상황에서도, 소망교회의 구역예배는 멈추지 않았다. 모임 제한이 완화될 때까지 기다리는 것이 아니라, 모든 지구 내 신앙 활동이 온라인으로 가능하도록 전환하였다. 이를 위해 먼저 각 구역의 구역예배를 온라인 구역예배로 전환하였다. 구역 지도자(구역장과 권사)가 줌과 카카오톡을 이용하여 비대면 구역예배를 드릴 수 있도록 교육 영상을 제작하여 배포하였다. 또한 지구 성경 공부를 전면 온라인화하여, 모든 지구 내 성도들이 유튜브와 줌 등 다양한 플랫폼에서 성경 공부에 참여할 수 있도록 진행하였다.

세부 진행 사항

교육 영상 배포

처음 온라인으로 구역예배를 드려야 하는 구역원들을 위해 교육 영상을 제작 배포하였다. 교육 영상은 인도자용과 사용자용으로 나누어 제작했으며 구체적인 내용은 다음과 같다.

- 줌 어플 설치와 회원가입하기
- 로그인 및 회의실 만들기
- 회의실에 구역 식구 초대하기
- 참가자 수락 및 회의 종료하기
- 꿀팁 활용
- 카카오 그룹콜 활용하기

온라인 구역 모임 인도자용 사용법
https://www.youtube.com/watch?v=e3fLe6SySZg

온라인 구역 모임 참여자용 사용법
https://www.youtube.com/watch?v=k4lRQFvdhoY

온라인 구역모임 '줌' 활용하세요

소망교회, 줌 사용법 영상 게시, 교인들에게 인기

코로나19 시대에 교회에서 많이 사용하고 있는 온라인 도구로 줌과 유튜브를 꼽을 수 있다. 특히 요즘처럼 교회내 대면모임 제한이 길어지는 상황에서는 화상회의가 가능한 '줌'을 활용한 구역모임, 성경공부 등 소그룹 모임이 필수가 됐다.

이런 가운데 아직도 줌 활용이 낯설고 어렵기만 느껴진다면, 최근 소망교회(김경진 목사 시무)가 제작한 '온라인 구역모임 줌 사용법' 유튜브 영상이 도움이 될 듯하다.

인도자용(https://www.youtube.com/watch?v=e3fLe6SySZg)과 참여자용(https://www.youtube.com/watch?v=k4lRQFvdhoY) 두 가지로 나눠 제

작된 이 영상들은 게시한지 하루만에 각각 조회수 4000회를 넘어서는 등 성도들간의 교제에 목말라했던 기독교인들에게 큰 인기를 얻고 있는 것으로 나타났다.

아나운서로 활동 중인 정지선 집사가 출연해 앱 다운 방법부터 회원가입, 회의실(온라인모임방) 만들기, 구역식구 초대하기, 온라인모임 하기·종료하기 등의 방법을 직접 실행하며 설명하고 있어 따라하기 쉽게 만들어져 있다.

또한 소음과 잡음을 줄이는 법, 속도 차이가 발생함으로 성경·찬송합독 시 대표 진행, 줌이 어렵다고 느낄 경우 카카오톡 그룹콜을 이용하는 방법까지 교회 안 소모임을 유지

할 수 있는 다양한 꿀팁도 제공한다.

교회 미디어담당 조성실 목사는 "올 가을부터 줌을 이용한 소그룹 모임을 진행하기 위해 내부성도용으로 영상이 제작됐는데, 영상이 게시되자 많은 지역교회 목회자들로부터 지역교회들이 사용할 수 있는 저작권 사용 침해가 없는 영상을 만들어 달라는 요청이 들어왔다"며, "외부교회용 줌안내 영상도 재편집해 업로드할 예정"이라고 말했다.

이수진 기자

아나운서 정지선 집사가 출연해 줌을 실행하고 사용법을 설명하고 있다.

제작한 교육 영상은 유튜브를 통해 소망교회뿐 아니라 많은 한국교회에서 활용되었다. 인도자용 영상이 3.5만 회, 참여자용 영상이 4만 회의 조회 수를 기록하였다.

온라인 중계 시스템 구축

각 지구별 온라인 성경공부를 위해 온라인 중계 시스템을 구축하였다. 우선 지구 담당 교역자가 전용으로 활용할 수 있는 독립된 촬영 공간을 제공하였고, 실시간 중계를 위해 와이파이 및 인터넷 환경을 개선하였다. 중계에 활용할 수 있도록 전체 교역자들에게 고음질 수음이 가능한 마이크 송수신기 세트와 삼각대를 구입, 제공하였다.

교역자들은 지구의 형편에 따라 줌 또는 유튜브로 온라인 성경공부를 진행하였다. 처음에는 접속이 안되거나 중계가 멈추는 등 어려움이 있었으나, 이후 대부분의 구역원들이 적극적으로 참여하여 원활한 성경공부가 이루어졌다.

평가

코로나19로 인해 대면 모임이 어려워진 상황에서 소망교회는 구역예배와 지구 성경공부를 온라인으로 전환하였다. 구역 지도자들에게는 온라인예배를 준비하는 방법에 대한 교육영상을 제공하였으며, 성경공부를 위한 온라인 중계 시스템을 구축하였다. 이러한 노력 덕분에 구역원들은 계속해서 구역예배와 성경공부에 적극적으로 참여함으로써 신앙공동체로서의 우대를 지속할 수 있었다.

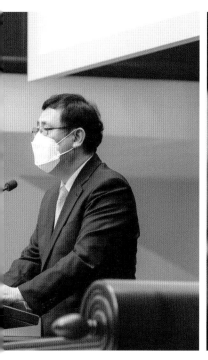

코로나19 기간 관련 보도자료

국민일보. 2023.01.29.

"온라인 교회 '고'할까 '스톱'할까"
팬데믹에 주목 받은 온라인 교회 갈림길

30년 넘게 서울 소망교회(김경진 목사)에 출석했던 김민정(54) 권사는 지난해 생긴 소망교회 '온라인 지구' 1호 등록자다. 교회에서 멀리 떨어진 경기도로 이사한 뒤 교회까지 오기가 어려워지면서 내린 결정이다.

김 권사는 29일 "주일에 일하거나 질병이 있는 등 오프라인 예배와 모임에 참여할 수 없는 성도들이 많은데 그들이 온라인 지구를 통해 배려 받는 기분이라는 이야기를 많이 한다"며 "주로 온라인으로 모임을 갖지만 한 달에 한 번은 꼭 오프라인에서 만난다. 그날엔 제주도에 사는 구역원도 미리 일정을 빼놓고 서울로 달려온다"고 설명했다.

코로나19 이후 교회에 나오기 힘든 성도들을 위한 온라인 교회(온라인 구역)가 주목받았다. 코로나가 엔데믹에 접어들면서 온라인 교회를 계속 유지할지 마무리할지 교회마다 고민에 빠졌다. 일부 교회는 온라인을 새로운 복음의 접촉점으로 삼고 지속적인 사역을 이어나갈 예정이다.

소망교회 온라인 지구를 담당하는 조성실 목사는 "지난해까지 온라인 지구에 속한 가정이 200여 개였는데 올해 50여 가정이 더 신청했다. 성도들이 처한 상황과 삶의 패턴이 다양해지고 있기 때문에 팬데믹이 끝나도 온라인에 대한 수요는 줄지 않을 것으로 본다"며 "꾸준히 온라인 모임을 하면서도 오프라인 기도회, 대심방 등 성도들이 직접 만나서 관계를 쌓는 '하이브리드' 교회를 꿈꾸고 있다"고 말했다.

2020년 ──── 12.03.
소망톡톡 Ep1. 새로운 도전 with 김경진 목사
지금 만나러 갑니다 Ep1. 이경원, 허유정 가정
──── 12.04.
아워 프레이즈
(이청원 전도사)

보이는 라디오
<소망아워>

라디오는 사람과 사람을 이어주는 매체이다. 누군가의 이야기에
울기도 하고, 웃기도 하면서 생각지도 못한 위로를 얻기도
한다. 코로나19로 예배는 물론, 교회 내부에서 갖는 모든 모임이
멈춰지면서, 성도들 간의 소통의 끈이 느슨해졌다. 그 느슨해진
소통의 끈을 라디오를 통해 단단하게 엮고 싶었다. 성도의
이야기로, 성도가 부르는 찬양으로 위로와 힘을 건네고 싶었다.
소망아워는 그렇게 해서 시작되었다. 소망아워는 영어로
'Somang Hour'이다. 해석하면 '소망의 시간'이라는 뜻이며,
'소망교회를 다니는 성도들이 만들어 가는 시간'이라는 뜻을
담고 있다.

2021 년

03.11.
SQUARE Ep1. 거두리로다

📺 소망아워

목적 및 개요

소망아워는 성도 간의 소통과, 은혜 나누기에 초점을 맞춰 진행했다. 다양한 연령대의 성도가
출연해 각자의 신앙생활에 대해 나눔으로, 세대 간의 벽을 허물고, 서로를 존중하며 응원할 기회를
마련했다. 또한 묵묵히 교회를 위해 헌신하는 분들의 숨겨진 이야기를 들려드리면서 성도들에게
도전과 동참의 마음을 심어주고 싶었다.

세부 진행 사항

소망아워는 다음과 같은 코너들로 진행했다.

소망 톡톡

다양한 주제를 가지고, 소통을 시도한 코너이다. 새로운 도전, 선물(크리스마스 특집), 언택트 시대 우리의 마음가짐, 가족(설 특집), 수용, 새 학기, 공동체, 섬김, 봉사의 기쁨, 하나님이 중심인 가정, 소망교회 건축에 숨겨진 성경 이야기, 복음 통일을 꿈꾸며, 생생한 미션 스토리 등 각각의 주제를 가지고 이야기를 나눌 수 있는 패널(소망 성도)을 섭외해 다양한 신앙 스토리를 전달했다.

지금 만나러 갑니다

소망교회에는 자신의 자리에서 묵묵하게 섬기고 있는 성도들이 많다. 자신의 섬김을 자랑거리로 삼지 않고, 오직 주님이 걸어가신 그 발자취를 따라 겸손하게 봉사하는 이들의 이야기를 담아낸 코너이다. 코로나19로 인해 혹여나 우리의 귀한 자녀들이 하나님과 멀어지고, 예배와 멀어질까 염려하며, 매일같이 다음 세대를 위한 예배를 고민하고 준비하시던 전도사님부터, 40년간 소망교회에서 교사로 섬기신 권사님, 평생을 봉사하며 헌신하시다가 하나님의 부르심을 받은 집사님, 코로나19라는 어려운 상황 속에서도 사역을 멈추지 않고, 주님의 은혜를 체험한 집사님, 장애인을 위한 교육부서, 소망부에서 10년 넘게 봉사하신 부감님 등 섬김을 통해 사랑을 실천하고 있는 분들의 이야기가 담겨 있다.

아워프레이즈 & 스퀘어

찬양에는 힘이 있다. 몸과 마음이 지친 영혼들에게 따뜻한 위로가 되기도 하고, 살아갈 힘을 샘솟게 만들기도 한다. 많은 소망인들이 목소리로 혹은 악기 연주로, 춤으로, 진심을 담아 찬양을 올려드렸고, 그 찬양이 어느 누군가의 마음에 잔잔하게 물결치기를 기도하며 영상을 제작했다.

📝 **평가**

코로나19로 많은 것을 멈춰야 했지만, 많은 것이 새롭게 시작되기도 했다. 소망아워가 바로 그 시작점이 되었다. 기존에 늘 해오던 방식에서 벗어나, 다른 방식으로 교제에 대한 접근을 시도해 보았다. 그 결과, 소망교회 성도들의 신앙 스토리를 더 다양하게 만나볼 수 있었고, 세대를 넘어 서로의 생각을 들어볼 기회도 생겼다. 위기가 곧 기회가 된 것 같다.

문화선교부가 보이는 라디오 '소망아워'를 통해 성도들의 삶과 신앙 속으로 들어가 보는 시간을 마련했습니다.
먼저 <소망 톡톡> 코너의 첫 방송 특별 게스트로 김경진 담임목사님을 모셨습니다.
강단에서 내려온 목사님과 보다 가까이 마주하며 궁금했던 목사님의 가족과 사랑, 인생 이야기와 지난 추억들에 대해서
들어보는 시간을 마련했습니다.
<지금 만나러 갑니다> 코너에서는 소망 성도들의 삶의 이야기를 들어보며 또 다른 교제의 장을 만듭니다.
<아워프레이즈> 코너에서는 소망의 성도들이 주님의 은혜를 찬양합니다.
소망아워는 12월 3일 첫 방송을 시작으로, 소망교회 유튜브 채널을 통해 매달 2회 방송됩니다.
이후에도 문화선교부 유튜브에서 각 클립 영상들을 보실 수 있습니다.
이제 첫발을 뗀 보이는 라디오 '소망아워' 곳곳에서 하나님을 경험한 성도들의 삶의 예배와 그 감동이 아름답게 흐르길 소망합니다.

울리어라 성탄의 종
예수 오심 전하여라

본 사진은 2022년 코로나가 끝날 무렵 최초로 마스크를 벗고 찬양하는 사진임

The Lord
has Come

기쁘다
구주 오셨네

소망교회는 2020년 성탄절을 맞이하며 특별한 축제를
기획했다. '멀리서 함께하는 성탄 축제:소망을 노래하는
크리스마스' 라는 이름으로 전 세계 어디서나 소망과 기쁨을
나누며, 예수님의 탄생을 기억하는 축제의 시간을 가졌다.
코로나19로 인해 모든 교인들이 한 자리에 참여할 수는
없었지만, '멀리서 함께하기(Distant Socializing)'의 취지에
맞추어 다채롭고 새로운 시도들이 풍성한 행사였다.

기쁘다 구주 오셨네

고요한 밤 거룩
어둠에 둘

오라, 다 경배하자
주님께

별 따라온 동방박사
모두 절하고

봉원동 우리들
땅에 스라시

2020년

12.01.
멀리서 함께하는
성탄 축제
네이밍 선정 및 기획

다 구원하시네
다 구원 구원하시네

☀ 멀리서 함께하는 성탄축제

목적 및 개요

멀리서 함께하는 성탄축제는 교인들이 각자의 위치에서 예수님의 탄생과 기쁨을
나누는 행사로, 2020년 12월 13일(주일)부터 25일(금요일)까지 진행되었다.
이 행사는 온라인과 오프라인을 통해 다양한 활동이 진행되었으며, 버추얼콰이어,
미니앨범, 성탄목 포토릴레이, 음악의 밤, 그리고 교회학교 성탄 발표회 등의
프로그램을 통해 모임이 어려운 상황에서도 참여자들이 예수님의 탄생을 기리며
소망의 노래를 부를 수 있었다.

우릴 위하여 왕이 나셨네

Joy to the world Joy to the world

우릴 향한 하나님 구원의 계획

세부 진행 사항

성탄절 봉헌송 버추얼콰이어 107인의 찬양대

2020년 첫 성탄절에 특별한 봉헌송이 선보였다. 이번 성탄절 예배에서는 107명의 참가자로 구성된 '버추얼콰이어(가상 합창단)'가 봉헌송을 드렸다. 이 찬양단은 성도 중 누구나 참여할 수 있었으며, 선곡으로는 '천사들의 노래가(찬송가 125장)'를 선택했다. 참여를 희망하는 성도들은 제공된 가이드 음원과 영상을 받아 각자의 집에서 녹음을 진행한 후, 영상으로 제작했다. 이렇게 자발적으로 참여해 헌신한 성도들은 참된 성탄의 기쁨을 누릴 수 있는 시간을 가졌다. 이번 버추얼콰이어 봉헌송은 코로나19로 인해 오프라인 예배가 어려운

상황에서도 성도들이 기쁨과 사랑을 나누며 예배를 함께 드릴 수 있는 특별한 방식으로 선보인 것이 독특한 점이었다.

미니앨범 'Christmas Melody'

소망을 노래하는 성도들의 성탄 미니앨범 'Christmas Melody'가 YouTube를 통해 공개되었다. 미니앨범은 2020년 성탄절 동안 소망의 성도들에게 은혜와 위로를 전달하고자 기획되었다. 12월 17일(목)부터 하루에 하나씩 총 5곡이 YouTube 채널을 통해 공개되었고, 모든 곡은 교회학교의 각 부서에서 준비한 것으로, 다양한 음악 장르와 스타일을 선보였다.

성탄목 포토 릴레이

지난 2020년 12월 24일(목)부터 25일(금)까지 본당 주차장의 성탄목과 본당 로비의
베들레헴 조각 작품 앞에서 인증샷을 찍고 카카오톡으로 전송하는 이벤트가 진행되었다.
이 이벤트는 성탄절의 기쁨을 함께 나누고자 기획된 것으로, 참여자들에게는 매일 추첨을
통해 소정의 상품이 제공되었다. 인증샷을 찍은 후 카카오톡으로 전송하면, 추첨을 통해
'카페 소망풍경' 상품권(1만원)을 제공하였다. 참여한 성도들은 가족들, 이웃들과 함께
사진을 찍으며 성탄의 기쁨을 만끽하였다.

성탄 축하 음악예배 '큰 기쁨의 밤'

대림절 넷째 주일 저녁 찬양 예배시간에, 할렐루야 찬양대(4부)와 소망오케스트라의 성탄
축하 음악예배가 온라인으로 개최되었다. 할렐루야 찬양대는 코로나19 방역 수칙을
엄격히 준수하며 연습했고, 현장감을 살리기 위해 드론 등 다양한 촬영 기법과 조명을

CBS. 2020.12.21.

코로나19 확산 속 성탄절,
교회 넘어 랜선으로

코로나19 3차 유행 속에 서울 수도권의 경우 비대면 예배가 불가피한 상황입니다.

이런 가운데, 수도권 교회들은 나름의 방식으로 예수 그리스도의 오심을 기뻐하며 성탄절을 축하하고 있습니다. 천수연 기잡니다.

인류의 구원을 위해 이 땅에 오신 아기 예수의 탄생을 기념하는 성탄절은 부활절과 함께 기독교의 가장 중요한 절깁니다.

교회들마다 성탄절을 축하하는 찬양예배와 주일학교 아이들의 성탄 축하 발표회 등을 마련해 성탄절 축제를 지냈습니다.

그러나 올해는 코로나19의 급격한 확산으로 사실상 대면 예배가 어려워지면서, 교회 안에서 펼쳐졌던 성탄축제가 랜선 세계로 옮겨가고 있습니다.

대형 성탄목을 교회 주차장에 세운 소망교회. 성탄절까지 성탄목 인증샷을 촬영해 보내는 이벤트를 진행하고 있습니다.

코로나19로 예배드리러 오지 못하는 교인들과 성탄을 기다리는 마음을 함께 나누기 위해섭니다.

성탄절 예배 때에는 특별한 찬양대도 세웁니다.

예배당 예배 인원이 20명을 넘지 못하는 상황에서 100인의 찬양대가 성탄예배의 봉헌송을 부릅니다.

사전에 신청한 교인 100명이 각각 녹음한 찬송을 하나로 편집해 25일 성탄절 당일 온라인예배에서 선보이는 겁니다.

[태원석 부목사 / 소망교회]

"예배당에 함께 모여서 성탄의 기쁨을 함께 나눌 수는 없지만 멀리서 함께 하는 디스턴트 소셜라이징을 교회가 성탄예배에 구현해 내는 것이 지금 이 시대에 성육신의 의미를 우리가 잘 구현해 내는 것이 아닐까 생각해서.."

활용하였다. 한곳에서 모여 녹화할 수 없었기 때문에, 중창과 독창 등 규모에 따라 본당과 스튜디오 등 다양한 장소에서 녹화가 진행되었다.

교회학교 온라인 성탄 발표회 'Joy to the World'

교육1부에서는 2020년 12월 24일(목) 오후 5시부터 온라인 성탄 발표회 'Joy to the World'를 개최하였다.

이 행사에는 영아부터 소망부까지 각 부서에서 다양한 형태로 참여하였다. 특히 영아부는 부모님과 함께 출연하여 귀여운 춤과 노래를 선보였으며, 소망부에서는 감동적인 이야기와 음악으로 많은 감동을 전달하였다. 이번 성탄 발표회에 참여한 교회학교 학생들은 '기쁨의 메시지'를 전파하며, 예수 그리스도의 탄생으로부터 오는 크리스마스의 의미를 함께 나누는 소중한 시간을 보냈다.

평가

소망교회의 '소망을 노래하는 크리스마스' 행사는 코로나19 팬데믹 상황 속에서도 성도들이 기쁨과 소망을 나눌 수 있는 특별한 방식으로 기획되었다는 것이 독특하고 인상적이었다. 다양한 온라인 프로그램을 통해 참여자들이 예수님의 탄생을 기념하며, 소망의 노래를 부를 수 있도록 하였다는 것은 참신한 아이디어였다. 또한, 성도들이 자발적으로 참여해 헌신한 노력으로 이루어진 버추얼콰이어, 미니앨범, 성탄목 포토 릴레이 등의 프로그램은 참여자들에게 큰 감동을 선사하였다.

작은 교회와
함께하는 성탄목

코로나 19 라는 비대면 상황 가운데서 대림절 절기를 소망교회는 '멀리서 함께
하는 성탄축제'로 진행하였다.
특별히 소망교회는 성탄트리 장식을 준비하면서 화려함보다는 이웃교회와
기독 예술인들과의 상생과 협력으로 보다 의미 있는 성탄트리를 만들고자
하였다. 그리하여 예닮교회 성도들과 함께 성탄목 트리를 제작하여 코로나 19로
지쳐있는 많은 성도들과 이웃들의 마음 가운데 따뜻한 주님의 사랑을 전할 수
있었다.

🌲 성탄목 트리

목적 및 개요
목공예로 십자가, 노아의 방주 등 그동안 아름답고 은혜로운 기독 작품들을 성도들과 함께 만들어
온 구리 예닮교회와 함께 협력하여 교회 앞과 입구에 성탄목 트리를 만들어 구원의 빛으로 오신
예수 그리스도와 이 땅에 임하신 하나님의 평안과 사랑을 함께 표현하였다.

세부 진행 사항
제작
예닮교회의 성도 30여 명이 20여 일간 새벽부터 늦은 밤까지 나무를 재단하고 조각하고 칠하고
다듬어 제작했고, 이와 함께 소망교회 다음세대들도 직접 참여하여 각 가정에서 예쁘게 채색한
나무집들을 모아 같이 전시했다.

작품 설명
성탄목 트리는 모양과 크기가 다른 나무를 계단으로 연결한 전나무 모양으로 제작되었다. 이는
천국을 향해 나아가는 100개의 계단을 의미하는 것으로, 이 땅과 하늘을 잇는 천국계단이며
우리와 하나님을 잇는 예수님의 십자가를 의미한다.

성탄목 꼭대기에는 목자에게 메시야 탄생을 알리는
천사가 큰 별과 함께 서 있다. 그 별은 온 세상을
밝히는 소망의 빛이며 천사의 손가락이 가리키는 곳은
본당 로비에 전시된 마굿간이었다.
천사의 안내를 따라 본당으로 가면 로비에는
예닮교회에서 만든 목공예 작품 '노아의 방주' 일부가
함께 전시되었다.
예수님이 탄생하신 마굿간은 수많은 집과 사람들
가운데 위치했는데, 하나님 없이 사는 삶과 우상숭배,
각종 세속에 빠진 사람들 속에 구주로 오신 예수님을
표현했다.
성탄목 트리 주변의 나무집들은 우리를 위해 오셨고,
이 땅에 다시 오실 예수님을 각 가정마다 기억하자는
의미를 담고 있다.

📋 평가

성탄트리의 장식이 지나치면 이 땅에서 고난 받고 구원을 이루기 위해 오신 본래의 의미가 퇴색할
수 있다고 생각하여, 트리 본래의 영적 의미와 절제의 미를 표현하고 오직 메시야 강림을 상징하는
동시에 하나님과 우리 사이의 통로를 의미하길 바라는 마음으로 성탄목 트리가 잘 제작되었다.
성탄목 트리는 이곳에 발걸음한 모든 이들에게 따뜻한 하나님의 사랑과 평안을 나누는 귀한 역할을
하였다. 특히 코로나 19로 지친 지역주민들도 트리를 지나며 삭막한 마음에 많은 위로를 받을 수
있었고, 미자립교회와 성도들이 가진 달란트를 발휘해서 사랑과 정성을 담아 만든 작품이라 더 깊은
의미가 있었던 트리였다.

✎ 제언

온라인 구역예배

팬데믹이 종식되어도 온라인에 대한 수요는 줄지 않으리라고 예상하고 있다. 온라인 지구의
꾸준한 모임과 병행되는 오프라인 기도회, 대심방 등 성도들이 직접 만나 관계를 쌓는
'하이브리드' 교회를 추구해 나가야 할 것이다.

소망아워

코로나19 초기에, 교회의 유튜브 채널에는 설교 영상이 전부였다. 하지만 코로나19가
장기화되면서 여러 영상의 필요성과 중요도가 높아졌고, 교회에서도 다양한 모습의 영상들이
제작되었다. 언택트 시대에서 온택트* 시대를 맞은 우리는, 그에 걸맞는 플랫폼을 꾸준히
고민하고, 제작해야 했다. 제작 과정에서 기독교의 본질과 방향성을 잃지 않아야 했다. 미디어의
홍수 속에서 분별력을 가지고 복음을 전하고, 은혜가 되는 콘텐츠를 만들어야 했다.
이 행사를 통해, 성도들은 서로를 위로하고, 소망을 나누며, 하나님의 사랑을 경험할 수 있는
기회를 가졌다. 이러한 경험들이 성도들의 믿음과 영적 성장에 큰 도움이 되었다. 따라서
소망교회는 이러한 온라인 행사들을 지속적으로 기획하고, 성도들의 온라인 공동체를 더 강화할
필요가 있다. 또한, 이러한 행사가 교외에 있는 사람들에게도 소망과 기쁨을 전파할 수 있는
기회로 확대될 수 있도록 광고와 홍보를 강화해 나가는 것도 필요하다.

멀리서 함께하는 성탄축제

이 행사를 통해, 성도들은 서로를 위로하고, 소망을 나누며, 하나님의 사랑을 경험할 수 있는
기회를 가졌다. 이러한 경험들이 성도들의 믿음과 영적 성장에 큰 도움이 되었을 것이다. 따라서
소망교회는 이러한 온라인 행사들을 지속적으로 기획하고, 성도들의 온라인 공동체를 강화할
필요가 있다. 또한, 이러한 행사가 교외에 있는 사람들에게도 소망과 기쁨을 전파할 수 있는
기회로 확대될 수 있도록 광고와 홍보를 강화해 나가는 것도 필요할 것이다.

작은 교회와 함께하는 성탄목

특별한 의미와 정성이 가득 담긴 성탄목 트리를 앞으로도 잘 활용하여, 나아가서 다른 교회와
지역에서도 의미 있게 전시되고 알려질 수 있기를 바란다.

---

*온택트 ontact : untact와 on의 결합 단어로, 온라인을 통해 대면하는 것을 말함

내부
사역

—

변화

내부
사역
—
변화

드라이브스루
장로선거

코로나19 사태가 지속되어 모든 행사를 비대면으로
해야 하는 상황 속에서 선거를 치르는 일은 많은
어려움에 부딪혔다. 하지만, 그럼에도 불구하고 주님의
몸 된 교회를 충성되게 섬길 훌륭한 믿음의 일꾼을
세우는 일은 너무도 중요했다. 그러므로 위원들은 모든
지혜를 모아 방안을 강구하여 일정을 진행하였고,
어려운 가운데서도 최선을 다해 공정한 후보 활동을
한 후보들과 비대면 속에서도 후보들을 살피고 투표에
참여한 모든 성도의 도움으로 코로나19 중 장로선거는
특별한 은혜 속에서 잘 치러질 수 있었다.

장로선거

목적 및 개요

선거관리위원회 조직 구성과 운용 및 선거인단을 세우고 후보를 정하는 모든 과정은 기존 장로선거의 순서를 따르되 비대면 상황을 충분히 고려하여 후보 선정과 선거운동이 이루어질 수 있도록 고려하였다.

세부 진행 사항

선거 일정

코로나19의 영향으로 2020년 장로선거 일정을 변경하여, 6월 7일 주일 1차 투표와 14일 주일 2차 투표 일정으로 진행했다.

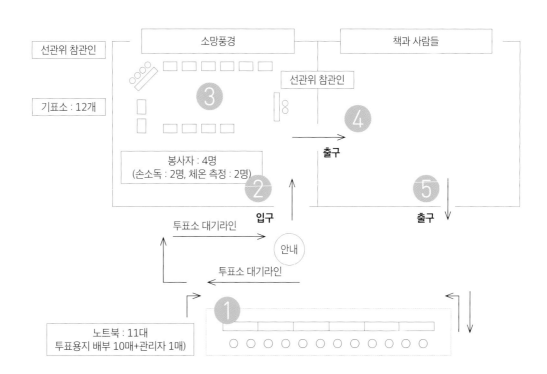

장로 후보 소개

코로나19로 인하여 몇 개월간 모임이 없어 후보에 대한 광고가 부족하여 합리적으로 공평하게 소개하는 방안을 의논하였다. 종일 직장에 근무하여 낮에 교회에 나오기 곤란한 후보에게도 기회를 균등히 주는 방안을 고려했다. 후보자들이 제직회 공동체에 인사를 다니는 것이 과도한 부담이 되는 것을 방지하고자 하였다.

1. 기본적으로 후보자 소개를 프레젠테이션 파일을 만들어 상영하는 것으로 인사를 대체
2. 방문 인사는 각 공동체에 선관위 주관으로 1차에 한함(1, 2차 공통)
3. 벽면 게시판, 전광판, 홈페이지에 후보자 소개
4. 교회 출입 시 발열 체크와 질서 안내위원으로 후보들을 세워 자연스럽게 노출
5. 1, 2차 투표 전에 그룹별 공동 월례회를 진행
6. 온라인예배를 마치고 후보 프로필을 방영

장로 후보 예배 지원

주일예배 지원: 1~5부 본당 앞 각 10인씩 체온위원 6인, 질서 안내위원 4인 배치
새벽기도 지원: 본당 앞 6인 배치 (차량부 새벽조도 후보자로 편성)

1. 드라이브스루 안내 유도 배너
2. 드라이브스루 부스 설치
3. 신분 확인 후 투표용지 전달
4. 차량 안에서 기표

투표 방식

직접 투표와 함께 본당 앞 '드라이브스루' 투표도 병행

  1. 남선교회 연합회와 여전도회 연합회의 봉사자들의 협력과 안내로 직접 투표자와
     드라이브스루 투표자가 몰릴 경우 혼잡이 생기지 않도록 최대한 친절하게 안내
  2. 입구에서 먼저 주차 차량과 드라이브스루 차량을 구분하여 확인
  3. 드라이브스루 차량 진입 시 진행 방향으로 차가 밀리면 주차를 유도
     (예상 가용 차량: 13~14대, 두 줄 진행 26~28대)
  4. 본당 앞 주차보다 지하 주차장에 주차하도록 유도
  5. 드라이브스루 투표 후 주차와 귀가 차량을 구분하여 안내

투표소 배치

투표소에는 발열 체크와 함께 마스크 착용을 체크하고, 일회용 비닐장갑을 제공하여 투표하도록
배치하였다.

📋 평가

코로나19가 극심한 시기에는 성도들이 모이기 어려웠다. 모이기도 힘든 상황 속에서도 교회를
사랑하는 마음으로 모든 성도가 합심하여 치르는 선거였다. 방역을 위해 제약도 많았지만,
과열되지 않도록 선거운동의 원칙을 지켰고, 후보자들을 위한 교육도 온라인상에서 더욱 집중하여
진행하였다. 비대면 온라인 홍보도 잘 이루어질 수 있었고, 예배 안내 및 출입 시 열 체크 위원
등으로 후보들은 최대한 성도들에게 다가가려 하였고, 모든 투표도 은혜 가운데 잘 치러져 좋은
일꾼들을 선출할 수 있었다.

코로나19
리모델링

코로나19 기간 동안, 소망교회는 교회 안팎의 노후화된 공간을 리모델링했다. 그동안 열악한 환경에서 어려움을 견디며 지내온 공간들을 중심으로 진행했다. 선정된 곳은 유아부실과 선교관 제1예배실, 그리고 조선족교회였다. 특히 유아실은 자라나는 아이들의 공간이므로 세심한 관리가 필요했는데도 차일피일 미루고 있었던 터라 호응도가 높았다. 소망수양관은 성도들의 장례를 이끄는 공간인데 코로나19 기간 동안 수도권 생활치료센터로 사용하면서 훼손된 부분도 많아 새롭게 재정비가 필요했다. 또 조선족교회의 경우는 노후화된 예배처소를 새롭게 단장하였다.

선교관 리모델링 공사모습

✎ 리모델링

목적 및 개요

노후화에 따른 불편함으로 리모델링을 진행한 교회 내 공간은 '유아부실'과 '선교관 2층 제1예배실'이다. 또 용도 변경에 따른 리모델링 공간은 부속시설인 경기도 곤지암 소재 '소망수양관'이다. 소망수양관은 코로나19 기간 동안 수도권 생활치료센터로의 역할을 마치고 본래 기능으로 재개관에 앞서 이를 위한 일부 리모델링을 진행했다. 한편, 서울 조선족교회의 요청에 따라 노후화된 예배 처소를 새롭게 단장했다.

세부 진행 사항

교회 안팎의 리모델링 진행 상황은 다음과 같다.

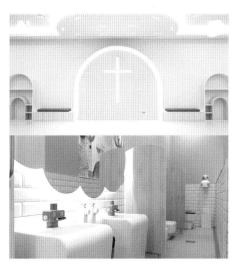

새로워진 유아부실

유아부실 리모델링

교회학교에서 사용하는 유아부실 리모델링은 2021년 5월부터 8월까지 3개월 동안 진행했다. 학부모 대기실, 데스크, 예배실 전체와 유아 화장실, 교사실, 방송실까지 기존의 천장과 바닥, 벽면을 모두 철거하고 새로운 공간으로 연출했다. 특히 방송실은 실시간 예배 송출이 가능하도록 했다. 2021년 9월 3일에는 '유아부실 리모델링 공사 완공 감사예배'를 온라인과 현장예배로 드렸다. 김경진 담임목사는 '감사하고 기뻐합니다'(빌1:3~6) 제목의 말씀으로, "유아부실이 복음을 위해 일할 인물들을 세워가는 공간으로 쓰일 수 있기를 바란다"고 전했고, 참석한 유아부 부장들은 새로운 공간을 허락하신 하나님께 감사하며, 코로나로 비어있는 예배실이 아이들의 웃음소리로 속히 채워지길 바란다고 전했다.

선교관 리모델링 감사예배

선교관 2층 제1예배실 리모델링

1986년 9월 27일 봉헌해 30여 년간 사용한 선교관은 노후화된 시설로 예배, 공연, 예식 등 다양한 목적으로 사용하는 데엔 어려움이 많았다. 이에 2021년 리모델링 필요를 인지한 기획위원회의 위임을 받아, 관리위원회가 선교관 2층 예배실 리모델링을 추진했다. 2층 예배실을 주로 사용하는 대학부, 청년부, 예식부, 꽃꽂이회 등 관련 부서와 수차례의 소통을 통해 공사를 시작했다. 2021년 10월부터 12월까지 약 2개월간 인테리어 전반, 무대 확장, 음향장비 교체, 조명시설 설치, LED 백월 설치, 선교관

소망수양관 재개관을 위한 정비

2층 예배실 앞 신부대기실 리모델링 공사를 마치고 새 단장을 했다. 선교관이 다음 세대가 온전히 예배드리는 공간이자 결혼예식을 드리는 부부들의 첫 출발의 장소로 아름답게 사용되기를 바란다.

소망수양관 재개관

경기도 곤지암에 있는 소망수양관이 수도권 생활치료센터로의 역할을 마치고 본래 기능으로 재개관했다. 1993년 개관해 2014년 대대적 리모델링을 한 바 있는 소망수양관은 2020년 12월, 코로나19 대유행에 따른 병상 부족 문제를 해소하고자 서울시 종교시설 최초로 경증환자 치료를 위한 '수도권 생활치료센터'로 서울시에 제공했다. 2022년 4월 말까지 약 1년 5개월 동안 4천여 코로나19 환자들의 치료를 도왔고, 다시 성도들의 건강한 휴식과 충전을 위한 정비를 해야 했다.

이를 위해 서울시로부터 지원받은 4천5백만 원을 포함해 5천7백만 원을 들여서 내, 외부를 복구하고 단장했다. 전체 숙소 도배와 도색, 시설 세척과 세탁 작업, 예배실 및 세미나 시설과 야외 편의시설의 보완과 점검을 마치고 지난 2022년 5월 31일 '소망수양관 재개관 감사예배'를 드렸다. 김경진 담임목사는 감염병 확산 방지와 이웃사랑 실천을 위해 대면 예배와 모든 모임의 중단, 기부, 수양관 제공 등의 어려운 결단을 따라주고 수고한 당회원, 직원, 성도들에게 감사를 전했다.

또 재개관한 소망수양관이 지금처럼 하나님을 만나는 곳으로 쓰일 뿐 아니라, 이곳을 찾는 이들이 주님의 뜻을 이 땅에 실현하게 하는 존재로 변화되는 훈련의 장소, 수련의 공간이 되기를 바란다고 전했다.

서울조선족교회

서울조선족교회 리모델링

대한민국에서 나그네처럼 살아가고 있는 국내 80만 재한 조선족 동포들에게 한국은
복음을 접할 수 있는 최적의 장소이다. 재한 조선족 동포들의 울타리와 복음의 처소로
사용된 서울조선족교회는 노후화로 인한 불편 사항이 대두되어 왔다. 이에 2019년 김용길
서울조선족교회 담임목사의 요청에, 몇 차례의 실사와 검토 과정을 거쳐 소망교회 당회로부터
승인을 얻어 서울조선족교회 리모델링 공사를 진행했다. 지난 2021년 5월부터 약 3개월에 걸쳐
예배실과 사무실 등 교회 내외부를 보수하고 개선한 끝에, 2021년 9월 8일(수) 서울조선족교회
보수 완공 감사예배를 드렸다. 소망교회가 다시 마련한 예배 처소를 통해 서울조선족교회가 재한
조선족 동포들의 안식처요 신앙공동체로 아름답게 나아가길 축복했다.

평가

코로나19 기간은 그동안 여러 행사나 모임으로 보수를 미뤄왔던 공간을 새 단장하기 가장 좋은
기회였다. 이러한 새 단장에 있어서 지향해야 할 부분은 향후 새 시대에 맞는 사용방안을 고려해야
하며 사용처의 수요와 필요를 미리 예상하고 진행함이 중요했다. 이와 관련해 선교관과 유아부실
리모델링은 시의적절하게 진행되었다고 할 수 있다. 선교관은 젊은 감각에 맞게 꾸며졌고, 다양한
행사가 가능하도록 여러 요소들이 추가되었다. 아울러 유아부실은 유아들이 편안하고 안전하게
교육을 받을 수 있도록 고쳐졌으며 서울조선족교회 리모델링도 필요에 따라 노후된 부분들을
보수함으로 불편사항들이 개선이 되어 조금 더 예배에 집중할 수 있는 여건을 마련할 수 있었다.
이처럼 리모델링을 통해 개선된 부분들이 긍정적인 효과를 얻고 있으며 필요에 부합하다 평가를
받기에 모든 것이 은혜 가운데 진행되었다고 할 수 있다.

2022.01.16.(주일)
온라인지구
모집 시작

2022.03.11.(금)
금요기도회
(온라인) 개강

2022.03.16.(금)
첫 구역 모임
(1구역)

2022.04.08.(수)
교회ON
(현장기도회)
시작(월 1회)

2022.08.17.(수)
-11.17.(목)
지구순회예배
실시

새로운 공동체,
온라인 지구

코로나19의 걷잡을 수 없는 확산으로 정부의 행정 명령에 따라
대다수 교회가 문을 닫게 되었다. 이에 따라 소망교회 또한 모든
예배를 온라인예배나 가정 예배로 대체할 수밖에 없는 상황에
놓이게 되었으며 장기화하는 팬데믹의 상황과 사회적, 문화적
변화에 따라 소망교회는 온라인 지구를 신설하기로 하였다.
온라인 지구는 멀리 떨어져 있지만, 마음은 늘 가까운 온라인
성도들의 공동체를 말한다.

온라인 지구

목적 및 개요

온라인 지구는, 개인적 상황(이민, 유학, 질병, 먼 곳으로의 이사 등)에 의해 교회 출석이 어려운 교인들이 비슷한 상황의 교인들(나이, 자녀 나이, 가구 형태, 직장 등)과 온라인으로 함께 모여 교제를 나누고 신앙훈련을 받을 수 있는 공동체이다. 또한, 담당 교역자의 심방과 상담, 기도, 장례, 결혼예식 등의 기존 지구와 같은 영적 돌봄을 받을 수 있다. 2022년 신설된 이후, 3월 16일(수)에 1구역의 첫 구역 모임을 시작으로, 1년 만에 30개 구역과 200여 세대가 함께하는 공동체로 성장하였으며 계속해서 새로운 성도들의 유입이 지속하고 있다.

세부 진행 사항

금요 기도회

온라인 지구는 매주 금요일 저녁 유튜브를 통해 온라인 기도회를 드리고 채팅을 통해 성도들과 소통하고 있다. 학기 중에는 금요 아둘람 기도회로 교역자들이 함께 모여 실시간으로 함께 기도회를 인도하고, 방학 중에는 골방 기도회로 조성실 목사의 인도하에, 각자의 공간에서 함께 기도한다. 특별히 한 달에 한 번은 '교회 오는 날[교회 ON]'이라는 오프라인 기도회를 진행하기도 한다. 온라인에서는 경험할 수 없는 서로의 온기를 나누고 손을 맞잡고 기도하는, 더욱 깊은 교제의 시간을 갖는다.

온라인 구역 모임

나이, 자녀 나이, 가구 형태, 직장 등의 다양한 형태로 모인 각 구역들이 온라인 플랫폼에 모여 자유롭게 구역예배를 진행했다. 온라인 특성상 장소와 시간에 구애받지 않고 구역원들이 함께 의논하여 스스로 시간과 모임 횟수를 정하고, 온라인에서 모여 예배드린다. 분기에 한 번은 교역자와 순회예배(대심방)의 시간을 가졌다. 오프라인으로 모여 서로의 얼굴을 마주 보고, 교제하며 온라인에서 느낄 수 없는 더욱 친밀한 교제의 시간을 갖는다.

📝 평가

온라인 지구를 통해 교회 안에서 소모임에 참여하지 못하던 성도들이 다시 교회 공동체의 일원으로 자리를 잡고 있으며, 이러한 일차적 모임이 자발적 오프라인 소모임으로 이어지는 등 온라인과 오프라인 영역 모두에서 나만의 공간 특성을 발견하는 계기로 작동하고 있다.

온라인 성경
녹음 통독,
말씀 읽기 공동체

모여 있는 것이 익숙했던 교회 공동체에 모이지 못하고 흩어져
혼자 견뎌야 하는 코로나19의 상황은 낯설고 두려웠다. 그러나
아무것도 할 수 없을 것만 같았던 시간은 오히려 공동체가
얼마나 필요한지 알게 해 주었다. 세상은 감염의 시대에는
흩어져야 한다고 했지만 우리는 더욱 말씀을 가까이했다. 직접
만나지 못하지만, 우리가 한 공동체임을 느낄 수 있는 말씀 읽기
공동체가 필요하여 온라인에서 시작하게 되었다.
코로나19의 상황 속에서 말씀 읽기에 대한 갈급한 마음이
커져갔다. 서로 얼굴을 알지 못하는 교우들이지만 함께
'온'라인 안에서 성경을 녹음 '통'독하며 '기쁨'의 근원 되시는
예수 그리스도를 더욱더 알아가고 그분이 주시는 기쁨으로
충만하여지자는 의미를 담았다.

온통기쁨

목적 및 개요

시편 1:2절의 '묵상하다'는 "작은 소리로 읊조린다"라는 의미이다. 기존의 통독 방식과는 다르게 '온통기쁨'은 성경을 녹음하는 방식으로 통독함으로써 말씀을 눈으로 읽고, 입술로 말하며, 내 귀로 듣는 입체적 방법의 성경통독이다. 또한, 말씀을 읽으며 생기는 질문을 목회자에게 질문하고 답을 듣는 시간을 두어 말씀에 대한 이해와 궁금증을 해소한다. 온통기쁨을 통하여 참가자들의 영혼과 삶의 자리에 하나님의 말씀이 선포되고 참된 소망과 기쁨이 가득하기를 소망한다.

세부 진행 사항

시즌 1

시즌 1은 2022년 '성경 속 한 달 살기'라는 부제로 10월 한 달 동안 '사복음서' 읽기로 진행되었다.

처음 시도된 녹음 통독에 139명의 성도가 신청하였고 그중 119명이 완주의 기쁨을 누렸다. 주일을 제외한 주 6일 동안 사복음서를 읽으려 하니 하루 평균 5~6장을 녹음해야 해서 분량이 많아 힘들었다는 피드백이 있었지만, 참여한 모든 성도님이 다음 시즌을 기대하며 기쁨으로 마칠 수 있었다.

시즌 2

모두의 기다림 속에 사순절에 맞춰 시작한 시즌 2는 신청 인원이 360명으로 시즌 1에 비해 두 배 이상이 늘어나며 교회 공동체 안에 말씀 읽기에 대한 갈망이 얼마나 큰지 알 수 있게 되었다. 담당 목사님의 인도와 총 39명 조장님의 아름다운 섬김을 통해 339명이 바울서신을 완주할 수 있었다.

진행 방법

녹음 통독 신청자는 조 편성을 받게 되고 해당일의 성경 말씀을 녹음하여 조별 단톡방에 올리는 것으로 출석을 확인한다. 또한, 말씀을 읽으며 궁금한 내용이 있을 시 주 1회 조장을 통해 질문서를 제출할 수 있다. 조장은 매주 1회 정해진 요일에 조원들의 출석 현황과 질문지를 취합하여 운영진에게 제출한다. 제출된 질문은 해당하는 주 금요일 온라인 지구 기도회 시간인 '아둘람 기도회'에서 목사님으로부터 답변을 듣는다. 또, 진행 기간 중간쯤에는 조장님들과의 차 마시는 시간을 통해 단톡방 운영의 어려움이나 요청 사항을 듣는 자리를 마련함으로써 중간 리더들을 격려하는 시간을 가진다.

수료식

시즌을 마친 참가자들을 격려하고 위로하는 수료식에서는 참가자의 이름을 써넣은 축복의 말씀이 들어간 작은 액자가 전달되었다. 이 자리에서 참가자들은 비로소 서로의 얼굴을 확인하고 함께 했던 통독의 시간을 추억하며 보이지 않았으나 분명히 존재했던 천국 공동체를 확인할 수 있다. 또한, 수료식 후 준비된 커피차에서의 기분 좋은 차 한 잔을 함께 하며 서로를 통해 힘을 얻고 위로가 되는 교제의 시간을 가졌다.

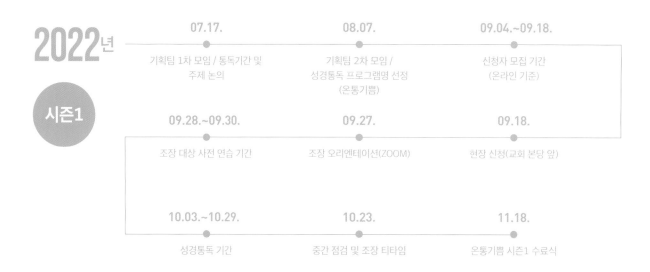

2022년

시즌1

07.17.	08.07.	09.04.~09.18.
기획팀 1차 모임 / 통독기간 및 주제 논의	기획팀 2차 모임 / 성경통독 프로그램명 선정 (온통기쁨)	신청자 모집 기간 (온라인 기준)

09.28.~09.30.	09.27.	09.18.
조장 대상 사전 연습 기간	조장 오리엔테이션(ZOOM)	현장 신청 (교회 본당 앞)

10.03.~10.29.	10.23.	11.18.
성경통독 기간	중간 점검 및 조장 티타임	온통기쁨 시즌1 수료식

1 2 3
1. 수료자 선물(캘리액자)
2. 시즌1 수료식 사진
3. 수료식 후 준비된 커피차

2022년 | 12.23. 시즌2 기획팀 1차 모임 | **2023년** | 01.08. 기획팀 2차 모임

시즌2

02.17. 조장 오리엔테이션(ZOOM) | 02.05. 현장 신청(교회 본당 앞) 및 기획팀 3차 모임 | 01.29.-02.12. 신청자 모집 기간(온라인 기준)

02.22.-04.08. 성경통독 기간 | 03.19. 중간점검 및 조장티타임 | 03.29. 기획팀 4차 모임(수료식 준비)

04.18. 온통기쁨 시즌2 수료식

말씀과 이웃 사랑

말씀으로 기쁨이 충만한 주의 자녀는 그 기쁨을 이웃과 나누는 게 마땅하다는 마음으로 참가 신청 때에 받은 참가비는 전액 사회봉사부를 통해 힘들고 어려운 이웃들에게 흘러갔다. 시즌 1에는 독거 어르신 댁에 생필품을, 시즌 2에는 장애우 기관에 이불, 옷 등 필요한 물품이 전달되었다. '온통기쁨'의 은혜가 어려운 이웃들에게 흘러가 하나님과 우리, 우리와 이웃을 생각하는 시간이 되었다.

📝 평가

모일 수 없으니 모일 때를 기다리자는 것이 아니라, 우리가 방법을 찾았다. '온통기쁨'을 통해 흩어져 있으나 공동체로 함께 하고 싶은 성도들의 마음을 알 수 있었다. 혼자 갈 때는 쉽게 지치지만, 함께 가는 길은 보이지 않아도 끝까지 갈 수 있다. 온라인 성경통독 '온통기쁨'을 통해 온라인 속에서도 얼마든지 말씀을 읽고, 서로를 위해 기도하며 그리스도의 공동체를 세워 갈 수 있는지 확인할 수 있었다. 앞으로 '온통기쁨' 시즌을 통해 어느 곳에 있는지, 어느 시간을 살든지 상관없이 말씀으로 하나가 되는 공동체가 세워질 것을 기대한다.

허니브리지

모여라! 3040

코로나19가 확산되는 상황 속에서 소망교회 신혼부부,
젊은 부모 세대의 현황과 필요를 파악하고 지원 방안을
연구하는 시간을 가졌다. '1남선교회'와 '2남선교회'의 현황을
파악하였고, 1남선교회와 2남선교회의 임원 및 회원과 간담회를
진행하여 젊은 부부 모임의 의견을 듣는 시간을 가졌다.
이런 시간을 통해 30~40세를 위한 집중된 사역을 시작하게
되었고, 기존 30~40세로 구성되었던 1남선교회, 2남선교회,
3남선교회, 허니브리지를 중심으로 '3040지구'를 신설했다.
코로나19로 온라인과 오프라인, 대면과 비대면 등 다양한 형태로
사역이 확장되는 시기에 맞춰 3040지구는 소그룹의 '따로',
대그룹의 '같이' 형태의 다양한 모임을 제공한다는 의미로 이름을
짓게 되었다.

👪 3040지구

목적 및 개요

3040지구는 남편과 아내, 부모와 자녀, 구역과 구역이 '따로'
진행되는 모임이 있으면서 동시에 남편과 아내, 부모와 자녀,
구역과 구역이 '같이' 하는 모임으로 진행했다.
<따로 또 같이>의 다양한 3040지구의 모임을 소개한다.

세부 진행 사항

3040지구 예배 모임

기존 1남선교회, 2남선교회, 3남선교회가 모였던 모임 시간과
모임 방법을 이어받아 매월 첫째, 셋째 토요일 오후 4시에
모임을 진행하게 되었다. 2022년 1월 15일 3040지구 첫
모임이 시작되었고 코로나19 확진자가 급증하는 상황 속에서
상반기(1~6월) 동안은 ZOOM으로 예배 모임을 진행하고
이후에는 오프라인으로 모임을 진행했다. 3040지구가 새롭게
신설되면서 20~30가정 모이던 남선교회 모임이 70가정,
13개 구역으로 모이게 되었고, 부모들이 예배 모임과 구역
모임에 집중하기 위해 부모와 자녀를 분리하여 예배 준비, 예배
모임, 구역 모임이 진행되는 2시 30분~6시 30분까지 자녀
보육 프로그램을 함께 진행했다.

구역 모임과 전체 식사

부부 연령, 자녀 연령, 신앙생활 기간 등을 고려하여 13개의
구역을 편성했다. 예배 후 소그룹실로 이동하여 구역장의
인도로 각 구역 모임을 진행했다. 부부관계, 자녀 양육, 직장 생활,
기도 제목 등의 내용으로 1시간 30분 동안 깊은 교제를 나눴다.
구역 모임 후 한 달에 한 번씩 친교실(교회 식당)에서 전체
식사를 하고 나서 구역과 구역이 연결되는 시간뿐만 아니라
신혼부부, 장기 결석자, 새가족의 유입과 정착을 돕는 매개체
역할을 했다.

말씀 필사와 말씀 통독

하나님의 아들을 아는 것과 믿는 것에 힘쓰는
그리스도인(엡4:13)이라는 3040지구의 주제 말씀으로
상·하반기 말씀 필사와 말씀 통독의 영성훈련을 했다.
모세오경을 13개 구역이 나눠서 각 구역별로 정해진 분량의
필사를 진행했다. 상반기 동안 필사를 완성하여 3040지구의
모세오경 필사책을 제작했다. 또 고난주간에는 월요일부터
금요일까지 마가복음 말씀 통독을 했다. 육아와 직장 생활에
집중된 3040세대를 위해 저녁 8시, 줌(Zoom)으로 진행했다.

예배 모임과 구역 모임

지구 성경공부와 토요 새벽 모임

3040지구는 기본적으로 부부 모임이다. 부부가 같이하는 모임은
다양하게 제공이 되고 있는데 엄마와 아내, 남편과 아빠를 위한
모임의 필요성을 깨닫고 '따로'의 모임을 준비했다. 매주 목요일
15주 동안 엄마와 아내 중심의 지구 성경공부가 진행이 되고,
3040지구 모임이 없는 둘째, 넷째 토요일은 새벽예배 후 남편과
아빠 중심의 토요 새벽 모임을 열었다. 부부가 따로 진행되는
모임을 통해 그동안 나누지 못했던 진솔하고 솔직한 나눔과 기도
제목을 공유하게 되고 서로를 통해 힘을 얻고 위로가 되는 교제의
시간을 보냈다.

허니브리지

허니브리지는 최근 결혼한 신혼부부를 대상으로 소망교회 공동체
안에서 즐거운 신앙생활을 누리도록 돕는 1박2일 프로그램이다.
부부로 부르신 주님께 다가가도록 돕고, 배우자와의 소통법과
친밀함으로 다가가도록 돕는 내용이다. 결혼 3년 미만,
양육자녀가 없는 신혼부부 10가정이 모여 모임을 진행했다.
특별히 담임목사님이 1박 2일 동안 함께 참여해 신혼부부를
축복하고 3040지구에서 신앙생활을 잘 이어갈 수 있도록 안내해
주었다. 참여한 신혼부부는 정성껏 준비된 프로그램을 통해
감동하고 이런 모임을 준비한 교회에 따뜻함을 느끼며 고마움
마음을 표현했다. 허니브리지에 참여한 가정은 자연스럽게
3040지구까지 연결되고 정착되어 신앙생활을 이어나가고 있다.

1. 말씀 필사
2. 토요 새벽 모임

📋 평가

코로나19로 사역을 축소하거나 정리하는 상황 속에서 소망교회는
3040지구를 새롭게 신설했다. 남선교회에서 3040지구로
탈바꿈하면서 경직되고 형식적이던 모임이 자발성과 부드러운
모임으로 변화되었다. 또 부모와 자녀, 남편과 아내, 구역과 구역이
'따로 또 같이' 하는 다양한 모임을 제공함으로 이전보다 넓고 깊은
교제를 나누게 되었고 새가족과 신혼부부의 진입장벽을 낮게
되었다. 앞으로 '따로 또 같이'의 모임을 잘 이어간다면 역동이
넘치고 풍성해지는 3040지구 모임을 기대할 수 있을 것 같다.

✍ 제언

장로선거

비대면 상황 속에서 방역수칙을 지키며 홍보와 안내를 위한 여러 방안을 강구했지만,
아무래도 예년에 비해서 투표 인원은 부족할 수밖에 없었다. 다시 이런 팬데믹의 상황이
일어나지 않는 것이 가장 좋겠으나, 좀 더 다양한 홍보와 투표 참여 루트를 연구하여
실행하게 된다면, 더욱 많은 성도의 참여가 있을 것이라 생각한다

온라인 지구

팬데믹이 종식되어도 온라인에 대한 수요는 줄지 않으리라고 예상된다. 온라인 지구의
꾸준한 모임과 병행되는 오프라인 기도회, 대심방 등 성도들이 직접 만나 관계를 쌓는
'하이브리드' 교회를 추구해 나가야 할 것이다.

온통기쁨

대면 공동체가 아니다 보니, 낯선 분들과 녹음 통독하는 것을 낯설어하시는 분들이 있었다.
녹음 통독을 망설이는 분들의 참여를 위해 시작 단계에서부터 친근한 접근이 필요했다.
'온통기쁨'은 핸드폰의 기능 조작도 필요했다. 녹음 방법이나 파일 첨부 등에 대한 자세한
안내와 때에 따라서는 대면 설명도 필요했다. 또한, 오프라인 참석이 어려운 참여자를 위해
교회 공동체의 일원으로 느낄 수 있도록 많은 관심과 지원이 필요했다.

3040지구

기존의 남선교회 형태에서 3040지구라는 이름으로 새롭게 신설된 만큼, 격식과 의무의
모임이 아닌 채움과 나눔이 있는 자율적인 공동체가 되도록 끊임없이 노력해야 될 것이다.
또 부모들을 위한 신앙만큼 중요한 자녀 신앙을 위한 가정예배 자료, 신앙 프로그램,
체계적인 보육 프로그램이 필요할 것 같다. 처음으로 남편과 아내가 되고, 아빠와
엄마가 되는 3040세대를 위해 교회의 적극적인 관심과 지원이 요구된다. 마지막으로
3040지구에서 남선교회로 신앙생활이 잘 이어지고 연결될 수 있도록 협조가 필요하다.

Good influence starts with love that shines in our community and beyond

모두가 움츠러들었다. 코로나19 앞에서 어떻게 해야하는지 국가도 지자체도 격리만을 최우선 대책으로
앞세웠을 때, 소망교회는 달랐다. 어려움에 처한 이웃을 위해 마음과 정성을 모았다. 대구경북지역, 의료진,
작은교회 등에 마음을 전했다. 사실 코로나19 시절에 소망교회도 어려움을 겪었다.
그러나 이웃의 더 큰 어려움을 모른 척 할 수 없었다.

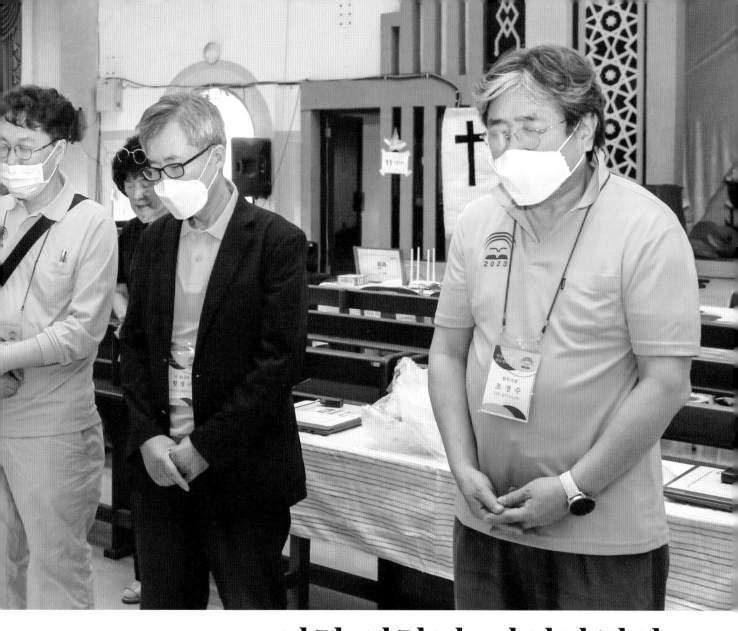

선한 영향력, 지역사회와
세상에 빛나는 사랑

소망교회의 대외사역

3

가난한 자들은 항상 너희와 함께 있으니
아무 때라도 원하는 대로 도울 수 있거니와
나는 너희와 항상 함께 있지 아니하리라
마가복음 14장 7절

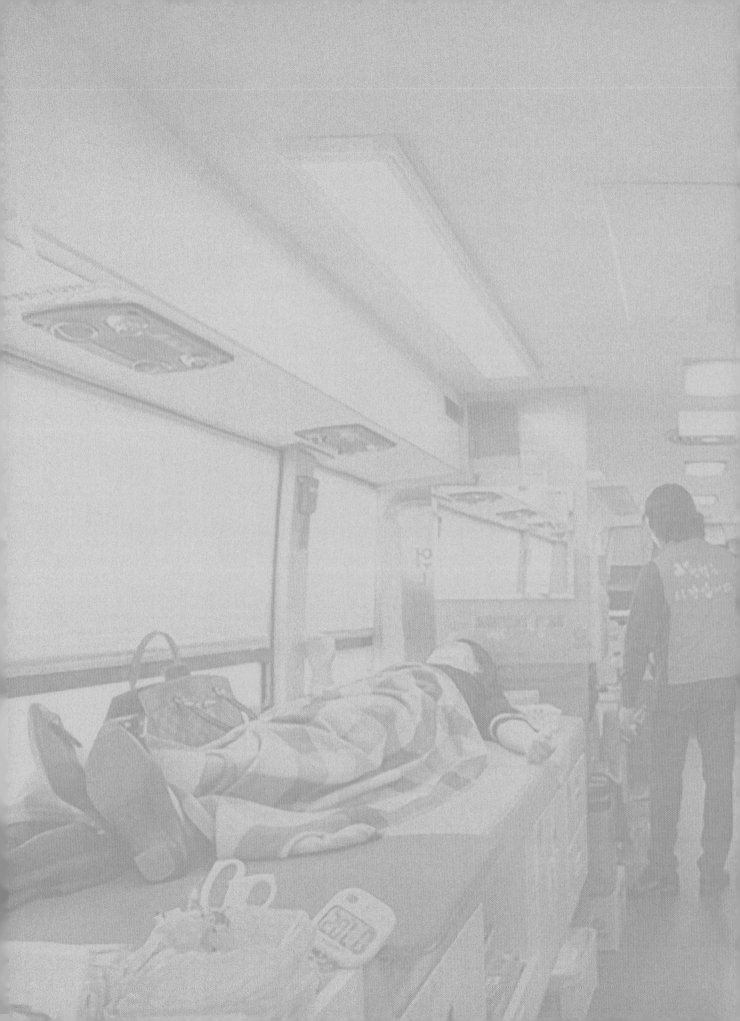

대외
사역

—

섬김

대외
사역
—
섬김

첫 온라인 헌금은 대구 경북지역의 코로나19 치료 지원으로

국내 코로나19 환자는 2020년 1월 20일에 처음 발생하였으나, 정부와 민간의 철저한 방역 덕분에 한 달여간 확진자는 30명에 불과했다. 하지만 2월 18일 신천지 대구교회 신도인 '31번째 환자'가 나온 이후 확진자 수가 대구 경북지역을 중심으로 하루 수십 명 단위까지 가파르게 상승했다. 이에 소망교회 김경진 담임목사는 대형교회로서는 처음으로 주일예배를 온라인으로 전면 전환을 결단했다. 그리고 소망교회는 2020년 3월 1일 삼일절 101주년 기념 주일예배를 기점으로 소망교회 역사상 처음으로 주일예배를 온라인으로 드리게 되었다. 2020년 2월 28일 금요일 김경진 담임목사는 임시당회를 소집하였다. 당회는 처음으로 드리게 된 온라인 주일 예배의 헌금을 대구 경북지역의 코로나19 치료를 위한 지원에 사용하기로 했다.

✉ 첫 온라인 헌금

목적 및 개요

2020년 2월 23일 주일, 대구 경북지역을 중심으로 코로나19 확진자가 급증하기 시작하던 때, 소망교회 김경진 담임목사는 성도들과 이웃들의 안전을 위해 소망교회 사상 처음으로 전면 온라인예배를 결단했다. 다음 날 2020년 2월 24일 월요일, 김경진 담임목사는 목회서신을 통해 이 결정을 성도들에게 알렸다. 성도들의 안전과 현장예배의 회복을 위한 간절한 마음이 함께 담긴 편지였다. 이어 김경진 담임목사는 나흘 후 임시당회를 소집하였고, 사상 첫 온라인 주일예배의 헌금을 대구 경북지역의 코로나19 치료를 위해 지원할 것을 제안하였고, 당회는 이에 만장일치로 동의하였다. 하나님을 사랑하는 마음으로 드린 헌금으로 어려움에 빠진 이웃을 섬기며 이웃사랑을 실천하는 의미 있는 결정이었다. 2020년 2월 29일, 김경진 담임목사는 두 번째 목회서신을 통해 성도들에게 이 결정을 전달하며, 코로나19 상황이 안정될 때까지 일시적이지만, 각자의 자리에서 모두가 같은 시간에 같은 마음으로 하나님을 계속해서 함께 예배하며 온 땅의 회복을 위해 기도하자고 독려하였다.

2020년

02.02.
임시당회에서 사상 첫 온라인 주일예배 헌금을 대구 경북지역 코로나 치료를 위해 지원할 것을 결의

02.29.
목회서신을 통해 위 결정을 알림

03.01.
첫 온라인 주일예배 헌금으로 총 삼억이천팔백삼십이만육천원이 모금됨

03.22.
미자립교회 대상 온라인예배 중계시스템 지원

03.15.
영유아유치부 가정학습자료 보급 지원

03.13.
사회복지공동모금회 지원

03.12.
대구동산병원 의료장비 지원

| 1 | 2 |
1.대구 경북지역 지원
2.대한예수교장로회 총회 긴급구호사업

세부 진행 사항

헌금의 진행

2020년 3월 1일은 2020년 사순절이 시작된 후 첫 번째로
맞이하는 주일이자 삼일절 101주년을 기념하는 주일이었다.
이날 소망교회는 예배 진행과 생방송 중계를 위한 최소
인원만이 모여 1부부터 5부까지 이전과 같은 시간에 예배를
드렸다. 공지한 바와 같이, 오전 7:30부터 오후 4:30까지 모든
예배를 실시간으로 중계하며, 이 시간 드리는 온라인 헌금을
대구 경북지역의 코로나19 치료 지원을 위해 주님의 제단에
쌓았다. 그리고 그다음 주일인 2020년 3월 8일 교회 주보에
따르면 총 삼억이천팔백삼십이만육천 원(₩328,326,000)
전액을 이웃을 섬기기 위해 사용했다.

대구동산병원 지원

코로나19로 어려움을 겪고 있는 대구 경북지역의 의료장비
지원을 위해 대구동산병원에 일억 원(₩100,000,000)을
후원했다.

사회복지공동모금회 지원

코로나19로 어려움을 겪고 있는 대구 경북지역 구호를 위해
사회복지공동모금회에 일억오천만 원(₩150,000,000)을
지원했다.

영유아유치부 가정학습자료 보급

코로나19로 어려움을 겪고 있는 국내외 1804가정에
교육자료 나눔을 위해 일천만 원(₩10,000,000)을 사용했다.

자립 대상 교회 온라인예배 중계 시스템 지원

코로나19로 어려움을 겪고 있는 미자립교회(426개 교회)를
대상으로 온라인예배 중계 시스템 지원 프로젝트를
진행 중인 CSI BRIDGE에 일천칠백이십오만 구천삼백칠십 원
(₩17,259,370)을 지원했다.

기타 지원

코로나19로 어려움을 겪고 있는 미자립교회를 지원하는
대한예수교장로회(통합) 총회의 사업에 오천만 원을 후원했다.

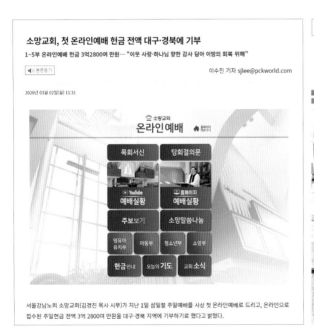

1 2
1. 첫 온라인예배 헌금 기부 기사
2. 대구동산병원 의료기기 1억원 기부

3월 1일 온라인예배를 위한 목회서신

사랑하는 성도 여러분
사순절을 시작하고서 첫 번째로 맞는, 또한 삼일절 101주년을 기념하는 이번 주일,
우리는 평생 처음으로 주일 예배를 온라인예배로 드리게 되었습니다.
1부부터 5부까지 모든 예배는 실시간으로 진행될 예정입니다.
많은 이들이 전염병과 싸우며 기적과 은혜를 구하는 이때, 소망교회는 지난 금요일 임시 당회를 열고
첫 온라인예배를 보다 의미 있게 드리기 위해 다음과 같은 결정을 하였습니다.
"1부 예배 시작(7:30)부터 5부 예배 마치는 시간(16:30)까지 온라인예배 중에 드리는 주일 헌금을
대구 경북지역의 코로나19 치료를 위한 지원에 사용하기로 한다."
재화의 크기에 상관없이 이웃을 사랑하는 마음과 하나님을 향한 감사를 담아서
정성껏 준비하여 주시기 바랍니다.
코로나19 상황이 안정될 때까지 일시적으로 각자의 자리에서 드리는 예배지만, 같은 시간,
같은 마음으로 하나님을 경배하고 이 땅의 회복을 구하는 시간이 되기를 간절히 빕니다.

2월 29일, 담임목사 김경진

코로나19 기간 관련 보도자료   서울신문. 2020.03.01.

첫 온라인예배 연 소망교회,
헌금 3억 전액 대구경북 기부

신종 코로나바이러스 감염증(코로나19)의 전국 확산 방지를 위해 대형 교회 가운데 처음으로 주일예배를 온라인 가정예배로 전환한 서울 강남 소망교회가 1일 치러진 온라인 주일예배에서 3억 3,000만 원에 달하는 헌금 전액을 코로나19 피해가 가장 심각한 대구·경북 지역에 기부하기로 했다.
소망교회는 이날 "기부하기로 한 온라인 헌금액은 모두 3억 2832만 6000원"이라며 공식 입장을 밝혔다.
이 교회는 "평소 주일에 5차례 예배를 드려왔으며 이날 처음으로 실시한 온라인예배를 같은 시간대에 맞춰서 기존 절차대로 5번 드렸다"고 전했다.

앞서 소망교회는 정부가 코로나19 위기대응 단계를 '심각'으로 격상하며 실내 공간에서 개최되는 행사 등을 자제해 달라고 권고하자 지난 23일 교회당 주일예배를 실시간 온라인예배로 대체하기로 결정했다.
김경진 소망교회 담임목사는 이날 목회서신에서 "삼일절 101주년을 맞는 3월 1일, 평생 처음으로 온라인예배를 드리게 됐다"면서 "주일 헌금은 '이웃을 내 몸같이 사랑하라'는 하나님의 말씀과 대구, 경북 지역을 포함한 이 땅의 회복을 구하는 마음이 함께 전달돼 귀하게 사용됐으면 한다"고 말했다.

📋 평가

코로나19의 급속한 확산 속에, 많은 이들이 어떻게 해야 할지 갈피를 잡지 못하던 시절이었다. 소망교회는 일시적이지만 현장예배를 온라인예배로 전면 전환하는 용단을 내렸고, 더하여 온라인으로 드려진 헌금으로 이웃을 섬기며, 이 땅에 소금과 빛이 되라는 주님의 말씀에 순종하였다. 소망교회의 결단과 헌신을 기점으로 많은 한국교회가 같은 방향으로 함께하였으니, 기독교가 한국 사회에서 선한 영향력을 발휘하는 데 큰 역할을 하였다.

소망수양관을
이웃과 함께

2020년 하반기에는 늘어나는 코로나19 확진자로 인해 병상
수급에 어려움이 있었다. 이에 따라 대학교 기숙사, 각종
숙박시설 등 사회 각층에서 지원받은 공간을 확진자의 격리 및
치료를 위한 시설로 사용하였다. 소망수양관은 방마다 화장실과
샤워실이 구비되어 있어 확진자 개별 격리가 가능하다는 점에서
코로나19 치료센터로 적합했다.

소망 성도들의 휴식처이자 영적 회복의 공간이었던
수양관이었지만, 감염병의 고통으로 힘들어하는 이웃들을 위해
잠시 내어놓았다.

소망수양관 '서울시 소망 생활치료센터'

목적 및 개요

코로나19 확진자가 급증하면서 병상 확보에 어려움을 겪는 가운데, 소망교회가 소망수양관을 환자를 위한 생활 치료공간으로 제공했다.

세부 진행 사항

2020년 12월 9일(수) 당회 결정으로 소망수양관을 '서울시 소망 생활치료센터'로 서울시에 제공하기로 결의했다. 김경진 담임목사는 2020년 12월 10일(목) 목회서신으로 성도들에게 코로나19 치료센터 제공으로 국가적 어려움에 그리스도인으로 동참할 것을 요청했다. 서울시는 이에 따라 수양관에 치료 설비를 갖추고, 순천향대 서울병원에서 10명을 서울시에서 추가로 12명을 파견하여 총 22명의 의료진과, 행정과 안전유지를 위한 서울시 공무원, 경찰, 소방관 등 34명이 소망수양관에 상주하게 하며, 2020년 12월 17일부터 서울시 소망 생활치료센터로 운영을 시작하였다.

소망수양관은 방마다 화장실과 샤워실이 갖춰져 있어 치료 시설로 적합해, 환자를 최대 280명까지 수용할 수 있었다. 한편, 치료 시설로 개방하기에 앞서 수양관 측은 인근 마을 이장과 읍장, 주민들을 시설에 초대해 자세한 설명을 통해 안심시켜 주었다. 또 감염 확산과 차단을 위해 직원과 의료진의 동선, 환자들의 동선을 철저하게 분리하였다. 치료실에는 성경과 1대 곽선희 목사, 2대 김지철 목사, 3대 김경진 목사의 저서를 비치해, 예수님의 말씀과 섬김과 나눔의 정신을 환자들에게 전하여지길 바랐다. 성탄을 앞두고 2020년 12월 24일(목)에는 의료진, 직원, 환자들을 위해 소망베이커리 빵과 쿠키 박스 300개를 전달했다.

2021년 3월부터 6월까지 잠시 소망 생활치료센터 운영이 중단되기도 하였으나, 코로나 환자가 급증함에 따라, 2021년 7월, 서울시는 서울 보라매병원 의료팀 20여명과 서울시 공무원과 경찰 등 20여명을 다시 파견하여 소망 생활치료센터 운영을 재개하였다.

1	2
3	4

1. 생활치료센터 전환을 위한
   당회원 기도회
2. 수양관 내 마련된 상황실
3. 검체 시설
4. 환자 숙소 내부

귀 기관은 코로나19 대유행 위기 속에서 생활치료센터
설치 및 운영에 아낌없는 지원과 헌신적인 노력으로
서울시민의 건강과 안전을 지키고
소중한 일상회복에 큰 기여를 하였기에
서울시민의 감사한 마음을 담아 이 패를 드립니다.

2022년 7월 1일
서울특별시장 오 세 훈

서울시에서 받은 감사패

소망수양관은 종교시설 최초로 '코로나 생활치료센터'로
지정되어 2020년 12월 9일부터 2022년 4월 22일까지 1년
5개월 동안 4,151명의 코로나19 환자들의 치료를 도왔다.
이에 서울시는 교회의 적극적인 지원과 협조에 감사의 마음을 담아
2022년 7월, 감사패를 교회에 전달했다.

📋 평가

소망교회 김경진 담임목사는 교인들에게 보낸 목회서신에서
"이웃의 아픔을 함께하고 세상을 섬기는 일은 교회의 본질적
사명"이라며, "환우들이 소망수양관에서 쉼을 얻고 속히
회복되기를 기도한다."고 전했다. 모두가 힘겨운 이 시간, 서울시
종교시설 최초 생활치료센터로 제공하고 사용되었던 만큼,
고통당하는 이웃의 아픔과 필요에 공감하며 사랑을 실천할 수
있는 계기가 되었다. 소망수양관이 앞으로도 하나님의 치유와
회복, 구원의 역사를 경험하는 복된 장소로 쓰이길 바란다.

국민일보. 2021.01.01.

코로나19 기간 관련 보도자료

영성 수련의 장, 코로나 환자 품는 회복의 공간이 되다

생활치료시설로 제공된 소망교회 소망수양관을 가다

아침 기온이 영하 13도까지 떨어진 30일 오전 경기도 광주
곤지암읍에 있는 소망교회(김경진 목사) 소망수양관에 도착했다.
가파른 산길을 올라 경찰이 지키는 외곽 초소를 통과하니 녹색과
빨간색 화살표가 나타났다. 빨간색은 코로나19 환자를 이송하는
구급차가 드나드는 건물 후문, 녹색은 환자를 돌보는 의료진
공무원 용역업체 직원들이 출입하는 정문으로 이어진다. 소망교회
집사인 황의청(65) 소망수양관장이 정문 출입구에서 취재진을
맞이했다.

"코로나가 없었다면 지금쯤 한국대학생선교회(CCC) 친구들의 세밑
금식 수련회가 한창이었을 겁니다. 소망수양관은 1993년 완공
이후부터 한국교회를 위한 장소로 이용됐습니다. 소망교회 자체
이용률은 20% 미만이었고, 교계 여러 기관의 수련회 사경회 등이
대부분을 차지했습니다. 성도들과 마음을 모으고 있다"고 했다.

소망수양관

소망수양관의 건물 구조상 수양관과 생활치료센터 이용자가
접촉하지 않도록 출입구를 나누어 사용하였다.
1층은 소망수양관으로 2층은 의료진과 스텝진의 상황실로
3층은 의료진과 스텝진 숙소로 사용하였으며,
4층부터 7층은 생활치료센터 이용자들이 사용하였다.
각 호실마다 개별 화장실이 있는 구조여서 격리가 가능했다.
코로나19 생활치료공간이 부족했던 시기에 소망수양관은
코로나19 확진자 치료에 큰 도움을 주었다.

연합뉴스. 2020년 12월 17일

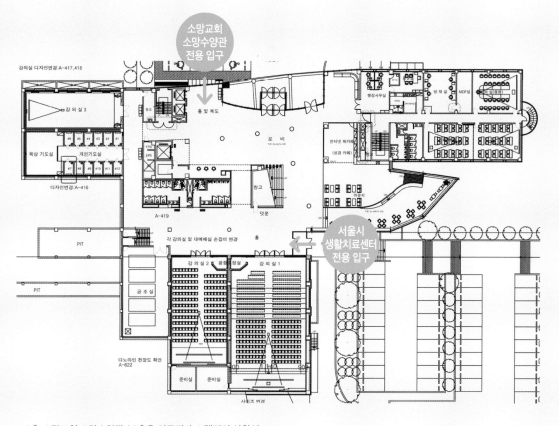

1층 소망교회 소망수양관 / 2층은 의료진과 스텝진의 상황실

3층은 의료진과 스텝진의 숙소로 사용

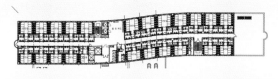

4층부터 7층은 생활치료센터 이용자들이 사용

첫 부활절
헌금은
사랑을 싣고

고난주간의 엄숙함과 부활절의 찬란함도 코로나19의 여파를
피해갈 수 없었다. 2020년의 고난주간 성목요예배는
전(全) 교역자만이 참석하여 온라인으로 송출했다. 이튿날에는
성금요등불예배라는 이름으로 복음서의 십자가 사건이
일어났던 오전 9시부터 오후 4시까지 예배를 드렸는데,
마찬가지로 온라인으로 진행했다. 교회당은 여느 해보다
쓸쓸한 표정으로 고난주간을 지냈고, 이윽고 부활주일을
앞두고 있었다. 부활주일을 맞이하며 세상에 희망을 나눠
주고자 하였다. 이 나눔의 행렬은 부활절 이후 이어지는 기쁨의
50일까지 이어져갔다. 부활절과 이어지는 기쁨의 50일의
나눔에는 <착한 소나기>라는 프로젝트명을 붙였다.

부활절 헌금과 착한 소나기 운동

목적 및 개요

고난주간을 한 주 앞둔 2020년 4월 4일, 김경진 담임목사는 전 교인에게 목회서신을 발송했다. 예배를 온라인으로 전환한 지 꼭 한 달이 지난 시점이었다. 부활절을 맞아 교회당의 문을 열고자 하는 마음이야 굴뚝같지만, 성도와 시민의 안전을 위해 온라인예배를 유지한다는 내용을 꾹꾹 눌러 담았다. 그리고 다음과 같이 제안했다.

"그럼에도 이번 부활절은 코로나19로, 죽음의 기운으로 덮인 이 세상에 꼭 희망을 주는 의미 있는 절기가 되었으면 좋겠다는 생각이 들었습니다. 그래서 이번에 온라인으로 드리게 될 부활절 헌금을 '사회적 약자와 작은 교회 돕기'에 사용하고자 당회에 제안하였고, 당회에서는 만장일치로 이를 결의해 주셨습니다. 이런 결정을 한 것은 교회 재정이 넉넉해서가 아닙니다. 우리도 힘들고 어렵지만, 더 어려운 이웃들을 위해 나누는 것이 하나님께서 원하시는 뜻이라고 믿기 때문입니다."

세부 진행 사항

헌금의 진행

지난 3월 1일 첫 온라인예배 헌금 때와 마찬가지로 부활주일(4월 12일)의 "1부 예배 시작(07:30)부터 5부 예배 마치는 시간(16:30)까지 온라인예배 중에 드리는 주일 헌금"을 나누기로 했다. 다음 주일인 2020년 4월 19일 주보의 교회 소식란에는 아래와 같은 내용이 실렸다.

"지난주 부활절 헌금은 이억 이천구백팔십삼만 천이백구십삼 원정(₩229,831,293)입니다. 이번 부활절헌금은 코로나19로 어려움을 겪는 사회적 약자와 작은 교회를 돕는 일에 사용됩니다."

소망교회의 교우들은 담임목사와 당회의 제안에 화답하듯, 마음과 정성을 다해 헌금했다. 교회는 이에 그치지 않고 부활절 이후 이어지는 기쁨의 50일까지 나눔의 행렬을 이어갔다. 이 실천에는 <착한 소나기>라는 프로젝트명이 붙었다.

4월 4일 온라인예배를 위한 목회서신중에서

그럼에도 이번 부활절은 코로나19 바이러스로, 죽음의 기운으로 덮인 이 세상에 꼭 희망을 주는 의미 있는 절기가 되었으면 좋겠다는 생각이 들었습니다.
그래서 이번에 온라인으로 드리게 될 부활절 헌금을 "사회적 약자와 작은 교회 돕기"에 사용하고자 당회에 제안하였고, 당회에서는 만장일치로 이를 결의해 주셨습니다.
이런 결정을 한 것은 교회 재정이 넉넉해서가 아닙니다.
우리도 힘들고 어렵지만, 더 어려운 이웃들을 위해 나누는 것이 하나님께서 원하시는 뜻이라고 믿기 때문입니다.

4월 4일, 담임목사 김경진 올림

우리 이웃에게 희망을 주는
<착한 소나기> 프로젝트

'소나기'는 소통과 나눔과 기도의 첫 글자에서 따온 것이다.
소: 소통-멀리서 함께하기, 나: 나눔-소망선물상자, 착한
소비운동, 기: 기도-소망등불기도회. 모인 헌금은 여러 곳에
지원하는 데 사용했다.

미자립교회 지원

미자립교회 지원을 위해서 약 1억 9천만 원을 사회봉사부,
사랑나눔부, 국내선교부를 통하여 지원했다. 상반기에 걸쳐
교회와 115개 곳과 사회적 약자 약 40명에게 지원했다.

해외 한인교회

해외 한인교회 11곳 및 여타 목회자에게 약 3천3백만 원을
지원했다.

선교사 지원

약 20명의 선교사에게 5천7백만 원을 지원했다.

기타

이 외에도 독거 어르신을 위해 1,300여 개의 선물상자를,
강남보건소를 위해 250개의 선물상자를 준비하여 나누었다.

평가

코로나19의 여파로 모두가 어려움을 겪던 시절이었다. 소망교회라고 어려움이 없지는 않았지만, 저력은 위기 때 드러났다.
소망교회는 어려운 시절에 개교회의 지위를 넘어 한국교회의 일원으로서 공적인 역할을 감당하였다.

국민일보. 2020.04.01.

'착한 소나기' 운동으로 부활의 기쁨 전한다

서울 소망교회(김경진 목사)는 12일 온라인예배로 드린 부활절예배 헌금을
신종 코로나바이러스감염증(코로나19)으로 고통을 겪는 노숙인, 작은 교회 등을
돕는 일에 사용하겠다고 밝혔다.

교회는 부활주일부터 다음 달 31일 성령강림주일까지 기쁨의 50일 실천 운동으로
'착한 소나기'를 진행한다. '착한 소나기' 운동은 멀리서 함께하며 소통하고,
소망선물 상자·착한 소비 운동의 나눔 활동을 하며 '소망등불기도회'로 기도의 불씨를
계속 이어간다. 교회는 긴급한 도움이 필요한 이웃들(노숙인, 독거노인, 미혼모 등)을
위해 한 가정당 1개씩 소망선물 상자를 전달한다. 나눔 활동에 동참하는 성도들은
상자에 간단한 생필품과 마스크 등을 채워 넣어 도움이 필요한 이들에게 보낼 예정이다.

소망등불기도회는 오전 9시 월요일부터 금요일까지 진행되며 부활절 이후
기쁨의 50일 관련 주제별 말씀과 기도로 함께 하는 시간을 갖는다.

교회 관계자는 "교회는 지난달 첫 온라인주일예배 헌금 전액을 사회복지공공기금에
기부했다"며 "메마른 땅에 생명수가 필요한 것처럼, 착한 소나기 운동을 통해
이 땅에 부활의 생명수가 흘러가길 소망한다"고 말했다.

김경진 목사는 12일 '우리는 어떻게 부활에 참여하는가'라는 제목의 설교에서
"부활의 신앙은 역경을 감수하는 역전의 신앙, 고통의 시간에 절대로 절망하지 않는
신앙, 억울해하지 않고 두려워하지 않는 신앙"이라며 "예수님의 부활에 참여하는 것은
그분과 함께 십자가에 옛 자아를 못 박고 새로운 존재로 태어나는 것이다. 이것은 우리 힘으로 되지 않다. 예수님이 힘을 주셔야 가능한 일"이라고
전했다.

주는 것이
받는 것보다
복이 있나니

소망교회 사랑나눔부는 "주는 것이 받는 것보다 복이 있다"는
사도행전 20장 35절의 말씀에 따라 교회 내 성도님들과
지역사회 이웃 중에서 어려우신 분들을 돕고 후원하는 사역을
진행해 왔다. 특별히 코로나19로 더 힘들고 어려웠을 때부터
결식아동 및 독거 어르신들에게 도시락을 만들어서 전달하는
직접 체험 봉사활동을 (사)월드비전과 함께 진행하면서, 주님의
사랑을 전하고 행하는 기쁨의 사역에도 참여하고 있다.
5월 가정의 달을 맞아 어렵고 소외된 이웃들에게 주님의 사랑이
담기고 생활에 꼭 필요한 물품들이 담긴 박스를 만들어서
전달했다.

사랑박스 나눔

목적 및 개요

5월 가정의 달에 어렵고 외롭게 지낼 소외된
이웃(결식아동, 독거어르신)들에게 기쁨과
행복을 나눠드리기 위해 매년 진행하는
사역이다. 특별히, 소망교회 사랑나눔부는
교회 안팎의 이웃들에게 초점을 맞춰서
나눔 행사를 진행하고 있다. 도시에는
도시빈민이라는 용어가 생길 정도로 지방보다
더 어렵고 힘들게 사시는 분들이 많이 있다.
가까이 계신 이웃들을 살피면서 주님의 사랑을
전할 때, 이웃들의 마음이 우리에게 가까이
다가온다는 확신으로 사역을 해오고 있다.

세부 진행 사항

후원 대상자 선정

교회 인근의 지자체 및 연계기관들과
협의하여 매년 사랑의 박스를 받을 대상을
선정했다.

박스 내용물 확정

후원 대상자를 선정한 후에, 어떠한 물품이
필요한지를 확인하고 최종적으로 박스에
담길 내용물을 확정했다. 박스에 담길 물품은
예산에 따라 다르겠지만, 1박스 당 2만 5천 원
내외로 제작했다.

굶주림과 폭력 없는 세상 위해 교회·기관 협력

소망교회·월드비전, 아동 후원금 전달·간식키트 제작

소망교회와 월드비전은 결식아동·가정폭력피해아동을 위해 후원금을 전달하고 간식키트 1153개를 제작했다.

박스 담기 봉사

토요일 오전부터 본당 앞 또는 제2교육관 로비에서 사랑의 박스 담기 행사를 진행했다.
약 1,000박스 정도를 만들어야 하기 때문에, 40~50명의 봉사자의 참여가 필요했다. 아침부터
점심 때까지 박스 담기를 진행한 후에, 지자체와 연계기관들을 통해 후원 대상자들에게 박스를
전달했다.

사랑나눔박스의 후원처

1. 전국 7개의 사랑의 도시락 기관에 약 1,500박스 전달

2. 강남구, 송파구, 성동구, 서초구 지자체 연계기관을 통해 약 1,000박스 전달

3. 성동구 지역주민들에게 전달 약 1,000박스 전달

평가

소망교회가 있는 강남지역에는 경제적 소외 계층이 적을 것으로 생각했는데, 본 사역을 위하여
지자체 연계기관을 통하여 상황을 살펴보니 강남지역에도 도움이 필요한 사람들이 많다는 것을
알 수 있었다. 코로나19로 인하여 대면 봉사가 어려운 상황에 지자체를 통한 명확한 후원대상자
물색과 이들의 필요 상황에 맞춰 필요한 물품을 적시 적절하게 전달할 수 있었다.

시정일보. 2022.05.29.

코로나19 기간 관련 보도자료

강남복지재단,
소망교회와 사랑의 박스 전달식

강남복지재단(이사장 이의신)이 21일 소망교회에서 사랑박스 500개를 강남구 저소득 위기가구와 복지사각지대를 위한 '작은 소망을 채워주세요 NO.1' 사업의 일환으로 소망교회(담임목사 김경진) 사랑나눔부의 후원을 받아 전달했다.

전달식에는 강남복지재단 김용주 상임 이사를 비롯해 소망교회 사랑나눔부 장선기 목사, 임순호 장로, 김명규 집사가 참석했다.

행사는 코로나19 장기화 등으로 어려운 시기에 설렁탕, 갈비탕, 비타민 등 식품으로 구성된 2만 원 상당의 선물박스 500개를 소외된 이웃에게 전달하고자 마련됐다.

소망교회 사랑나눔부 소속 회원 100여 명이 이른 아침부터 함께 키트를 제작하고 포장해 정성을 더했다.

사랑박스 500개는 비전학교지역아동센터, 꿈밭에 사람들, 강남사랑나눔이동푸드마켓 등 사회복지기관에 전달될 예정이다.

소망교회 사랑나눔부는 매년 정기적으로 강남구, 서초구, 송파구, 성동구 등 지역 내 소외계층과 지원기관들을 돕고 있으며, 나눔을 실천하는 다양한 후원행사를 이어오고 있다.

소망교회 사랑나눔부 임순호 장로는 "가장 필요한 곳에 위로와 희망이 전해졌으면 하는 마음으로 이번 후원을 계획했다"며 "강남구가 더불어 함께하는 지역사회가 되기를 소망한다"라고 말했다.

피로회복
대한민국 피로회복 프로젝트
(헌혈캠페인)

소망교회는 자체 주관 사역 외에 다른 교회와 연합하는
사역에도 참여했다. <피로회복> 프로젝트가 그렇다.
'피(blood)로 회복(回復)시킨다'는 뜻의 <피로회복> 프로젝트는
헌혈에 동참하는 일이었다. 코로나19의 유행으로 우리 사회는
헌혈 수급에 어려움을 겪었다. 혈액 재고 보유량이 5일분은
되어야 하는데, 한때 2.8일까지 떨어져 '주의단계'에 이르기도
했다. 응급수술은 차치하고 일반수술까지 연기 또는 취소될
수준이다. 정부가 헌혈을 독려하는 메시지를 재난문자의
형식으로 발송할 정도였다.
지구촌교회가 주도한 이 프로젝트에 소망교회는 초교파
교회연합모임인 <사귐과섬김>의 일원으로 참여하였다.

💡 피로회복

목적 및 개요

코로나19로 인해 발효된 집합금지 행정명령에 따라 밀폐된 공간을 통해 수급되던 혈액의
보유량이 '주의단계'에 이르렀고, 이에 소망교회는 교회의 공적책임을 위해 교회연합모임인
'사귐과 섬김'을 통해 2021년부터 헌혈에 동참하고 있다.

세부 진행 사항

제1차 피로회복 진행(2020~2021 기쁨의 50일 기간 참여)

'사귐과 섬김'의 15개 교회, 성남시 소재 6개 교회, 침례교단 18개 교회, 개별 참여 신청 18개
교회, NGO 단체 18개 기관, 고등학교 1개(용인 덕영고등학교)가 함께 참여하였으며
총 15,664명이 참여를 신청하였고 그 가운데 11,930명이 헌혈을 완료하였다. 또한 모금된
헌혈증 3,000여 장은 한국백혈병어린이재단에 기증되었다.

1차 피로회복 진행	2차 피로회복 진행	3차 피로회복 진행
2020~2021 기쁨의 50일 기간 참여	2021~2022 사순절과 부활절 기간 참여	2022~2023 사순절과 부활절 기간 참여

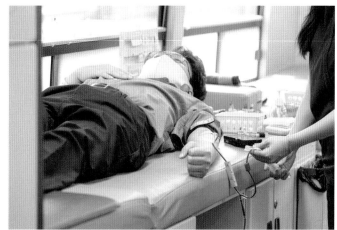

제2차 피로회복 진행

(2021~2022 사순절과 부활절 기간 참여)

코로나19가 지속되자 긴급하게 혈액을 찾고, 위급한 수술이 필요하지만 경제적으로 어려운
'소아암 어린이' 환자들이 증가하였다. 이에 혈액과 수술이 긴급한 소아암 어린이들을
'회복'시키고자 '대한민국 피로회복 For Kids'(성탄에서 부활까지) 사역이 한국백혈병어린이재단,
한마음혈액원과 협력하여 헌혈을 진행하였다.

제3차 피로회복 진행

(2022~2023 사순절과 부활절 기간 참여)

'대한민국 피로회복' 캠페인이 회를 거듭하며 사회를 위한 교회의 헌신은 희귀 난치 질환과
불치병으로 인해 수술과 치료를 희망하지만 국가적인 지원과 혜택이 적어 경제적으로 어려운
환아들을 위한 사역으로 확장되었다. 도움의 사각지대에 있는 환아들에게 '희망'을 주고 가정을
'회복'시키고자 대한민국 피로회복은 연세의료원과 한마음혈액원과 협력하여 헌혈을 진행하였다.

이 사역을 통해 헌혈에 참여한 교회와 성도들은 총 34,143명(2023년 5월 현재)으로 사회와
이웃을 위해 귀한 헌신이 진행되고 있다.

평가

'피로회복' 프로젝트에 참여한 것은 두 가지 면에서 의의가 있다. 첫째, 예수그리스도의 보혈로
회복된 성도들이 혈액 부족으로 고통받는 이웃의 회복을 위해 헌혈에 동참한 것은 이웃의 아픔에
대한 교회의 응답으로서 교회의 공공성을 회복하는 계기가 되었다. 둘째, 소망교회는 개교회로서
이 일을 감당한 것이 아닌, 교회의 공동체성을 가지고 여러 교회가 연합으로 사역했다는 데 의의가
있다. 여러 교단의 교회가 '사귐과 섬김'을 통해 사회를 위한 '프로젝트'를 함께 진행하였고, 나아가
사회기관인 적십자, 한마음 혈액원, 병원 등과 연합하여 사역하였다.

'대한민국 피로회복' 캠페인을 통해
헌혈에 참여한 교회와 성도들

총 34,143 명

사귐과섬김 15개 교회(지구촌, 남서울, 동안, 만나, 새중앙, 선한목자, 성락성결,
소망, 수영로, 신촌성결, 온누리, 일산성광, 주안장로, 충현, 할렐루야) 포함
199개 교회 및 단체(2023년 7월 7일 기준)

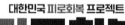

대한민국 피로회복 프로젝트
피로회복

참여자 미담소개 : 온라인 O구역 박OO 집사

저희 아버님은 골수 형성 이상 증후군이라는 희귀 혈액암으로
오랫동안 투병하시다가 마지막 9개월은 병원에서 보내시게
됐습니다. 수혈을 안 받으시면 혈소판 수치가 정상인의 십 분의 일도
안 되는 1만-2만 개 수준이셨는데, 입원 후반기에는 거의 매일
하루에 혈소판 두 팩을 수혈을 받으셔야 생명을 유지할 수
있었습니다. 혈소판은 상처가 나면 지혈해 주는 역할만 하는
줄 알았는데, 수혈받는 혈액 중 혈소판이 제일 구하기 어려운
혈액이라는 것을, 대형 병원에서도 충분한 물량을 확보하지 못할
때는 전혈(빨간 피) 혈액 다섯 팩을 합쳐야 혈소판 한 팩이 나온다는
것도 알게 됐습니다. 아버님 혈소판 수치가 올라가게 해 달라고,
제가 할 수 있는 일을 알려 달라고 기도하다가 받은 응답이
헌혈이었습니다.

모르는 사람들이 베푼 선의로 저희 아버님이 연명하실 수 있음에
대한 감사의 표시였고 제가 헌혈할 때마다 조금이라도 혈소판 수치가
오르게 해 달라고 하나님께 부리는 억지이기도 했습니다.
이렇게 일 년에 스물네 번의 헌혈을 했고, 아버님이 돌아가신
이후에도 하나님께 언제까지 하겠다고 약속한 적이 없어서
계속했습니다. 헌혈을 오십 번 하면 받는 헌혈 금장을 받고 아버님
산소에 가서 자랑하고 오기도 했습니다. 이렇게 갖고 있던 헌혈증은
아버님에 대한 연민의 기억이었습니다. '대한민국 피로회복'이라는
말을 처음 들었을 때 아버님이 평생 사랑하시고 헌신하신
소망교회에 이 연민의 기억을 보내는 것이야말로 하나님께서 저를
위해 만들어주신 너무나 완벽한 마무리라고 생각되어 한없이
감사한 마음으로 기부하게 됐습니다.

'대한민국 피로회복' 운동 2021.04.11.(주일) 본당 앞 주차장

지난 11일 오전 9시, 본당 앞으로 헌혈에 참여하려는 성도들이 모였습니다.

기쁨의 50일 기간 동안 진행되는 '대한민국 피로회복' 운동은 혈액 적정보유량 부족으로 인한 위기를 막고

이웃의 생명을 살리는 한국교회의 헌혈 운동입니다.

주일 예배를 마친 성도들이 전자문진표를 작성하고, 지정된 좌석에서 대기했습니다.

순서에 따라 호명된 성도들이 두 대의 헌혈버스에 차례로 올라 2차 문진 후 헌혈을 했습니다.

교역자들과 성도들이 전자문진과 성도들의 이동을 안내했습니다.

헌혈을 마친 성도들은 헌혈증과 사순절 기간 준비한 절제헌금을 헌금함에 넣었습니다.

사순절 기간 경건과 절제의 삶을 살며 건강한 몸을 만든 소망의 성도들

기쁨의 50일 동안 헌혈과 재정으로 이웃을 향한 사랑을 적극 실천하여, 예수 부활의 기쁨을 나누고 복음의 향기를 퍼트리길 소망합니다.

✎ 제언

첫 온라인 헌금과 부활절 헌금

온라인예배로 전면 전환하면서 드리는 첫 온라인 주일 예배
헌금을 코로나19로 어려움을 겪고 있는 이웃을 위해 사용한
것은 아름다운 이웃 사랑의 실천이었다.

그리고 약 한 달 뒤, 소망교회는 사회적 약자와 작은 교회들을
돕기 위해 첫 온라인 부활주일 헌금 전액을 흘려보내며 이웃
사랑을 실천하였다.

"땅에는 언제든지 가난한 자가 그치지 아니하겠으므로 내가
네게 명령하여 이르노니 너는 반드시 네 땅 안에 네 형제 중
곤란한 자와 궁핍한 자에게 네 손을 펼지니라"라는 신명기
15장 11절 말씀처럼 우리의 실천은 계속되어야 할 것이다.
이 아름다운 실천이 소망교회 안에서 그리고 한국교회에서
계속해서 이루어지기 위해서는, 모금 활동뿐만 아니라 사용
결과에 대하여 상세한 보고와 적극적인 홍보가 필요하다.
이것은 자랑하는 차원을 넘어, 더 많은 사람들이 감화 받아
동참하게 하는 선한 영향력을 발휘하기 위함이다.

소망수양관 수도권 생활치료센터

소망교회가 소망수양관을 수도권 생활치료센터로 제공함은
하나님 말씀을 실천하고자 한 비영리 목적의 사역이었다.
이러한 일로 인해 많은 코로나19 환자들이 회복할 수 있는
계기가 되었고 더 나아가 대 사회적으로 교회의 올바른
모습을 제시할 수 있었기에 하나님과 사람들 앞에 선한
사역이 되었다고 평가된다. 아울러, 제언하기를 이러한 사역은
많은 부분에서 교회가 불편과 손해를 감수해야 한다는 점을

고려해야 하기에 협업하고자 하는 기관 또는 기업과의 세심한
논의(사용범위 및 기간, 재정 지원 등)가 선행되어야 한다.
즉, 대 사회적 기여에 앞서 사례 분석 및 연구가 이루어지며
기관 및 기업과의 공적인 업무로 협력이 이루어진다면,
서로에게 덕이 되며 더 큰 사역을 이룰 수 있을 것이다.

대한민국 피로회복 프로젝트

현대인들의 건강 상태 때문에 많은 성도들이 헌혈에
참여했지만 모두가 헌혈할 수 있는 것은 아니었다. 헌혈
가능자들이 한정되어 있기 때문에 헌혈 캠페인은 성도
모두의 공감을 얻기가 쉽지 않다. 향후 캠페인에서는 헌혈
불가능자들의 참여를 위한 다양한 방법들을 고안하여 헌혈
가능자와 불가능자가 함께 참여할 수 있는 운동을 제공해 주길
기대한다.

사랑박스나눔

사랑박스나눔에 더 많은 성도가 자발적으로 참여할 수 있게
되기를 바란다. 아무리 좋은 행사라고 해도 참여가 적으면
의미가 바래지기 쉽다. 또 교회 사무국에서는 성도들이 더
참여할 수 있도록 앞으로 사랑박스나눔 후원 및 봉사의 참여
과정과 홍보에 관한 부분을 더 세심히 준비하여 많은 성도가
참여하게 되기를 기대한다.

대외
사역

———

세계
선교

대외
사역
—
세계선교

아름다운 세상을
만들기 위한 걸음

2020년 초부터 시작된 코로나19는 3년간 전 세계적으로
인간의 활동에 많은 제약을 안겨주었다. 이에 따라
한국 교회는 정부의 방역 방침에 따라 많은 사역을
중단하였고, 대면으로 이루어지던 만남이 온라인으로
전환됨에 따라 다양하고 독특한 방식으로 사역을
구상하게 되었다. 소망교회 세계선교부는
<랜선 나무 심기 프로젝트>를 통해 해외에 거주하여
평소 만나 뵙기 힘든 선교사님들과 온라인에서
만남의 장을 열었다. 그리고 그곳에 참여한 성도들과
선교사님은 함께 교제를 나누고, 더불어 하나님의 창조
세계를 보존하려는 선교적 노력에 동참하고자 했다.

랜선 나무 심기 프로젝트 포스터

2021년

09.09.
랜선 나무 심기
참여 선교사 모집

10.09.
온라인 랜선 나무 심기
행사 진행
(메타버스 게더타운)

2022년

5월
가능한 선교지부터 식목 사역 시작
라오스, 러시아, 마다가스카르,
몽골, 인도, 필리핀 식목 중

랜선 나무 심기 프로젝트

목적 및 개요

랜선은 영어 'LAN Cable'을 한글로 표기한 것으로서 유선 인터넷을 연결할 때 쓰는 선(Cable)을
일컫는 말이다. 요즘은 인터넷을 대부분 무선(Wireless)으로 사용하고 있지만, 예전에는
유선으로만 사용이 가능하여 '랜선'이라는 말은 곧 인터넷이라는 의미로 사용하였다. 따라서,
랜선 나무 심기는 온라인에서 이루어지는 식목 프로젝트를 뜻한다. 랜선 나무 심기 프로젝트는
2021년 소망교회 44주년을 맞아 하나님께서 창조하신 자연 생태계를 보존하고 아름다운 세상을
만들기 위한 작은 첫걸음이었다. 특별히 가상세계(Metaverse) 기술을 활용하여, 비대면 상황
속에서도 성도들의 자발적인 참여를 유도하고, 선교적 열정을 고취시키기를 기대하였다.

세부 진행 사항

소망교회 창립 44주년 기념 착한 소나기 모금

소망교회 창립 44주년 기념 착한 소나기 사역의 일환으로 헌금 73,547,000원을 모금하였다.

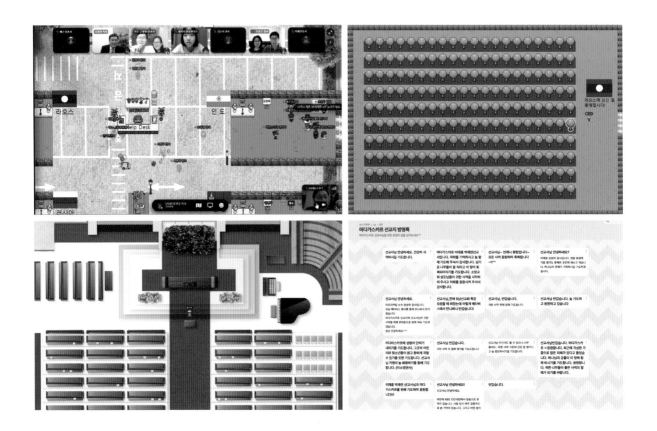

미션라이프

대표전화 (02)781-9114 구독안내 (02)781-9777

국민일보 missionlife.co.kr

2021년 10월 14일 목요일 **29**

| 교회 가상 공간에 접속한다 | ⇨ | 아바타로 변신해 입장한다 | ⇨ | 원하는 나라에 나무를 심는다 |

 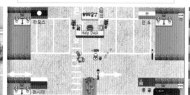 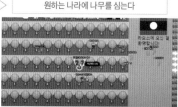

메타버스 공간에 문을 연 교회가 여러 나라에서 사역하는 선교사를 초청했다. 아바타로 변신한 교인들은 선교지에 희망의 나무를 심었다. 최근 메타버스 교회를 설립한 서울 소망교회(김경진 목사) 이야기다.

메타버스는 온라인상에서 아바타를 이용해 사회와 경제, 문화 등 모든 종류의 활동을 하는 걸 말한다.

소망교회가 지난 9일 연 '랜선 나무심기 프로젝트'는 메타버스에 구현된 가상의 소망교회(bit.ly/3iC4egB)에서 진행됐다. 메타버스 소망교회에는 지금도 접속할 수 있다. 아바타 이미지를 정하고 별명만 써 넣으면 온라인에만 있는 교회를 둘러볼 수 있다.

메타버스 통해 선교지를 푸르게 가꿔보세요

**소망교회, 랜선 프로젝트 기획
성도와 각 선교지 선교사 연결
당분간 갈 수 없는 곳 보존 위해
1만4000그루 규모 기금 모아**

교회는 '멀리서 함께하기' '환경' '선교'라는 세 가지 키워드를 실현하기 위해 메타버스 공간을 택했다. 메타버스에 가상의 교회 본당과 주차장을 만든 뒤 필리핀과 라오스 인도 몽골 러시아 마다가스카르 등 6개국 선교지를 소개하는 홍보부스도 세웠다.

가상의 소망교회를 찾은 교인들은 자신의 아바타를 원하는 선교 홍보부스로 이동시킨 뒤 '아바타 선교사'를 만났다. 아바타 선교사는 멀리 떨어진 선교지에서 가상의 소망교회에 접속한 실제 선교사들이었다. 이들은 교인들에게 자신의 사역을 소개하고 채팅을 통해 안부도 나눴다.

아바타 선교사들은 교인들을 가상의 숲으로 안내했다. 이곳에는 교인들이 기증한 나무가 심겨 있으며, 기증자의 이름표도 붙어있다. 아바타 교인들은 자신의 나무 옆으로 이동해 '화면 캡처' 기능을 통해 인증샷도 남겼다.

교회가 메타버스 환경을 연결해 교인 가정과 선교지를 연결한 건 코로나19로 해외 선교지를 찾을 수 없는 어려움을 해결하면서도 선교지에 창조세계 보존의 희망을 심기 위해서였다.

김경진 목사는 13일 국민일보와 통화에서 "코로나19를 겪으며 환경에 대한 소중함을 깨닫게 됐다"며 "메타버스 공간에 당분간 갈 수 없는 선교지를 구현한 뒤 하나님의 피조물인 생태계를 보존하기 위해 나무를 심게 됐다"고 소개했다.

교회는 행사에 앞서 보름 동안 모금을 통해 1만4000그루의 나무를 심을 수 있는 기금을 마련했다. 행사의 실무를 맡았던 조성실 부목사는 "메타버스에 마련된 선교지를 방문한 교인들이 직접 나무를 심을 국가를 정한 경우도 있다. 관심이 무척 컸다"면서 "랜선 나무 심기를 처음 시도해 봤는데 반응이 너무 좋아 앞으로도 메타버스 환경을 여러 사역에 활용할 예정"이라고 전했다.

장창일 기자 jangci@kmib.co.kr

이를 소망교회 세계선교부가 후원하고 있는 6개국(러시아, 몽골, 인도/베트남, 필리핀, 라오스, 마다가스카르) 선교사에게 $10,000씩 후원하여 각 선교지에 알맞게 나무를 심도록 요청하였다.

게더타운(메타버스) : 선교사와의 만남의 장

'메타버스(Metaverse)에 나무를 심으면, 선교지에 숲이 조성됩니다!'라는 표어 아래

2021년 10월 9일 토요일, 오전 11시 게더타운(GatherTown) 프로그램을 활용하여 구축한

가상 세계에 많은 사람이 모였다. 홈페이지에서 선착순으로 신청한 소망교회 성도들은

적극적으로 선교사들과 소통하며 자유롭게 기쁨의 교제를 나누었다.

진행 현황

2022년 5월부터 선교지의 여건에 맞게 자체적으로

식목 사역이 진행되었고, 현재까지 총 5,839 그루,

10,000여 개의 모종을 나누었다. 선교지 별로 교회나 학교, 그리고 정부의 필요에 따라 정원수나

유실수를 심어 현지 사회에 도움이 될 수 있도록 했다.

기대 효과

선교지 별로 어느 정도 차이는 있으나 공통적으로 다음과 같은 효과를 기대하고 있다.

1) 나무 심기를 통해 하나님의 피조세계를 보존하는 데 현지인들이 참여할 수 있다.
2) 사막화와 가뭄, 도로의 유실 방지와 거주 지역의 환경을 개선할 수 있다.
3) 유실수를 통해 농부들에게 영리를 제공하여 경제적 자립을 도모하고, 소외된 이웃들과 과일을 나눔으로써 구제할 수 있다.
4) 식목 사역을 통해 교회와 이웃 간의 관계를 증진시켜 복음의 문을 열어준다.

따라서, 나무 심기를 통하여 하나님께서 창조하신 자연을 보호하고 환경을 개선하는 일에 현지인들이 동참함으로써 자연스러운 선교의 기회가 열렸다고 평가한다.

📝 평가

랜선 나무 심기 프로젝트는 만남의 장을 대면에서 비대면으로 전환했다는 차원을 넘어 소망교회 성도들이 선교사의 사역에 직접 동참하였다는 데 그 의미가 있다. 그동안 비전트립과 같이 특별한 경우를 제외하고는 평소 기도나 재정 후원 등의 간접적인 방법으로 선교사를 도왔다면, 이번 랜선 나무 심기를 통해 성도들이 선교사와 직접 소통하며, 궁극적으로 현지에서 식목 작업을 통해 선교 사역에 이바지할 수 있었다.

\<나무심기 프로젝트 기도문\>

생명의 근원되시는 하나님, 온 세상을 아름답게 창조하시고 모든 피조물들이 서로를 살리며 살도록 설계하신 주님, 아담과 하와에게 산과 바다 하늘과 땅, 그리고 모든 피조물들을 잘 관리하며 살도록 명령하신 하나님!
수천 년을 자연과 더불어 살아온 우리들이 문명의 발달과 더불어 최근 급속하게 자연을 훼손하고 망가뜨리고 있음을 회개하는 마음으로 돌아봅니다.
창조질서의 훼손은 고스란히 우리 인간들을 포함한 모든 생명들에게 악영향을 미치고 있음을 우리가 경험하고 있습니다.

인간의 이기적인 욕심으로 말미암아 우리는 우리에게 맡기신 지구를 잘 보존하지 못하고 모든 자연과 생명들을 신음하게 만들고 말았습니다.
하나님, 우리의 죄악을 회개합니다. 용서하여 주시옵소서.
우리로 고통 속에서 탄식하는 피조물들의 절규를 듣게 하시고,

그 피조물들의 신음소리에 함께 마음아파하시는 하나님의 마음을 우리로 깨닫게 하여 주옵소서.
우리 소망교회 성도들이 하나님 지으신 자연 생태계를 아름답게 가꾸고 보존하는 일에 작은 발걸음을 내딛게 하시니 감사합니다.
많이 부족하고 미약하지만, 물고기 두 마리와 보리떡 다섯 개로 수많은 사람들의 배를 채워주신 주님을 기억하며 작은 일을 시작합니다. 우리의 작은 정성을 기쁘게 받아 주시고, 이 일이 끝이 아니라 시작이 되게 하시고 하나님의 뜻을 이루며 인류를 살리는 위대한 일이 되게 하여 주시옵소서.
그리하여 이 땅이 하나님의 생명력과 아름다움으로 충만해질 수 있도록 역사하여 주시고 우리는 우리의 자녀들에게 기름진 땅과 깨끗한 바다, 맑은 하늘을 물려주는 지혜로운 사람들이 되게 하여 주시옵소서. 자연의 만물 안에 숨기어진 하나님의 능력이 온전히 드러나 만물이 주님께 노래하며 찬양하는 그날을 사모합니다.
우리 주 예수 그리스도의 이름으로 기도드리옵나이다. 아멘.

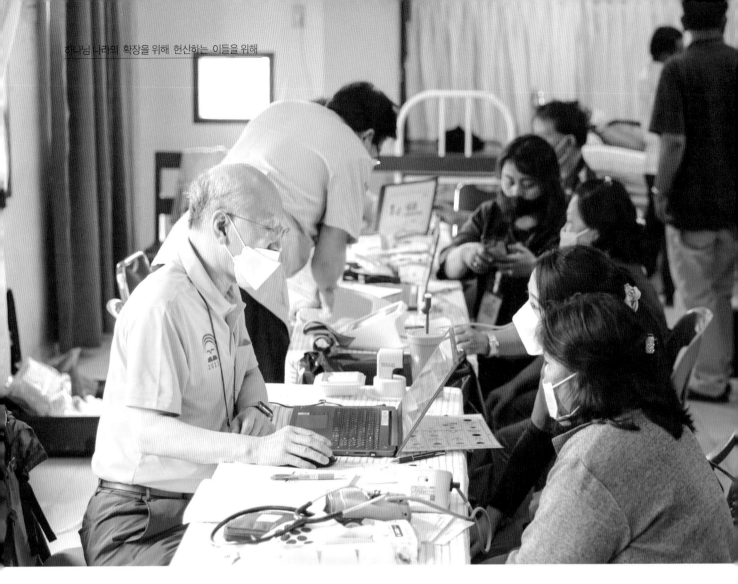

하나님 나라의 확장을 위해 헌신하는 이들을 위해

코로나19는 선교지의 상황을 더욱 열악하게 만들었을 뿐만 아니라 선교사 개인의 건강과 안전까지 위협하였다. 해외 선교사들은 불가피하게 많은 사역을 중단해야 했으며, 삶의 많은 영역까지 위축되었다. 그럼에도 불구하고 하나님 나라의 확장을 위해 헌신하는 이들은 여전히 눈을 들어 선교지의 신음에 귀를 기울였고, 소망교회 세계선교부는 그 사역에 동참하기 위해 여러 방면으로 선교사의 요청을 파악하였다.

선교지 특별 지원은 선교사의 요청 사항을 접수 및 지원하는 것과 구분하여 선교사의 거주나 건강, 안전과 같은 개인의 신상이나 선교지의 상황에 있어 급박하게 도움이 필요하다고 여겨지는 경우 현금이나 현물을 선제적으로 지원하는 제도를 말한다.

🩺 선교사 긴급 지원

목적 및 개요

세계선교부는 선교사의 건강 문제나 처한 상황의 해결을 위해 특별 지원함으로 해당 선교사가
본인의 사역에 집중할 수 있도록 돕고자 했다. 또한 코로나19, 지진, 가뭄, 홍수, 국가부도,
전쟁과 같은 천재지변으로 인해 극심한 피해가 생긴 선교지를 구제함을 통해 하나님의 사랑이
전해지기를 원했다.

세계선교부에서는 코로나19가 발생한 2020년부터 최근 튀르키예에서 발생한 지진 피해 건까지
여러 차례 코로나19 특별 지원금과 국가부도, 홍수 및 지진 피해 복구를 위한 긴급 구호금을
지급했으며, 선교사의 코로나19 감염이나 질병, 수술 등 건강 부문에서도 심의를 통해 긴급
지원하였다.

세부 진행 사항

코로나19 관련 사역 지원

세계선교부는 2020년부터 2022년까지 총 6차례 안식년 중인 후원 선교사를 제외하고
대상자를 선정하여 선교지와 사역 내용 및 규모에 따라 구분하여 사역비를 지원하였다. 특별히
2022년에는 이전에 지원하지 않았던 선교사들을 지원함으로써 선교사 간 후원 형평성을
맞추고자 노력하였다. 또한 재정뿐만 아니라, 마스크나 체온계, 산소 발생기 등 현물도 필요한
곳에 지원하였고, 코로나19가 극심하던 시기에는 확진 선교사들에게 치료비를 지원하여 회복할
수 있도록 도왔다.

2020년	2021년	2022년
코로나 특별지원	코로나 2차 특별 지원	코로나 3차 특별지원
(6, 7, 11월 중)	(8, 12월 중)	(2월 중)

2020~2022년
후원 선교사 긴급 상황 발생 시 상시 지원

재난 구호 지원

선교지는 예측할 수 없는 일들이 많이 발생하곤 한다. 특히 2020년에는 허리케인과 태풍, 2022년에는 홍수와 최근에 일어난 튀르키예의 지진과 같은 자연재해는 수많은 난민과 이재민을 발생시켰다. 이외에도 스리랑카의 국가부도 사태나 미얀마의 군부 쿠데타 사건, 우크라이나-러시아 전쟁과 같은 부정적인 국제 정세로 인하여 많은 이들의 삶이 피폐해졌다. 따라서 세계선교부에서는 이러한 재난 가운데 있는 소외되고 약한 자들을 돕기 위해 해당 선교지에서 사역하고 있는 선교사들에게 구호비를 지원하여 여러 방면으로 선교지의 국민들을 도울 수 있도록 요청하였다.

선교사 개인 지원

열악한 환경으로 인해 선교사들은 건강에 적신호가 켜졌다. 이에 세계선교부는 갑상선과 유두암, 맹장염, 담낭 등의 질병으로 고생하는 선교사들과 교통사고와 같은 불의의 사고를 당한 선교사에게 수술비를 지원하였다. 또한 후원 선교사만이 아니라, 선교사와 동역하는 현지인 목회자의 수술비까지 지원함으로 그리스도 안에서 형제임을 전하고자 했다. 이외에 현지법에 익숙하지 않은 선교사가 법적 문제로 곤란한 상황에 처할 경우 이를 돕기 위해 법률비를 지원하기도 했고, 때로는 생활고를 겪는 선교사에게 긴급하게 재정을 후원하기도 했다.

에어앰뷸런스 / 장례 지원

코로나 기간 중, 소망교회에서 지원하던 이광호 선교사(케냐)가 선교지에서 별세함에 따라 본 교회에서는 위로예배와 담임목사님 주관 발인예배(2021년 4월 24일(토))를 드림으로 장례에 함께하여 위로를 나눴다.

이 후, 이광호 선교사에 대한 긴급 지원을 하지 못한 아쉬움으로 한국으로 긴급히 이송할 수 있는 에어앰뷸런스 지원에 대한 검토가 이루어졌고, 2021년 6월, 인도네시아 파푸아에서 신약성경 번역 마무리를 하는 과정에 있던 장흥태 선교사(GBT, 성경번역선교회)의 건강이 갑자기 악화됨에 따라 에어앰뷸런스를 지원하게 되었다.

🗒️ 평가

선교지 지원은 선교사의 필요에 의한 청원 사항을 심의하고, 수동적으로 후원하는 것과 더불어 특별히 선교사가 요청하지 않았더라도 본부에서 먼저 선교사의 필요를 짐작하여 능동적으로 지원하는 것을 포함한다. 따라서 이번 특별 지원은 세계선교부가 선교사를 적극적으로 돕기 위하여 선교지의 상황을 먼저 인지하고, 이후 선교사의 필요를 파악하여 선제적으로 지원했다는 점에서 그 의미가 있다.

2020.~2023.
선교사 자가격리
숙소(일산숙소)
총 181일

2020.
선교사 4가정
(총 8명) 42일

2021.
선교사 4가정
(총 6명) 57일

2022.
선교사 9가정
(총 17명) 79일

2023.
선교사 1가정
(총 1명) 3일

내 형제 중에 지극히 작은 자에게 한 것

코로나19는 2019년 12월부터 중국 우한에서 최초 보고되어
퍼지기 시작하여 2020년 1월부터 본격적으로 중국을 넘어
아시아권으로 퍼지기 시작하였고, 3월 11일 코로나19가
범유행 전염병임을 선언함으로 사회적 거리두기가 시작되었다.
일산 호수공원 인근에 있는 일산 숙소는 2019년 6월 소망교회
성도가 기증한 오피스텔로 국내 입국하신 선교사들을 위한
게스트하우스였으나 코로나19 기간 동안에는 자가격리 숙소로
용도를 변경하여 사용하였다.

일산 자가격리 숙소

목적 및 개요

코로나19로 국내 입국한 선교사들이 자가 격리를 할 수 있는
별도의 숙소가 요구되어 기존 선교사 숙소로 사용하였던
숙소 중 일산 숙소 한 채를 2020년 4월부터 2023년 1월까지
자가격리 숙소로 사용하였다.

세부 진행 사항

선교사 입국 시 고양시 선별진료소 방문

● 입국 전에 선교사에게 숙소 안내문과 인근 보건소 위치를
  사전 안내한다.

● 공항 입국 후 절차에 따라 정해진 교통편을 이용하여
  보건소에 도착하여 PCR 검사 후 숙소에 입실한다.

● 모든 선별진료소는 오전/오후 종료 30분 전 접수 마감한다.

해외입국자 격리 기간

귀국일로부터 만 14일 되는 날 오후 12시까지 격리한다.

자가 격리자 구호물품 내역

구호물품은 안내 문자 받은 후 하루 만에 자가 격리 숙소로
배송한다.

물품 내역 : 쌀, 라면류, 김, 설렁탕, 통조림 장조림, 볶은 김치,
백산수 생수

구분	장소	운영시간	전화번호	기능검사
일산동구보건소 선별진료소	일산동구보건소	평일·공휴일 09:00~18:00 *점심·소독 12:00~13:00	031-8075-4083	PCR
일산서구보건소 선별진료소	일산서구보건소	토·일요일 09:00~13:00 *점심. 소독 없음	031-8075-4212	PCR

| 1 | 2 | 3 |

1. 고양시 자가격리 구호물품
2. 숙소 거실
3. 복층 침실 공간

📋 평가

당시 코로나19 확산으로 국내 입국한 선교사들이 자가격리 숙소를 찾기가 쉽지 않은 상황이었다. 이 때 일산숙소를 자격격리 숙소로
용도를 변경하여, 입국한 선교사들이 좋은 쉼과 회복의 시간을 보낼 수 있었다. 예비해 주신 모든 것이 선교사들을 돌보시는 하나님의
손길이었다.

2022년

10. 31.
사마리안퍼스
선물상자(OCC)
프로젝트 신청

11월
매 주일 행사 진행
(선물상자
배부 및 수거)

11. 30.
선물상자 및
후원금 전달식

2023년

2. 18.
선물상자 폴란드 도착
/현지 아웃리치 진행
(사마리안퍼스 주관)

우크라이나
어린이들을 위한

선한
사마리아인
작은선물

선물상자 받으시는 날
11/6, 11/13
선물상자 내시는 날
11/13, 11/20, 11/27

작은 상자 속에
우리가 넣은 것들

2022년 2월 발발한 우크라이나와 러시아의 전쟁으로 많은 수의 희생자와 난민이 발생했다. 전쟁의 여파는 당사국을 넘어 전지구적인 여파를 남겼는데, 특히 제3세계 국가는 물가의 급등으로 어려움을 겪었다. 소망교회의 세계선교부는 전쟁의 직간접적인 영향으로 아파하는 곳에 그리스도의 위로를 전하고자 방법을 물색했다. 인도하심에 따라, 기독교 국제구호단체인 <사마리안퍼스(Samaritan's Purse KOREA)>가 진행하는 오퍼레이션 크리스마스 차일드(Operation Christmas Child, 이하 OCC)와 닿았다. OCC는 미전도 종족 어린이들을 포함하여 세계 각국의 어린이에게 선물과 함께 복음을 전하는 사역이다. 소망교회는 <선한 사마리아인의 작은 선물>이라는 자체 프로젝트명으로 OCC에 참여하였다. 성경 속 강도 만난 사람의 이웃이 되어주었던 사마리아인처럼, 고통을 겪는 우크라이나의 어린이에게 위로와 희망을 전하고자 했다.

🎁 선한 사마리아인의 작은 선물

목적 및 개요

소망교회에서 보낸 선물상자는 우크라이나 현지 아웃리치 행사를 통해 어린이들에게 전달되고, 선물상자를 받은 후 동의한 어린이들만 12주의 제자 양육 과정에 참여하게 된다. 궁극적으로 이 기간에 아이들은 선물로 위로받을 뿐만 아니라, 복음을 듣고, 예수님의 사랑을 경험토록 하는 것을 목적으로 한다.

세부 진행 사항

사마리안퍼스

본 프로젝트는 소망교회와 기독교 NGO인 사마리안퍼스와의 협업으로 진행되었다. 교회 성도들의 참여로 마련한 선물상자를 사마리안퍼스에서 수거하여 우크라이나에 보내고, 현지 아웃리치를 통해 선물 전달 및 복음 사역이 진행되는 방식이다.

1 2 1. 선한 사마리아인의 작은 선물 포스터
2. 상자 및 기부금 전달식

사역 일정

2022년 11월 6일부터 11월 27일까지 4주간 주일마다 소망교회 본당 앞 두 곳, 서문, 선교관 옆
경비실, 그리고 동문에서 데스크를 설치하여 상자를 배부 및 수거하였다. 11월 6일과 13일 2주간
성도들에게 선물을 담을 상자를 배부하였고, 11월 13일, 20일, 27일 3주간 성도들이 준비해온
선물상자를 수거하였다.

사역 결과

3주간 약 2,500개의 상자가 배부되었고, 총 1,203개의 상자가 수거되었으며,
최종 114,585,294원의 후원금이 모금되었다. 11월 30일, 오후 2시 소망교회 본당에서
선물상자 및 기부금 전달식을 진행하였고, 사마리안퍼스 본부장과 기부팀, 그리고 세계선교부
임원이 참석하였다.

평가

세계선교부는 소망교회의 단독 사역이 아닌, 외부 기관과 협업하여 본 프로젝트를 진행하였다는
점에서 새로운 시도를 하였다. 참가한 성도들은 선물상자를 준비하는 과정에서 단순히 재정만
후원하는 것이 아니라 선물을 받을 아이를 위해 기도하고, 편지하며 마음을 쏟을 수 있다는 점에서
진정성 있는 후원이 되었다. 자녀가 있는 가정에서는 어려운 이웃을 돕는다는 선교적·교육적
차원에서도 도움이 되었다는 응답도 있었다. 최종적으로는 참여자들이 이 프로젝트를 통해
전 세계에서 아직 복음이 전해지지 않은 곳에 복음을 전하고, 교회를 세우는 일에 동참할 수 있음에
그 의미가 있다.

본당 로비 데코레이션

선물 상자 배부 및 수거

우리는
스마트 비전
스쿨에
다닙니다

코로나19는 일상의 모습을 바꾸었다. 감히 거의 모든 것이라고 해도 과언이 아닐 텐데, 선교의 현장도 예외는 아니었다. 사람을 만날 수 없는 상황에서 선교의 방법을 달리 생각해야 했다. 고심하며 방법을 찾던 중, 때마침 기술·과학 전문인 선교회인 FMnC(Frontier Mission and Computer)를 만났다. 2001년 설립된 초교파 선교단체인 FMnC는 IT를 포함한 기술과학정보를 통해 선교하는 단체이다. 소망교회 문화선교부는 FMnC와 협력하여 온라인선교의 방법을 배우고 경험하였다. 온라인선교 교육과정을 개설하여 약 50명의 교인이 참여하였으며, 함께 온라인 아웃리치도 다녀오기도 했다.

🔊 스마트비전스쿨

목적 및 개요

스마트비전스쿨의 목적은 코로나19로 인하여 폭발적으로 증가한 온라인 세상에서 기독교인들이
삶의 확실한 정체성을 갖고, 온라인의 다양한 이용 방법을 깨달아 다가오는 4차산업혁명
시대에서 하나님 나라의 임재를 경험하며, 이를 문화와 사회 변혁의 동력으로 삼고 나아가 영혼
구원을 디지털 도구를 활용하는 데 있다. FMnC선교회의 강사진과 운영진들이
각 조의 코치로서 역할을 하며 우리 교회 성도들은 팀장(조장)과 팀원으로 각각 역할을 감당하였다.
온라인으로 접근이 가능한 지역과 나라를 택하여 온라인 선교를 현지인들과 함께 진행하였다.

세부 진행 사항

스마트비전스쿨은 다음과 같다.

스마트비전스쿨의 커리큘럼

2021년 3월 6일부터 10주간 온라인으로 교육 수강을 하였고 교육 수료 후 이후 약 6주간
과정으로 온라인 선교 즉, 랜선 아웃리치를 실시하여 코스를 졸업하였다.
교육 기관에는 주로 온라인으로 10주간 강의를 자유롭게 시청하면서 요약하며, 매일 성경 듣기
훈련을 통하여 묵상의 글을 자신의 블로그에 올린다. 5주부터 블로그에 자신의 글, 묵상, 독후감
등을 올리며 디지털 도구와 방법을 익혔다.

2020년

09.01.
스마트비전스쿨을 위한
TF 구성과 기획

10.17.
FMnC 전생명 선교사의
'뉴노멀 시대의 온라인 문화와 선교'
온라인 강좌

12.08.
1차 SDT 컨퍼런스
'소망 디지털 트랜스
포메이션 (SDT)'

01.23.
3차 SDT 컨퍼런스
'코로나 시대, 올라인 목회로
복음 전하기'

2021년

12.15.
2차 SDT 컨퍼런스
'와우 코딩, 디지털 literacy
과정, SVS에 관한 소개'

02.25.
4차 SDT 컨퍼런스
'스마트 선교의 특이점'

03.06.-05.08.
스마트비전스쿨
(FMnC 선교회 13기)

07.03.
랜선 아웃리치 발표 및
수료식

08.01.
온라인 매거진
'소망 스마트 선교 나눔'
8월 창간

특히 매일 성경 듣기(데일리 드라마 바이블)를 듣고 묵상 내용을 매일 올리는 일은 매우 힘들었지만, 자신의 블로그를 풍성하게 하는 큰 자산이 되었다. 또한 매주 팀원들과 같이 말씀 나눔을 하였고, 팀별 프로젝트를 구상하였고, 랜선 아웃리치를 준비하였다.

블로그를 먼저 시작하고 시작해야 할 중요한 이유

블로그는 글과 사진, 영상을 올리는 1인 방송 진행자이다. 이 미디어는 온라인으로 무한대로 연결되기에 잘만 하면 효과적으로 하나님의 말씀을 전할 수 있는 매체이다. 이런 블로그의 글을 모아서 책으로 출판할 수도 있다. 블로깅을 하는 것은 일단 블로그를 제작해야 가능하기에 블로그 제작을 위해 특별 오프라인 수업을 두 차례 가지며 실제로 코치에게 컴퓨터를 사용하여 만들어 보았는데 처음에는 전혀 할 수 없었는데 어느새 조금씩 발전하는 모습을 볼 수 있었다.

SVS의 팀별 프로젝트

SVS 교육 중 팀별 프로젝트는 팀별로 다양하고 고유한 역량을 발휘할 수 있다. 강의 5주 차가 되면 조별로 자신들이 할 수 있는 프로젝트를 계획하고 팀장을 선출하여 진행한다.

스마트비전스쿨의 꽃, 랜선 아웃리치

온라인으로 선교하는 것이 가능하다는 것을 체험하는 귀한 자리이다. 인터넷 또는 핸드폰으로 화상 통화로 현지와 연결해서 현지인들과 만날 수 있다. 이런 온라인 선교는 항공비, 체류비를 절감할 수 있으며, 언제 어디서든 디지털 기기가 있으면 가능하다. 현지 선교사님들과 미리 필요한 물품 준비 등을 기획해 놓는다면 대외활동 당일에는 엄청난 실재감을 느낄 수 있다. 다양한 방법의 랜선 아웃리치를 나열해 보면 다음과 같다.

1. 전자 기계나 로봇을 이용한 놀이를 통한 랜선 아웃리치(로봇 카 제작 등)
2. 성경을 기반으로 교육자료 개발(스크래치 언어, 와우 코드)
3. 한류, 즉 K-Pop, K-Food, K-Movie를 이용한 랜선 아웃리치(한글 교육 포함)
4. 페이스북에 랜딩 페이지 개설
5. 랜선 바자회와 랜선 나무 심기를 통한 선교기금 마련
6. 체리 앱을 통하여 온라인 선교 기부금 납부 방법 마련
7. 스마트 선교 나눔(소망교회 온라인 선교 e-매거진 발행)

📋 평가

FMnC 선교회는 스마트비전스쿨(Smart Vision School)을 운영하고 있었기에 그 13기 강좌를 소망교회 문화선교부에서 실시하게 되었다. 비대면 상황에서 교육과 배움, 나눔, 그리고 온라인 선교를 직접 해보며 온라인 선교의 큰 가능성을 보게 되었다. 하지만 기술보다 더 우선되는 것은 바른 신앙의 삶의 중요성을 배우게 되었으며, 말씀 묵상을 블로깅 하면서 더욱 나를 돌아보며 주님의 말씀에 귀 기울이는 시간을 갖게 된 것은 매우 감사한 일이었다. 수고하신 FMnC 선교회 전생명 선교사님과 온라인 선교사님들께 깊이 감사드리며, 모든 과정을 조직하고 운영에 함께 한 문화선교부 임원들과 팀장께 깊이 감사드린다. 현지 선교사님이 협력하며 현지인들과 만남과 나눔의 시간을 가졌던 것은 매우 흥미롭고 신선한 감동이었다.

코로나19의 3년 기간, 즉 선교를 제대로 할 수 없는 상황에서 온라인 선교를 교육하고 시도하는 SVS는 매우 효과적이고 진취적인 과정이었다. 한 번도 시도해 보지 못한 교육과정이라 처음에는 어려웠지만, 교육과 실습으로 또한 FMnC 코치님들 덕분에 점차 개선되었다.

앞으로 4차 산업혁명 세계에서는 온라인상에 더욱 많은 사람이 만나고 온라인으로 일하게 될 것이다. 4차 산업혁명의 온라인 생태계에서 디지털 운영 능력이 매우 중요한 기술이 되었고 그 격차에 의하여 빈부가 가려질 정도로 매우 중요한 기술이다. 이번 교육과 온라인 아웃리치를 통하여 우리 교회의 가능성을 보았다. 하지만 아직 디지털 세계와 기계에 서툰 세대들이 많이 있다. 디지털 운영 능력을 향상시키기 위하여 세대와 계층에 더 가까이 가는 것이 바람직하다고 생각한다. 많은 성도가 이런 과정을 통하여 디지털 운영 능력을 배양하기를 원하며, 그리하여 다가오는 메타버스 시대에서 능력 있고 신앙과 기술을 겸비한 기독교인들이 배출되기를 간절히 소망한다.

본헤럴드. 2021.08.16.

소망교회, 비대면 상황에서
온라인 선교 효과 나타내

소망교회(담임목사 김경진)는 비대면 상황에서 스마트 선교를 위해서 FMnC 선교회가 함께 13기 스마트비전스쿨(SVS)을 개최하여 50여 분의 성도님들이 수료했다. 올 3월부터 7월까지 걸쳐 온라인으로 진행된 선교 교육은 10주 교육, 팀별 프로젝트 5주, 선교사님들과 함께 랜선 아웃리치로 마무리하는 과정이었다. 코로나 4단계 조치로 인해 주일예배조차 제한되고 어려운 상황 속에서 교회의 주요 기능인 예배와 친교, 선교와 봉사가 막혀 새로운 돌파구가 필요한 시점에서 소망교회는 IT를 이용한 스마트 선교 교육을 시행한 것이다.

소망교회 문화선교부를 중심으로 참가하여 좋은 반응을 얻어낸 온라인 선교교육은 처음에는 '온라인으로 IT 선교교육이 가능할 것인가?'하는 의문이 있었지만, 20년 전부터 준비해온 FMnC 선교회의 노하우를 통해 '스마트비전스쿨'은 매우 시의적절한 교육이며, 실천적인 온라인 선교임을 증명했다. 참가자들은 스마트 비전스쿨을 통해 각자의 블로그를 만들었으며, 블로그에 올린 글 중에서 8개를 골라 편집하여 소망교회 '온라인 스마트 선교 나눔 https://blog.naver.com/somangnkm/222447581095' 8월호를 발간했다. 여기에 이번 교육과정을 통한 소감과 아웃리치 결과를 실었고 블로거들과 소통을 이룰 수 있었다. 또한 스마트 선교 교육을 통해 온라인상의 단기선교인 랜선 아웃리치를 이뤘다. 예전 같으면 해외 단기선교로 분주했을 여름이지만 지금은 현지 선교사들도 선교를 제대로 할 수 없는 상황이다. 소망교회의 스마트 선교 교육을 통해 '스마트비전스쿨 13기'에 참가한 선교사들에게 랜선 아웃리치로 큰 힘을 얻게 했으며, 9개국의 현지 선교사들은 매주 줌으로 만나 중보기도와 사역을 준비했다.

랜선 아웃리치는 당일 하루나 두세 번 온라인 줌상에서 진행했고, 온라인 접근이 어려운 지역은 지원 물품을 미리 보내서 현지 교역자를 통해 전달했다. 이번 온라인으로 방문한 나라는 이집트, 터키, 러시아, 중앙아시아 2개국, 스리랑카, 일본, 태국 등으로 8개국 13개 지역이었으며, 사역 내용으로는 햄스터 로봇 카를 이용한 천로역정, 찰흙 놀이로 만드는 창세기 전, 게임을 통한 성령의 열매 따먹기, 드론을 통하여 영상 제작과 드론 전달, 현지 어려운 이웃과 함께 하는 '바닷가재 잔치'를 위한 랜선 바자회, 코로나19로 어려운 가정에 밀가루 설탕 전달하기, 현지에서 구할 수 없는 방역 마스크 전달 등이었다.

FMnC 선교회(과학기술 전문인 선교회)는 세계 선교협의회 KWMA와 한국 해외 선교회 GMF의 정회원으로서 20여 년간 해외 선교지에서 IT와 컴퓨터 교실과 이와 관련 사역을 해온 바, 비대면 시대를 맞아 활짝 피게 되었다.

FMnC 선교회 사역 (https://www.fmnc.net/whatwedo)은 온라인상에서 새로운 선교의 영역을 넓혀가고 있다. 앞으로 온라인, 디지털 세상은 증강현실, 가상현실 등 현실과 가상이 점차 연결되는 세상으로 변하기에, 마치 신대륙에 누가 먼저 깃발을 꽂느냐에 따라 주도권이 달라지듯, 세상은 변하고 있다. 디지털 신대륙이 발견된 것이다. 예를 들면, FMnC 선교회는 미국의 빌리 그래함 전도협회의 서치포 지저스(Search for Jesus)를 운영하여 온라인상의 구도자에게 e-코치를 통해 복음으로 전하며 지역 교회로 연결하고, 스마트폰에 바이블을 담아 접근이 어려운 지역에 영상과 말씀을 배포하고 있다. 또한 비전 트립 앱을 개발하여 언어가 달라도 복음을 전할 수 있도록 앱을 개발했으며, 와우 코딩을 통하여 다음 세대들에게 복음을 전하고 있다. 체리 앱을 통하여 건강한 선교후원을 돕고 있다.

이러한 선교를 위해 FMnC는 스마트비전스쿨을 개설하여 온라인 공간의 선교사를 양성하고 있다. 최근 '온라인으로 선교합니다/두란노' 신간 서적을 발간하여 좋은 반향을 얻고 있는데 추천사에서 영락교회 김운성 목사, 선한 목자교회 유기성 목사, 온누리 교회 이재훈 목사, 남서울 교회 화종부 목사, 황성주 박사 등이 격려했듯이 비대면 시대의 가장 핫한 선교의 방법이며 축이 될 것으로 보인다.

소망교회는 다음 달 9월 4일 개강하는 14기 스마트비전스쿨은 보다 진전된 강의와 플랫폼으로 새롭게 준비하고 있다. 스마트비전스쿨(SVS) 홈페이지 https://svs.fmnc.net 를 통해 참여할 수 있다.

✎ 제언

세계선교

모든 선교 후원이 그렇듯 일회성 지원으로 끝나는 식의 형태는
지양해야 한다. 그러므로 이번 프로젝트를 통해 선교지에
심을 나무들이 어떠한 방식으로 관리되고, 유지가 되는지
선교사의 사역에 지장을 주지 않는 선에서 보고를 요청하고,
지속적인 관심을 갖고 소통을 해야 할 것이다. 뿐만 아니라
앞으로도 랜선 나무 심기 처럼 포스트코로나 시대를 맞아 IT를
활용하여 다양한 주제로 지속 가능한 선교 방안을 마련하는
것이 필요하다.

소망교회가 선교적 교회로 세워지기 위해서는 선교사역을
선교사에게만 의존해서는 안된다. 그들을 위해 기도하고
생활비의 일정 부분을 후원하는 정도로는 충분하지 않다.
선교사의 직접적인 요청이 없더라도 기도 제목을 통해 그들의
실제적인 필요를 인지하고, 국제 정세를 파악하여 선교지
상황을 짐작할 뿐만 아니라, 본부와 선교지 사이의 적극적인
소통을 통해 주도적이고 유연하게 지원할 수 있어야 한다.
이를 위해서는 교회와 선교사를 후원과 피후원의 관계가 아닌
선교 동역 관계 안에서 상호 신뢰를 전제로 후원하고 사역이
실행되어야 한다. 또한 무분별한 지원을 방지하기 위해서는
관련 지침을 마련하고, 후속 보고를 통해 건강한 선교사역의
순환을 이루어야 할 것이다. 아울러 코로나19와 같은
비상사태에 대비할 수 있는 매뉴얼도 필요하다.

외부 기관과의 협업인 만큼 기관에 대한 지속적인 관심과
투명한 후속 조치가 필요하다. 소망교회에서 모은 수많은
상자와 후원금이 어떻게 사용되었고, 현지에 전달되었는가를
교인들이 알 수 있도록 분명하고 투명한 사역 보고가 있어야

한다. 또한 전 교인을 대상으로 한 사역인 만큼 세계선교부라는
단일 부서 차원이 아니라 전 교회 차원으로 확대하여 부서 간
원활한 협조 및 인적자원이 동원되어야 할 것이다.
코로나19 시대 같은 감염병 시대에는 세계선교부에서는 선교
사역에 있어 다양한 방법론이 요구된다. 따라서 충분한 숙고가
필요하고, 본 프로젝트와 같이 외부 기관과 협력하여 성도들의
선교적 열망을 불러일으키고, 실제로 선교 사역에 동참할 여러
기회를 제공하는 것이 필요하다.

스마트비전스쿨

소망교회에서 처음 시도하는 온라인 선교 교육과정은 디지털
교육이 병행되는 선교 교육이므로 교회 내 이질감 또는
거부감으로 접근이 어려운 것은 사실이다. 디지털 운영 능력이
나이에 따라 큰 차이가 있었으며 교회에서 디지털 사각지대에
있는 중장년 은퇴자, 노인들을 대상으로 교육해야 한다.
디지털을 잘 다룰 줄 아는 연륜 있는 기독교인을 배출하는
것은 본인에게는 사회생활뿐만 아니라 신앙생활에서 새로운
각성하는 계기가 될 수 있으며, 액티브 시니어의 경륜을 온라인
선교 현장에 접목할 수 있다고 본다. 미래 지향적인 교회에서는
온라인 선교 교육을 정기적으로 개최되어야 하며, 이로써
디지털 소외 계층을 끌어내어 오히려 유능한 사용자, 전도자
나아가 지도자로 바뀌도록 하는 것이 중요하다.

대외
사역
———
국내
선교

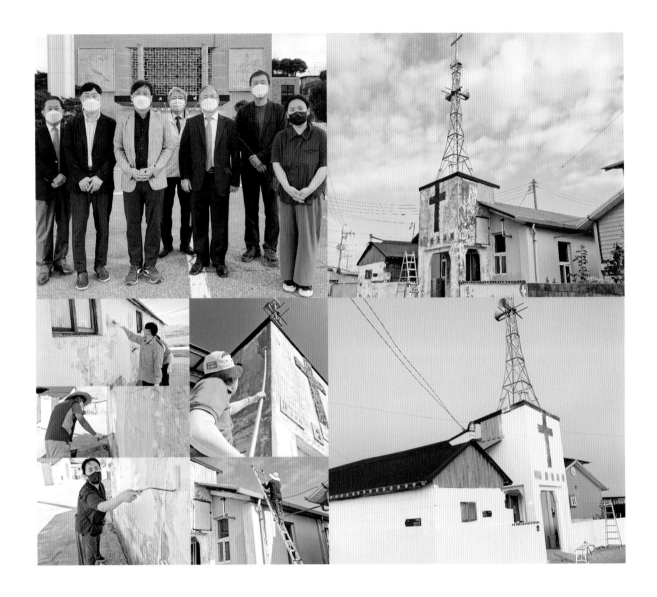

작은 교회의
어려움부터

2020년 초 대구 신천지 교회 내부에서의 집단 감염사태로 대구 경북지역의 교회들의 상황이 급격히 어려워짐에 따라, 마스크 지원과 임대료 지원을 시행하였다. 또한 사회적 거리두기 시행에 따라 주일 예배에 참석하는 성도의 수가 급감하고 있는 미자립교회들의 재정적인 어려움을 돕기 위해 수도권 지역을 중심으로 임대료 지원을 시행하였다. 아울러 코로나19로 재정이 악화되어 긴급 시설 보수가 시급한 경우와 어려움에 처해 있는 교회(전국적으로 12개 교회)를 선정하여 시설 보수 지원과 장비 교체 등으로 섬김을 진행하였다.

⚒ 국내교회 긴급 지원

목적 및 개요

코로나19 기간 동안 어려움을 겪은 곳이 늘어났다. 특히 성도수가 적은 작은 교회들부터 챙겨야 했다. 취약계층, 사회적 약자들은 고강도의 사회적 거리두기로 시간이 갈수록 점점 어려움에 직면했다. 우선 대구 경북지역의 교회부터 시작하여 긴급 보수가 필요한 교회를 차례차례로 선정하였다.

세부 진행 사항

대구경북지역 4개 교회에 마스크 지원

도산교회, 화곡교회, 풍천교회, 내림교회

경북지역 6개 교회 임대료 지원 총 300만 원(교회당 50만 원)

도산교회, 화곡교회, 풍천교회, 샛별교회, 내림교회, 사랑의교회

수도권 지역 15개 교회 임대료 지원 총 450만 원(교회당 30만 원)

들샘교회, 별처럼교회, 사랑의빛교회, 생명샘교회, 예수함께교회,

향유교회, 큰영광교회, 은혜교회, 하늘동산교회, 강남벧엘교회,

깊고너른교회, 참소망교회, 안디옥열방교회, 하늘열린교회, 함께하는교회

2020년

01.29.	02.19.	04.08.
들샘교회 시설 보수 지원	충북옥주교회 시설 보수	선한이웃교회 시설 보수

06.17.	05.06.	04.29.	04.22.
철암남부교회 냉난방기 교체	묵곡교회, 원흥교회, 사랑나무교회 시설 수리	삼계교회 시설 보수, 새언약교회	원흥교회 시설 지원, 장흥봉림교회 학비 지원, 고마교회 시설 지원

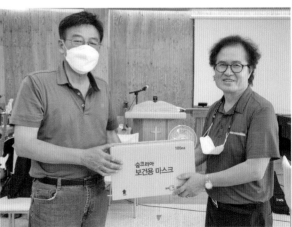

국내 12개 교회 시설 보수 및 장비 교체 지원 총 32,396,000원

2020.01.29. :   2,000,000원 들샘교회 시설 보수 지원

2020.02.19. :   2,000,000원 충북옥주교회 시설 보수

2020.04.08. :   10,076,000원 선한이웃교회 시설 보수 /

            68,000원 선한이웃교회 탐방 / 99,000원 선한이웃교회 미팅

2020.04.22. :   1,000,000원 원흥교회 시설 지원 /

            1,000,000원 장흥봉림교회 학비 지원 / 2,000,000원 고마교회 시설 지원

2020.04.29. :   2,000,000원 삼계교회 시설 보수 / 1,000,000원 새언약교회

2020.05.06. :   1,000,000원 묵곡교회 / 7,249,000원 원흥교회 /

            203,500원 사랑나무교회 시설 수리

2020.06.17. :   2,700,000원 철암남부교회 냉난방기 교체

📝 평가

2020년 당시와 같은 예기치 못한 긴급한 도움이 필요한 교회들에 대한 대응의 핵심은 신속함과
명확한 지원내용에 있다고 볼 수 있다. 당시의 국내선교부에서의 대응은 신속한 결정과 대응을
통해서 지원된 마스크와 재정 지원은 대구 경북지역의 열악한 미자립 교회들에 시의적절한 도움이
되었을 것이다.

또한 예배 상황 변화에 따른 어려움의 대표적인 대상인 수도권 지역의 상가교회들에 대한
재정 지원은 적절한 대상 지원 발굴의 좋은 사례이다.

미자립교회
지역을 살리는
장터를 열다

장기화되는 코로나19 방역상황에 따라서, 2021년부터는
일시적인 지원보다는 좀 더 장기적이며 확장 및 발전 가능성이
큰 방법을 강구해야 했다. 코로나19는 사회적 약자들의
생존기반이 더 흔들렸다. 인구가 감소하고 있는 농어촌 교회의
재정은 교회의 존폐 위기로까지 몰아가고 있었다. 그들을
지원하기 위해 소망교회에서는 장터를 열었다. 그중에서도 특히
미자립교회를 돕기 위한 방법으로 미자립교회 지역 주민들의
농작물을 온·오프라인으로 판매와 구매를 연결을 해주는
이음마을/이음장터 사역을 시행하였다.

이음장터 현장

2021.11.16.
기적의 55번가
바자회

2022.04.16.
이음마을 온라인 장터
판매 시작(오프라인
상설 판매 병행 시행)

2022.05.15.
"소망모아
희망나눔"
오프라인 장터

2022.11.27.
이음마을
추수감사 바자회

🏪 이음마을/이음장터

목적 및 개요

농어촌 교회를 살리기 위해서 온라인 직거래 장터를 운영하여, 농어촌교회에 직접 키운 농작물 등을 판매하며 해당 교회 성도님들을 포함한 지역 주민에게 경제적 도움뿐 아니라, 이를 통한 농어촌 선교 활동에도 도움을 줄 목적으로 시행되었다.

세부 진행 사항

이음마을

● **목적** : 농어촌 교회를 살리기 위해서 온라인 직거래 장터를 운영하여, 농어촌교회에 직접 키운 농작물 등을 판매하며. 해당 교회 성도님들을 포함한 지역 주민에게 경제적 도움뿐 아니라, 이를 통한 농어촌 선교 활동에도 도움을 줄 목적으로 시행되었다.

● 온라인 장터 사이트 구축 및 운영

● **사이트 주소** : http://xn--hz2bq0wwa3n.kr/index.asp

　(구축 및 관리는 웹촌 업체에 일임하여 매월 비용 727,100원 지급)

● 미자립 교회 목사님의 명의로 상품을 사진과 함께 특성도 등록하여 사이트에 상품과 해당 지역 교회 이름과 목회자 이름도 게시하였다.

● 구매자가 해당 상품을 확인 후 온라인으로 주문하며 배송받으며, 목회자 명의의 계좌로 대금을 이체하여 상품 비용을 지급하였다.

● **상품 등록 교회 수 및 상품 수** : 40여 개 교회의 90여 개 물품 등록 및 판매를 실시하였다.

'이음마을'
온라인 장터 사이트
구축 및 운영

이음장터

- **목적** : 농어촌교회 지역주민들과 성도님들과의 온라인 직거래 장터인 이음마을 사이트 홍보 및 활성화를 위한 오프라인 행사 필요성이 대두되었다.
- 이음장터라는 이름으로 오프라인 바자회 총 2회 시행 하였다.(2021년 11월, 2022년 6월)
- 소망교회 제2교육관 앞뜰에 매대를 설치하여 매회 주일 하루 동안 운영했다.
- **운영수익** : 상품 제공한 해당 교회 목회자에게 직접 전달했다.

📋 **평가**

> 미자립교회 지원은 이전에 시도된 적이 없던 새로운 방법이었다. 미자립교회 출석 주민들에 대한 직접적 도움과 주변 지역 주민들에게 도움을 줌으로써 교회 이미지의 제고에 기여할 수 있는 방법임을 좋게 평가할 수 있었다. 특히, 코로나19 상황으로 단절된 지역주민과의 소통을 지역 농작물 대행 판매라는 방법으로 그 길을 열어준 것은 성과라 할 수 있다.

✏️ 제언

국내 교회 긴급 지원

코로나19와 같은 긴급 상황에서는 도움을 필요로 하는 교회와 기관의 구체적 내용에 즉각적인 반응이 제일 중요하며, 이러한 일시적이면서 단편적인 지원을 온라인 시스템화하려는 시도는 계속적인 운영의 필요와 효과에 의문이 제기되어 보다 신중한 접근이 필요했었다고 평가된다.

이음마을/이음장터

코로나19 등 일시적인 재난상황에서 이미 생산된 농산물의 판매를 성도님들에게 연결해 주는 사역은 참 보람 있는 사역이었다.

다만 일부 인기 없는 품목은 장기간의 적체로 대금 지불에 애로가 있었으며, 지속적으로 운영하기에는 경쟁력 없는 품목의 경작을 부추길 수 있는 면이 있다. 품목 선정과 한계 가격을 제시하는 등 세세한 검토가 필요하였고, 단순히 돕겠다는 생각으로 시작되었지만 지속적인 운영은 어렵다고 검토되었다.

...라로 그 아가기 원하오나 즉 ...의
...되심으로 역사하시기 원합니다.
아버지, 이웃의 ... 불편까
...드려 ... 으로 용서를 구합니다.
...한 공동체 영력인 지도자들의
...된 ...선수법으로 ...를 안해
...편리 안 도록 ... 이용하도
...록하옵소서.

...수의 ...가 ...
... 보험사의 ...을 보고도 ...
힘 없이 바라만 바라볼 ...
나의 ... 빠지시럼은 보면서도 ...
보고만 눈물만 흘리고 있었습니다
죄인을 불쌍히 보소서. 죄인의
불신앙과 게으름을 용서하...
아버지, 오늘도 ... 백을 ...
... 나 ... 사랑하 ~ 예수님. ...

하나님!

교회에 나가 예배 드리는 것이
...나츠 축복이 사는 것을 새삼 더
깨닫게 됩니다.
김경원 목사님을 마주 하며 드리는
주일예배, 올 ... 축구를 모두
...

부활절에는
꼭!!

소망편지
채이팀♡

예배드...

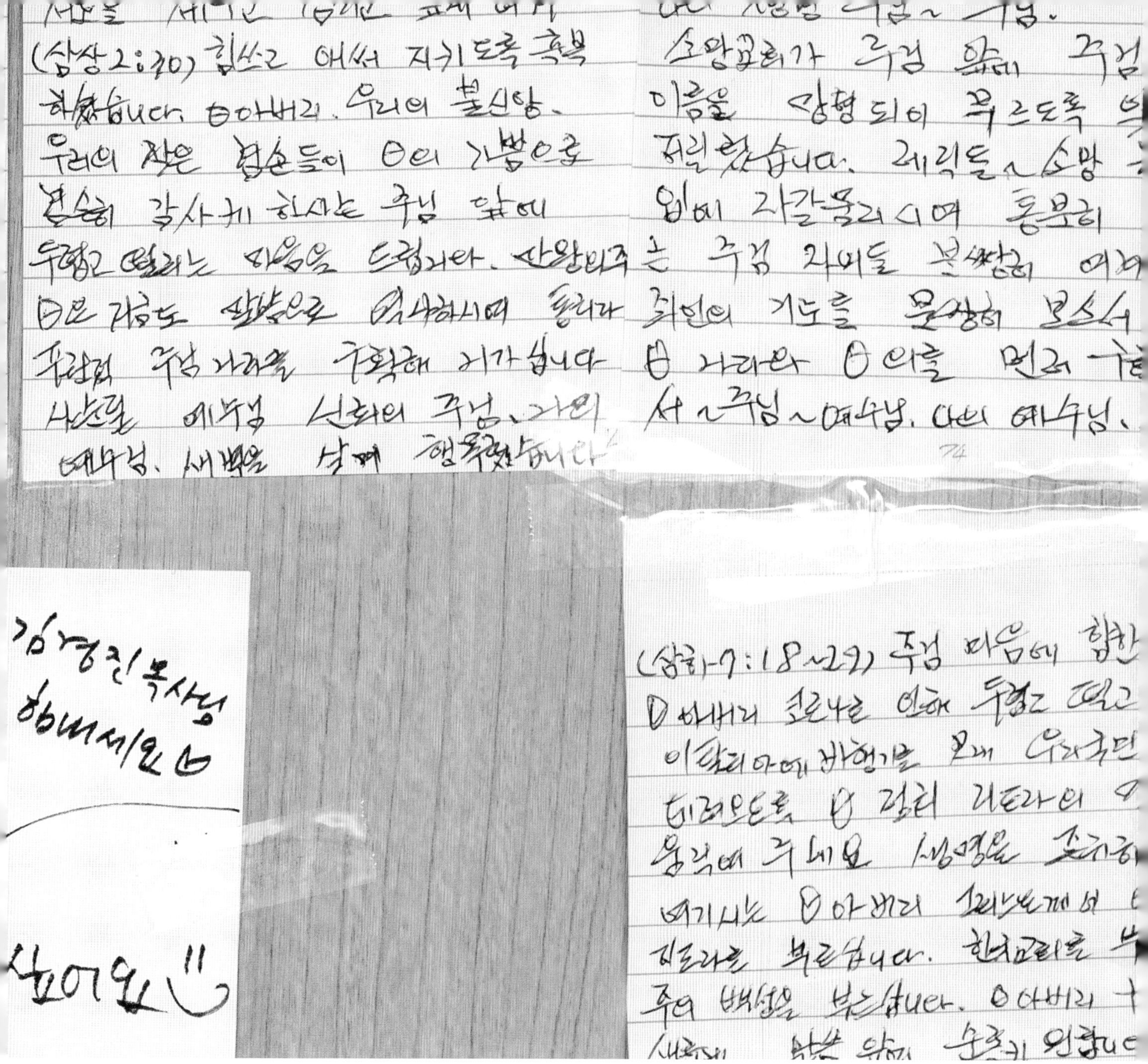

코로나19, 소망 성도의 열일곱가지 소망

소망교회 간증&수기

환란 앞의 믿음

임순호 장로
2020년 서기장로

한 번도 경험해 보지 않은 세상이었다. 2019년 말 우한 폐렴으로 시작된 신종 코로나바이러스 감염증(COVID19)은 2020년에 들어서며 전대미문의 전염성과 그 후유증으로 우리의 일상을 혼란과 공포로 완전히 뒤바꾸어 놓았다.
국가와 도시의 폐쇄, 사회적 거리두기, 위기경보 수준, 질병관리본부, 코호트 격리, 공적 마스크 그리고 교회에도 비대면 예배, 교인 출입증, 교회 집합 제한 명령, 드라이브인 투표 등... 익숙치 않은 용어들을 접하면서, 한편으로는 환자와 사망자의 급증, 백신 및 치료제 개발의 지연과 방역정책의 시행착오로 이 환란의 끝은 어디인가 불안해하는 나날이 수년간 계속됐다.

2020년도 당회 서기를 맡았다. 신년하례회로 순조로운 한 해를 맞이하는가 했는데, 2월 겨울 성경학교 및 수련회가 취소되었으며 2월 당회에서는 제직부서 및 공동체 모임을 중단하기로 결정하게 되었다. 이어서 온라인 당회를 결의를 통해 교단 최초로 2월 23일부터 주일예배, 새벽기도를 비롯한 모든 예배를 전면 비대면(온라인)으로 드리게 되었다.
삼일절 예배 대표기도 자리에서 텅 빈 예배당을 보며 눈물이 터져 나왔다. 성도 없는 예배당에서 홀로 강대상을 지키시는 담임목사님의 마음은 얼마나 비통할까... 전쟁 중에도 이런 예배를 드린 적 없는 우리들인데...

신천지 집회에서 집단 감염이 창궐한 일이 언론에 보도되며 그 이기성과 비사회적 오만에 대해 세상은 이단과 정통교회를 막론하고 기독교를 향해 거칠고 원색적인 비난을 퍼부었다. 역사를 통해 교회들이, 성도들이 이 나라를 위해, 민족을 위해 매일 중보하며 이웃을 향해 헌신해 왔는데... 설상가상으로 대면 예배의 중단을 두고 기독교계 내에서는 많은 충돌과 비판이 이어졌다. 내적 갈등이 표면에 나오기 시작했다.

교회는 하나님의 거룩하심을 본받아 세상의 본이 되어야 하고 이웃의 생명과 건강을 지키며 기쁨으로 섬기는 사회의 건강한 공동체이어야 한다고 생각한다. 우리도 사회의 모든 생명의 창조주이시고, 온 세상 만물을 다스리시는 하나님!
코로나19 감염사태 앞에서 저희가 한없이 작음을 느낍니다.
중단한 적 없는 회중 예배를 중단했으며, 교회 안에서도 감염 확진자가 발생하고
있습니다.
주님만이 이 혼란과 공포 속에서 모든 것을 회복시킬 구원자임을 믿습니다. 이 환란 중
저희에게 주시는 하나님의 마음을 바로 보게 하옵소서.

비어있는 예배당을 보니 참으로 마음이 아픕니다. 사랑하는 성도들과 마음껏
찬양하며 드리던 주일예배가 그립습니다. 하지만 하나님, 환란 중에서도 지혜와
믿음을 주셔서 예배가 중단되지 않게 하셨으며 오히려 예배의 소중함을 더욱 절실하게
느끼게 하시니 감사합니다. 가정예배의 귀함을 새로이 알게 하시니 감사합니다.
각자의 삶의 자리에서 온 가족이 모여 같은 시간, 같은 마음으로 주님을 경배하며 주신
말씀을 통해 살아계신 여호와 하나님의 임재하심을 경험하게 하옵소서.

-임순호 장로 기도 중에서-

일원으로 책임과 의무를 다해야 한다.

　　　　소망교회는 '복음의 생명으로 세상을 아름답게 하는 성령의 교회'를
추구한다. 우리의 예배는 중단되지 않았으며 오히려 이제는 코로나19 이후 시대의
목회 방향을 다양하게 연구할 의미 있는 시점으로 받아들여야 한다. 특별히 교회학교
집회가 중단되며 가정예배의 중요성이 부각되었다. 믿는 부모들에게는 가정에서의
신앙 전수에 사명을 가져야 한다. 다음 세대로의 신앙 계승을 위해 교회가 심각히
고민해야 할 시점이다.

　　　　당회는 3월 1일 첫 온라인 헌금과 부활절 예배 헌금 전액을 코로나19 감염에
어려움을 겪는 거점병원들에게 시설과 장비 지원을 하였으며, 온라인예배를 하기
어려운 자립 대상 교회, 다문화교회, 해외 교민 교회를 위해 지원하기로 결의했다.
질병관리본부의 병상 부족을 보고 곤지암 소망수양관을 생활치료센터로 제공하기로
결정했다. 모두가 힘들고 어려운 시대, 소망교회가 실천한 이 같은 작은 섬김을
통하여 한국교회의 대 사회적 신뢰가 점진적으로 회복되기를 바라며.

고난의 시간을
걸어가는 우리에게

박경희 장로
2023년 서기장로

코로나19 바이러스가 기승을 부리던 2020년, 격리 기간은
길어지고 사회는 지쳐가고 있었다. 움직이면 부담이 되고
모이면 위험한 상황 속에서 대안을 마련하고 대처하며
전진하던 패턴이 이번엔 통하질 않았다. 코로나19 사태를
한마디로 표현한다면 '단절'이었다. 굳게 닫힌 예배당 문을
어루만지며 하염없이 서서 기도하는 성도님들을 보며
유대 백성들이 포로 생활 중에 하나님 앞에 제사드릴 수 없어
바벨론 강가에서 시온을 생각하며 울었던 것을 기억했다.
우리에게 울며 씨를 뿌리는 시간이 필요했다.

2020년 3월 1일 주일 예배를, 사상 첫 온라인예배로
드리고 온라인으로 입금된 주일 헌금 전액을 코로나19
감염병의 피해가 가장 큰 대구 경북지역에 기부하면 좋겠다는
안건을 담임목사님께서 주셔서 당회원 모두 동의, 결의하여
주일 헌금 전액을 대구 경북지역에 기부하였다.

사상 첫 온라인예배 헌금이라는 의미가 있었다.
이 일 이후로 사회적 약자와 재난 당한 곳, 작은 교회 돕기가
계속되었다. 이웃을 내 몸과 같이 사랑하라는 하나님의 말씀과
함께 이 땅에 사랑을 흘려보내는 절실한 마음을 담아 우리는
조금씩 회복해 가기 시작했다. 목사님의 리더십과 함께 현재
우리가 해야 할 일이 무엇인지 알았기 때문이다.

이후 매주 가족들이 한 번씩 다 함께 모여 식사했다.
해외 출장도 갈 일이 없고 식당 문을 닫아 갈 곳도 없어
가족들이 토요일마다 집에서 모이는 일을 6개월 이상
계속하니 그동안 분주하게 살아가던 일들을 내려놓고 가족이
함께 있음이 얼마나 소중한지 깨닫는 시간이었다.

코로나19 4차 대유행으로 다시 예배당의 문이 닫혔을
때였다. 어려운 시기에 성경 쓰기 하며 은혜받으시면 좋겠다고
어느 권사님이 '밑 글씨 성경 쓰기'를 보내주셨다. 오랜만에
성경 쓰기를 하니 오래전 아버지가 몇 년 동안 직접 손으로
쓰신 신구약 성경을 제본하셔서 자녀들의 집으로 보내주셨던

2020년 3월 1일 주일 예배를, 사상 첫 온라인예배로 드리고 온라인으로 입금된 주일 헌금 전액을 코로나19 감염병의 피해가 가장 큰 대구 경북지역에 기부하면 좋겠다는 안건을 담임목사님께서 주셔서 당회원 모두 동의, 결의하여 주일 헌금 전액을 대구 경북지역에 기부하였다.

사상 첫 온라인예배 헌금이라는 의미가 있었다. 이 일 이후로 사회적 약자와 재난 당한 곳, 작은 교회 돕기가 계속되었다. 이웃을 내 몸과 같이 사랑하라는 하나님의 말씀과 함께 이 땅에 사랑을 흘려보내는 절실한 마음을 담아 우리는 조금씩 회복해 가기 시작했다. 목사님의 리더십과 함께 현재 우리가 해야 할 일이 무엇인지 알았기 때문이다.

것이 생각났다. 당시 여든이 넘으신 아버지의 살아오신 삶의 이야기가 담긴 신앙의 유산이었다.

2021년 3월 말 새벽기도 시간 사도행전의 대장정을 마쳤다. 누가는 우리가 궁금해하는 것을 다루지 않았다. 가이사에게 상소한 내용도 없고 바울이 영웅적으로 그려지지도 않았고 그의 순교도 다루지 않는다. 그러나 '유대인을 향한 복음 전파를 멈추지 않고 유대인을 향한 끈질긴 시도가 마지막 부분에 있었다'라고 목사님은 말씀하셨다. 사도행전을 마치던 바로 전날 케냐 이광호 선교사님이 코로나19로 인해 돌아가셨음을 알았다. 목숨 걸고 복음을 전하는 선교사역이 지금까지 계속되고 그 끈질긴 시도가 하나님의 역사임을 다시 한번 깨달았다. 선교사님이 돌아가심은 코로나19가 우리에게 남긴 깊은 상처이기도 하다.

세상 풍경 중에서 가장 아름다운 풍경은 모든 것들이 제자리로 돌아가는 풍경이라고 했다. 포로기를 지나 집으로 돌아가는 이스라엘 백성과도

같은 시간 3년 동안의 길고도 힘들었던 시간을 보내고 우리는 지금 제자리로 돌아오고 있다.

2023년 1월 1일 주일 설교에서 담임목사님은 신앙의 점프가 일어나는 새해 '퀀텀점프'에 대해 말씀하셨다. 연속적으로 발전하는 것이 아니라 계단을 뛰어오르듯 훌쩍 뛰어오르는 것, 어떻게 우리가 도약할 수 있을까? 정의로운 교회로 바뀌는 것이다. 그리고 교회는 삶과 신앙, 사회생활에 균형이 잡힘은 물론 세상보다 질적으로 수준이 높아야 한다는 생각이다. 사람이 가진 감성의 힘 가운데 가장 강한 것이 희망이 아닐까? 희망은 고난을 이길 수 있는 대안이기 때문이다. 고난의 시간을 걸어가고 있는 우리에게 하나님께서 말씀하신다.

"여호와의 말씀이니라 너희를 향한 나의 생각을 내가 아나니 평안이요 재앙이 아니니라 너희에게 미래와 희망을 주는 것이니라" 예레미야 29:11

숨 가빴던
코로나19
대응방안

사무처장 이창식 집사

아직도 그날을 생생하게 기억한다. 사태의 심각성을 예견한 '한 사람'과의 만남 때문이다. 2020년 1월 25일 토요일 담임목사님으로부터 집무실로 급히 와달라는 전갈을 받았다. 사태가 심각하게 느껴지니 급히 비상 대책을 수립해 달라고 요청하셨다. 막막했다. 우한폐렴에 대해 아는 지식도 없고 그때까지 코로나19는 신문 지상을 통해 벌어지는 다른 나라 남의 이야기였기 때문이었다. 1월 26일 주일 근무를 마치고 1월 27일 월요일 집에서 쉬는 날 보건복지부 홈페이지에 접속했다. 그날 질병관리본부의 단계별 위기 경보(관심→주의→경계→심각의 4단계)가 주의에서 경계로 격상되었다. <격상>은 국내 유입된 해외 신종 감염병이 제한적으로 전파되는 것을 뜻하며, <심각>은 전국적 확산을 뜻했다. 다급함이 느껴졌다. 빠르게 움직여야 했다.

밤샘 작업 끝에 <소망교회 신종 코로나바이러스 단계별 대응책> 초안을 수립했다. <경계>-<심각>-<국가비상사태>의 3단계로 이루어진 대응책에 단계별 세부 대응 방안을 마련했다. 시간이 없었다. 1월 28일 화요일 담임목사님, 1월 30일 목요일 기획 위원회, 2월 5일 수요일 당회까지 교역자와 시무장로 전원의 만장일치 결의가 이루어져 신속한 조처를 할 수 있었다.
<경계 단계>인 2월 1일부터 매주 토요일 전문 방역업체를 통해 전 교회 시설물에 방역을 실시하고, 손소독제 및 일회용 마스크를 사전에 대량으로 구입하여 전 시설물에 비치를 했다.
<심각 단계>에는 예배 모임 연기 또는 중지, 교회 시설물 출입 제한, 식당 사용 제한, 예배 중 환자 발생 시 조치사항, 온라인예배 시스템 전환 등을 검토해 놓았다.
<국가비상사태 단계>에서는 주요 예배 중단, 교회 시설물 출입 금지, 소망수양관 객실 운영 중단, 식당 운영 중단, 온라인예배 시스템으로 전환하기로 했다.

소망교회는 매뉴얼대로 신속하게 움직였다. 2월 5일 당회에서 제직 부서 및 공동체
모임 중단 결의, 2월 7일 임시기획위원회에서 식당 운영 중단, 2월 22일
임시기획위원회에서 주일 저녁예배 및 수요 저녁예배의 온라인 전환을 결정했다.
운명의 2월 23일이 왔다. 드디어 방역당국에서 코로나19의 단계를 최종 단계인
〈심각 수준〉으로 격상시켰다. 소망교회는 매뉴얼에 준비된 대로 온라인 임시당회를
열어 주일예배/새벽기도회를 온라인예배로 전환하는 결정을 차분히 내릴 수 있었다.

소망교회에서 단계별 대응 방안에 따라
준비하고 있는 동안에 코로나19 바이러스는
쉬지 않고 더 빠르게 전파되어 나갔다. 1월 30일
세계보건기구(WHO)에서 신종 코로나바이러스
비상사태를 선언했고, 2월 1일 신문과 방송에서
전염병이 지역사회에 전파되고 있다고
대서특필했다. 심지어 3번 확진자가 소망교회
인근 모 음식점에 친구들과 저녁식사를 했고
이 과정에서 친구가 감염되었고 이 친구에 의해
또 다른 사람들이 감염되었다고 했다. 소망교회
인근이 지역사회 감염의 첫 감염지가 되었던
것이다.

소망교회는 매뉴얼대로 신속하게
움직였다. 2월 5일 당회에서 제직 부서 및 공동체
모임 중단 결의, 2월 7일 임시기획위원회에서
식당 운영 중단, 2월 22일 임시기획위원회에서
주일 저녁예배 및 수요 저녁예배의 온라인 전환을
결정했다. 운명의 2월 23일이 왔다. 드디어
방역당국에서 코로나19의 단계를 최종 단계인
〈심각 수준〉으로 격상시켰다. 소망교회는

매뉴얼에 준비된 대로 온라인 임시당회를 열어
주일예배/새벽기도회를 온라인예배로 전환하는
결정을 차분히 내릴 수 있었다.

그 후 많은 교회에서 도움 요청이 왔고
기쁜 마음으로 도와주었다. 코로나19 기간 중
소망성도들의 믿음의 저력을 느낄 수 있었다.
닫힌 본당 정문에 모여 찬송하고 기도하는
권사님들, 본당 문 밑으로 헌금 봉투를 넣고
가시는 분들, 하룻밤 자고 나면 본당 정문은
기도문으로 빼곡했다. 코로나19가 종식되면
코로나19 백서가 발간되리라는 막연한 생각에
기도문들을 모아 두고 있었고 이번 백서 발간
TF팀에 증정했다.
소망교회는 그 '한 사람'으로 인해 코로나19 중에
한국교회를 리딩 할 수 있었다. 우리 모두가
그 '한 사람'이 되기를 간절히 소망한다.

코로나19에도 멈추지 않은 권사회 사역

연혜숙 권사
2022년 권사회 회장

"코로나19 확진입니다. 일주일 격리하세요."

나는 2022년 12월 29일 코로나19 양성 판정을 받았다.
순간 "휴~다행이네! 지금이면 괜찮아" 했다.
한 치의 오차도 없으신 주님께서는 코로나19로부터 2년간
지켜 주셔서 권사회 부회장과 회장의 직분을 마치게 하셨으니
정말 다행이라는 생각이 제일 먼저 들었다. 또 12월 23일
신혼여행에서 막 돌아온 아들 며느리에게 맛난 밥도 차려
주게 하심도 감사하고, 올해 마지막 수요예배 참석도 하고
소망교회를 떠나시는 부목사님과 작별 인사를 할 수 있었던
것도 참 감사했다.

그런데 병원에서 나와 파란 하늘을 찡긋 흘겨보며
중얼중얼하면서 입꼬리를 올리며 혼자 웃었다.
"주님~ 이제야, 저에게 코로나19를 허락하신 것은 격리되는
동안 저에게 좀 쉬라고 하시는 거지요?" 혹시 장막 문에서
웃은 사라도 이런 모습이었을까요?

권사회 총무님은 11월 말 코로나19를 앓고 여윈 얼굴로
"회장님, 저는 하나님께 회개했어요"라고 말했다. "왜요?"
10월 중순부터 시작된 5주간 신임 권사 매주 교육은 물론
1년을 동분서주 날아다니며 책임을 담당하던 몸과 마음이
너무 지쳐서 "주님~ 제가 지금 코로나19 걸리면 집에서
일주일은 자가격리로 쉴 수 있겠지요?"라고 살짝 마음에
품었다고 한다. 우리 주님은 마음에 품은 것조차도 감찰하시고
살피셔서 결국 총무님은 연말 제일 바쁜 총회 직전에
코로나19로 일주일간 공식적인 격리 휴가를 받았다.
코로나19 걸려 쉬고 싶었다니 어이가 없었지만 오죽하면…
회장인 나로서는 그저 안쓰럽고 미안하고 사랑스러워서
꼭 안아주고 싶었다.

코로나19로 교회의 모든 문이 닫혔으니 당연히 권사회
사역도 멈춰야 마땅했지만 각 부서들의 사역은 멈추지 않았다.
1월 5일 수요일 오후 5시에 권사회 기도회는 다중 영상

코로나19 기간 물과 차를 마실 수 없도록 조치한 권사회 연속 기도실에 생수를 줄까, 주면 마스크를 벗게 되니 안 되지, 갈등하다가 '에잇, 작은 생수라도 슬쩍 주라고 할까.' 결정 장애 회장이 되어 밤새워 뒤척였다. 철야 6시간을 마스크를 쓰고 물도 없는 상황에서 연속 기도실은 시간 공백 없이 권사님들의 기도로 채워졌다. 답답하고 목이 마르지만 서로 불평 없이 배려하고 섬기는 모습이 정말 감동 그 자체였다.

줌 기도회로 첫 출발을 시작했다. 인터넷을 통해 각 가정에서 줌 기도회를 시작한다는 것은 불확실한 시도였다. 하지만 첫 기도회에 100명이 훨씬 넘는 권사님들이 참여했고 점차 300명이 넘는 권사님들이 각자의 골방을 찾기 시작하셨다. 음악부 차장과 찬양 팀의 찬양으로 기도의 문을 열었고 유지미 목사님의 말씀과 개인과 가정, 교회와 목사님, 권사회, 나라와 열방, 아픈 성도를 위해 기도회를 인도하실 때 개인마다 골방에서 찬양하고 통성 기도로 성령님의 임재를 체험하며 뜨거운 눈물로 기도했다는 간증이 곳곳에서 들려왔다.

코로나19 기간 물과 차를 마실 수 없도록 조치한 권사회 연속 기도실에 생수를 줄까, 주면 마스크를 벗게 되니 안 되지, 갈등하다가 '에잇, 작은 생수라도 슬쩍 주라고 할까.' 결정 장애 회장이 되어 밤새워 뒤척였다. 철야 6시간을 마스크를 쓰고 물도 없는 상황에서 연속 기도실은 시간 공백 없이 권사님들의 기도로 채워졌다. 답답하고 목이 마르지만 서로 불평 없이 배려하고 섬기는 모습이 정말 감동 그 자체였다.

예배 안내하는 안내 위원은 주보를 나눠 줄 때 비닐장갑을 껴야 했는데 날씨가 더워지면서 장갑 속에 습기가 차서 주부습진에 걸린 사람처럼 고생을 해야 했고, 조의부 차장은 각 병원 장례식장과 월조 권사 버스 승하차 장소, 발인장, 화장실의 노선을 머리를 조아리고 그림을 그려가며 언제 오프라인이 되어 사역할 수 있을지를 준비해야 했다. 코로나19로 아픈 실행 권사에게 안부전화를 하면 대부분 첫마디가 "회장님 죄송해요"였다. 나는 그 말에 마음이 너무 아팠다. 코로나19 걸린 게 왜 죄송한가, 많이 아프고 힘들 텐데… 결국 그 말은 사역이 우선이고 그의 나라가 우선인 그분들의 신앙 고백이라고 생각한다.
우리는 사나 죽으나 주님의 것이며 주님의 권사입니다. 사랑합니다.

코로나19로 배운 것들

중등1부 성다은 학생

'코로나19', 아마 전 세계 기억 속에 남는 충격적이었던 역사가 될 것이다. 코로나19가 처음 시작되었던 해에 나는 초등학교 6학년, 13살이었다. 그 당시 소년부에서 찬양팀으로 섬기고 있었다. 그런데 코로나19로 인해 갑자기 온라인예배로 바뀌면서 가장 좋아하던 교회 활동들 중, 찬양팀으로 섬기는 것과 친구들과 함께 예배드리는 것이 내 일상 속에서 사라져버렸다. 주일 아침마다 기쁘고 설레는 마음으로 교회 갈 준비를 하던 나에게 충격적인 사실로 다가왔다. 코로나19 기간 동안 근 2년 동안 집에서 예배를 드리고 온라인으로 분반공부를 진행했다. 사람이 처한 '상황'이라는 게 많은 것을 변화시키는 것 같았다. 하나님을 예배하고 찬양하는 마음만은 변하지 않았지만, 예배에 임하는 자세가 나도 모르는 사이 조금씩 변화하기 시작했다. 예배 중 핸드폰을 보는 것을 가장 한심하게 생각했던 내가 노트북으로 예배를 드리며 집중이 안 된다는 핑계로 유튜브를 봤다. 한 번 그 재미에 빠지니 예배를 드릴 때마다 반복되었다. 2022년을 시작하는 첫 예배를 교회에서 많은 사람과 함께 드렸다. 오랜 기간 보지 못했던 교회 친구들과 선생님들도 오랜만에 뵈어서 반가웠다. 하지만 은혜와 믿음으로 가득 찬 예배당을 오랜만에 봐서 그런지 솔직히 좀 낯설었다. 내 안에

잠재되어 있던 것이 다시 깨어나는 순간적인 느낌을 받았다. 2년 동안 잠시 쉬었던 찬양팀 활동도, 새로운 장소에서 새로운 사람들과 다시 시작했다. 앞에 나와서 사람들에게 밝은 에너지를 전파하며 '같이 찬양하자'라는 메시지를 전달하는 활동을 해 기뻤다.

온라인으로 수련회를 하기는 쉽지 않았다. 온라인 수련회라기보다는 교회 분반 시간에 하는 미션활동 같은 느낌이었다. 개인적으로 수련회를 정말 좋아한다. 수련회라는 것이 주는 분위기라는 것이 있다. 하나님의 귀중한 자녀라는 공통점이 있다 보니 아무래도 내적 친밀감이라는 것이 생긴다. 이러한 사람들과 한 공간에 모여 회개의 눈물을 흘리고 하나님과 진심으로 대화하고, 중보의 기도를 해주는 시간을 가지는 것. 1년에 두 번이지만 나에게는 그 두 번이 정말 소중했다. 그래서 코로나19 기간 중 교회 활동에 있어서 가장 아쉬웠거나 힘든 점을 고르라고 하면 '수련회를 못 가는 것'이라고 답할 것이다. 3년 만에 가는 교회 수련회는 나에게 큰 의미였다. 하나님과 더 가까워지는 시간이었고, 더 깊고 따뜻한 대화를 나눌 수 있었다. 2020년 코로나19라는 다소 힘들고 어려운 산을 주셨으나, 과정 중에 익숙하지 않은 일들로, 처음 겪는 일들로 혼란을 겪게 하셨으나, 그 끝에 결국 하나님의 은혜로 기쁨과 자유를 만끽할 수 있는 참된 소망을 받았음에 진심으로 감사하다.

'온통기쁨' 안에 가득 채워진 기쁨

세상이 멈추어 버린 것 같은 코로나19의 시간은 너무나 낯설고 힘들었습니다. 모여 예배하던 우리가 떨어져 있어야만 하고 익숙하지 않은 랜선 속의 삶을 살며 이 안에서 어떻게 하나님께 더 가까이 갈 수 있을까 고민하는 두렵고 떨리는 시간이었습니다. 온라인 성경통독 '온통기쁨'은 코로나19 기간 동안 온라인 속에서 말씀을 붙들고자 하는 바램을 가지고 출발했습니다.

'온통기쁨'은 온라인상에서 몸은 흩어져 있으나 함께 하나님의 말씀을 읽으며 기쁨의 근원 되신 예수 그리스도의 말씀으로 삶을 채워가는 '온라인 성경 녹음 통독'입니다. 그동안 익숙했던 통독 방법이 아닌 소리를 내어 읽고 녹음하는 이 낯선 방법을 시작하며 처음에는 걱정도 많았습니다. 우리가 할 수 있을까? 스마트폰에 익숙하지 않으신 연세 많으신 교우님들도 하실 수 있을까? 시즌 1을 기도로 준비하며 한 영혼을 사랑하시는 아버지의 마음을 주셨습니다. 단 한 사람이라도 신청자가 있다면 그 한 사람을 위한 성경통독이 될 것이라 생각하며 목사님들의 인도를 따라 준비가 시작되었습니다. 녹음 통독이라는 낯선 일에 시즌 1에 139명, 시즌 2는 360명으로 생각보다 많은 교우가 신청해 주셨고, 두 시즌 모두 완주율 90%를 찍으며 4복음서와 바울서신을 함께 읽었습니다.

시즌 1에서 예측하지 못한 카톡 사고로 데이터 전송이 어려워졌을 때 녹음하신 파일이 안 올라가는데 어찌하냐며 안타까워하시는 참여자분들, 시험 기간과 겹쳐서 길게 밀려버린 녹음 통독 일정을 모든 조원이 교회에 모여 함께 소리 내어 읽어 낸 대학부 조원들, '온통기쁨'을 하며 성경 읽어주는 유튜브 계정을 열며 말씀에 대한 열정을 드러낸 청년도 있었습니다.

사순절에 시작한 시즌 2에서는 기계에 익숙하지 않은 권사님들이 함께 모여 기계 사용법을 배우고 익히고 연습하여 매일매일 정성을 다해 성경을 읽고 녹음하고, 외국에 출장을

김민정 권사
온통기쁨 팀장

그동안 익숙했던 통독 방법이 아닌 소리를 내어 읽고 녹음하는 이 낯선 방법을 시작하며 처음에는 걱정도 많았습니다. 우리가 할 수 있을까? 스마트폰에 익숙하지 않으신 연세 많으신 교우님들도 하실 수 있을까? 시즌 1을 기도로 준비하며 한 영혼을 사랑하시는 아버지의 마음을 주셨습니다. 단 한 사람이라도 신청자가 있다면 그 한 사람을 위한 성경통독이 될 것이라 생각하며 목사님들의 인도를 따라 준비가 시작되었습니다. 녹음 통독이라는 낯선 일에 시즌 1에 139명, 시즌 2는 360명으로 생각보다 많은 교우가 신청해 주셨고, 두 시즌 모두 완주율 90%를 찍으며 4복음서와 바울서신을 함께 읽었습니다.

가 있거나 먼 거리에 거주하면서도 시차에 맞춰 녹음본을 올리는 조원분, 집 안팎의 여러 어려운 상황 가운데서도 말씀을 놓지 않고 함께 읽어준 조원분들, 초등생 최연소 조원부터 70대 은퇴 권사님에 이르기까지 연령 불문 상황 불문 너무나 많은 감사와 기쁨의 증거들이 모아졌습니다. 이렇게 '온통기쁨' 안에는 은혜가 채워져 가고 있었지만, 제 개인의 상황은 사방에서 우겨 쌈을 당하는 것만 같은 상황이 계속되었습니다.

새해로 들어서자마자 회사는 한고비 넘으면 다시 한고비를 넘겨야 하는 일들이 생겨났습니다. 일 때문에 거래처와 화나고 억울한 일을 당해도 이삭의 우물 사건을 기억나게 하셔서 참고 한발 물러서라 하시는 말씀 따라 손해를 감수하고 물러섰습니다. 마음의 갈등도 많았습니다. 그렇게 마음도 몸도 영혼도 지치고 힘들었던 어느 날 늦은 저녁, 감기는 눈을 들어 그날의 말씀을 읽었습니다. "그러나 이 모든 일에 우리를 사랑하시는 이로 말미암아 우리가 넉넉히 이기느니라 그러나 내가 확신하노니 사망이나 생명이나 천사들이나 권세자들이나 현재 일이나 장래 일이나 능력이나 높음이나 깊음이나 다른 어떤 피조물이라도

우리를 우리 주 그리스도 예수 안에 있는 하나님의 사랑에서 끊을 수 없으리라(롬 8:37~39)"

주님의 말씀으로 위로와 힘을 얻습니다. 팀장이라는 맡은 자리가 아니면, 조장이라는 맡은 책임이 없었다면 어쩌면 중도에 포기했을지 모를 텐데, 맡겨진 자리의 책임 때문이라도 피곤으로 무너진 저녁에도 말씀을 읽어야 했고, 눈 뜨자마자 바쁜 아침에도 말씀을 녹음했습니다.

혼자 갔으면 넘어지고 끊어져 그만 주저앉았을 텐데 함께 가니 완주할 수 있었습니다. 때로 낯설고, 때로 어렵다고 느껴지는 온라인 세상 속에서 흩어져 있으나 같은 말씀을 읽어가며 우리는 그 말씀 안에서 하나가 되어 서로 위로하고 격려하며 때론 의지하며 또 다른 모습의 온라인 공동체를 만들어 갈 수 있었습니다. 앞으로 '온통기쁨'을 통해 예측할 수 없는 길을 맞이한 우리 모두가 온통 주님으로 인한 기쁨으로 가득 채워지기를 기도합니다.

온라인 지구 신설은 큰 기쁨

2015년 봄에 전립선암 수술을 받고 회복을 위해 그해 가을, 날씨가 온화한 경남 남해로 이사를 했다. 코로나19가 전 세계로 확산되던 2020년에 나는 만성신부전 3기를 진단받고 집중 관리에 들어가 있었는데 다시 암이 재발하여 한 달간 방사선 치료를 받았다. 나는 기존에 갖고 있던 심장병(협심증)과 재발한 암과 콩팥병까지 안고 살고 있었는데, 화불단행(禍不單行)이라고 두 여동생을 암으로 여의기까지 하여 상당히 마음이 불안한 상태였다.

한편 나와 아내는 남해에서 섬길 교회를 찾던 중 한 교회에 출석하기 시작했는데, 한 달이 채 되지 않아 교회 내에 분란이 일어나 소송으로 발전하는 것을 보고 다시 본 교회를 인터넷으로 섬기기 시작했다. 그렇지만 제도 밖의 온라인 섬김이 오프라인과 같을 수는 없는지라 아쉬운 점이 많았다. 중보기도도 그중 하나였는데 내 병치레가 잦아짐에 따라 아내는 남선교회 팀으로 함께 교유하던 분들께 연락을 드려 중보기도의 도움을 받고 있었다.

코로나19가 2년이 지난 2022년 3월에 교회는 온라인 지구를 신설했다. 코로나19로 인해 오프라인 집회가 제한받아 예배를 제대로 드릴 수 없는 등 한국교회는 큰 혼란과 시련에 직면해 있던 때였다. 그로 인해 양들 또한 큰 어려움에 봉착했고, 자연히 결집의 끈이 느슨해져 그런 일상 속으로 점차 젖어들고 있었다. 이때 온라인 지구 신설은 우리 부부에겐 너무나 기쁜 소식이었다. 너무 반가워서 즉시 이 지구에 가입해서 교회를 섬기기 시작했다. 온라인으로 소통하는 교우들과의 교제도 새로웠다.

정상기, 이영애 집사 부부
온라인 지구

실패에서도 배우는 것이 있으면 그것은 실패가 아니라고 한다. 지금도 완전히 소멸되지 않은 코로나19 사태는 인류에게 큰 불행이지만, 하나님은 지금 우리 교회와 사람들에게 앞으로 어떻게 살 것인지를 또한 묻고 계신다. 담임목사님은 설교 말씀을 통해 우리 각 성도가 유념하며 살아야 할 죽음과 삶의 문제를 명료하게 잘 풀이해 주셨고, 코로나19로 야기된 결속 이완의 문제를 온라인 지구 신설로 민첩하게 보완해 주셨다. 온라인 지구를 신설해 주신 교회에 크게 감사를 드린다.

매주 금요일마다 갖는 금요아둘람기도회와 구역예배를 통해 우리 부부가 받는 가장 큰 선물은 기도회 후반부에 지구 담당 목사님께서 병중이거나 어려운 일이 있거나 슬픔에 처한 성도들을 위해 일일이 기도해 주시는 일이었다. 또한 목사님은 성도들의 기도 제목들을 교회의 중보기도팀으로 전달받아 집중기도를 해주셨다. 내가 만성 콩팥병을 치료받는 중에도, 방사선 치료를 받을 때도, 두 질병의 후유증으로 변비와 탈장과 빈혈과 혈변으로 고통을 받을 때도 목사님은 울면서 기도해 주셨다. 당연하게 생각하던 세상의 많은 일도 상실해 보아야 그 가치를 절감할 수 있고, 이렇게 그 결손을 보충해 보아야만 일상이 소중함을 더욱 잘 깨닫는다.

실패에서도 배우는 것이 있으면 그것은 실패가 아니라고 한다. 지금도 완전히 소멸되지 않은 코로나19 사태는 인류에게 큰 불행이지만, 하나님은 지금 우리 교회와 사람들에게 앞으로 어떻게 살 것인지를 또한 묻고 계신다. 담임목사님은 설교 말씀을 통해 우리 각 성도가 유념하며 살아야 할 죽음과 삶의 문제를 명료하게 잘 풀이해 주셨고, 코로나19로 야기된 결속 이완의 문제를 온라인 지구 신설로 민첩하게 보완해 주셨다. 온라인 지구를 신설해 주신 교회에 크게 감사를 드린다.

———— 아내 이영애 ————

남편 정 집사의 건강 때문에 남해에 내려와 살고 있는데 교회가 멀리 있어서 마음이 갈급할 때가 참 많았습니다. 내려오던 해에 전립선암 수술을 하고 내려왔는데 만 6년째에 재발을 해서 방사선 치료를 하게 되었습니다. 일산 암센터에서 한 달 방사선 치료를 받고 내려왔는데 때마침 교회에서 멀리 있는 교우들을 위해 온라인 지구를 만드셨습니다. 그동안 혼자 참 많이 울었습니다. 담당 조성실 목사님과 허유빈 목사님이 직접 전화를 해주시며 정 집사의 아픈 병력을 들으시고 눈물로 함께 기도해 주시니 큰 힘이 되었습니다. 그동안 어떻게 견뎠을까요? 이곳저곳이 아픈 정 집사는 지금도 고통 중에 있지만 주님이 함께해 주시고 중보기도 팀도 큰 힘과 위로가 되고 있습니다. 만약 온라인 지구가 없었다면 우리 부부는 하루하루가 영과 육의 아픔의 연속이었을 것입니다. 예비해 주신 주님과 교회, 그리고 온라인 구역과 중보기도 팀에게 감사의 기도를 오늘도 매 순간순간 드립니다.

이유선 집사
예배부 실행위원

가장 감사한 은혜의 시간

코로나19가 한창이던 시기에 급작스럽게 폐암 3기 수준의 진단으로 폐암 수술을 받게 되었습니다. 왜 내게 이런 상황이 생길까, 원망 아닌 실망도 하였으나, 주님께서 걱정하지 말아라 내가 네 병을 발견케 하였고 치유해 줄 테니 걱정하지 말라는 주님의 음성을 들리는 듯하였습니다. 정말, 주님의 말씀처럼 전위도 없고 항암치료 없이 1년 4개월째(현재) 경과를 보고 있는 상태입니다. 전혀 걱정하지 않은 상태이며 이러한 코로나19 시기에도 수술받은 몸으로 예배부 차장으로 봉사를 계속할 수 있도록 해주신 하나님께 너무나 감사하였고 은혜였습니다.

교회 예배당의 문이 닫히고 예배당에서 예배를 드릴 수 없어 참담하였으나, 다행히 닫혔던 교회문이 열리며 성전에서 성도님들이 예배를 드릴 수 있는 상황으로 돌아오니, 성도들 맞이에 예배부 예배 준비 봉사자로서 누구보다 더 들뜬 마음이었습니다. 성도들의 소독과 체온검사 QR 체크 등 규정된 만반의 준비로 추운 겨울 날씨에도 성전에 예배를 드리러 오시는 성도님들을 본당 앞에서 맞이하는 제 마음은 참으로 엄숙한 마음이었습니다. 오랜만에 교회로 오시는 성도님들, 아직 어두컴컴한 새벽 1부 첫 예배를 드리러 오시는 성도님들을 맞이할 때 너무 기뻤고, 마음속엔 한없는 감사와 감격이 북받쳐 올라왔습니다. 성도님들과 인사하면서 주고받은 대화도 잊을 수 없습니다.

"이렇게 새벽같이 일찍 오시나요?"
"늦게 오면 인원 제한으로 성전에 못 들어갈까 봐서..."
"추운 날씨에 좀 따뜻한 3부나 4부에 오시지 1부에 오시나요?"
"나는 지금까지 첫 예배만 드렸다네, 예배당에서 첫 예배 드리는 게 얼마나 좋은지 아는가?"
"새벽 공기가 찬데 무리하시면서까지 일찍 오시나요?" (연로하신 어른)
"예배당 문이 열린다니 너무 좋아서 첫 예배에 왔네."

많은 성도와 대화를 나눴는데 기뻐하는 모습들이 너무 좋았고 감사하였습니다.

이때의 시기는 육적으로는 참 어렵고 힘들었으며 모두가 답답한 마음들이었지만, 저는 이때가 그동안(25년) 소망교회에 다니면서 가장 감사하고 은혜의 시간이었으며 많은 성도를 통해서 너무나 부족했던 믿음을 되돌아보고 반성하는 계기가 되었습니다. 추운울 코로나19가 불안하게 계속 이어지는 가운데서도 코로나19의 걱정에도 아랑곳 없이, 컴컴한 새벽에 누구보다 일찍 주님 뵈오려 성전 문이 열리기를 기다리시는 성도님을 생각하면 지금도 잊을 수가 없습니다. 성도님들의 모습에 저절로 고개가 숙어집니다. 이러한 믿음의 성도님들께서 소망교회 본이 되어 다음 세대로 이어가면서 소망교회는 참으로 믿음의 교회, 아름다운 교회, 영원한 소망교회로 지속 성장할 것입니다.

코로나19와 교회장

서병석 장로
2022~2023년 경조부장

코로나19는 일상생활의 많은 부분에 큰 영향을 끼쳤습니다. 교회의 상례봉사를 담당하고 있는 제직회 경조부 또한 예외가 아니었습니다. 교회 성도의 가정에 상례가 생기면 3일장 첫째 날에는 조화를 보내고 둘째 날에는 염습 및 입관 예배, 셋째 날에는 발인 및 안장 예배가 이루어집니다. 곤지암 소망수양관 내 소망동산에 산골할 경우에는 별도의 안장 경비 없이 고인을 모실 수 있으므로 얼마나 감사한 일인지 모릅니다.

그러나 2020년 2월부터 코로나19로 인한 모임 인원의 제약으로 염습을 포함한 권사회 조의부가 참석하는 소망교회장이 중단되었으며 코로나19 상황이 더욱 악화하였을 때는 담당 교역자만이 참석하여 장례예배를 드릴 수밖에 없었습니다. 이후 1년 9개월이 지난 2021년 11월부터 교회 염습이 재개되었으며 권사회 조의부의 예배 참석은 2022년 5월이 되어서야 시작할 수 있었습니다.

코로나19가 극성이었던 작년 초에 상례를 치러야 했던 가정에는 안타까운 일들이 많았습니다.

남편이 돌아가셨는데 부인이 코로나19에 걸려 장례식장에 오지 못한 경우도 있었고, 작년 5월에는 코로나19로 돌아가신 분은 푸른색 비닐 백에 담겨 관속에 누워계셨고 A4 크기의 투명 비닐창을 통하여 고인의 얼굴만 볼 수 있는 경우도 있었습니다. 준비하였던 수의 도포를 길이

방향으로 펼쳐서 비닐 백 위에 올려놓고 관뚜껑을 덮었습니다. 그전에는 코로나19로 입원한 후 돌아가시면 추모공원에서 고인을 화장한 후 유골을 찾아가라고 통보를 받기도 했습니다.

소망교회장의 상례 예식도 코로나19로 개선이 불가피하였습니다. 가족장과 타교회장을 제외한 소망교회장이 예년 기준 167가정이었으나 2022년에는 코로나19 영향으로 245가정으로 78가정이 추가로 발생하였습니다. 자연스레 경조 봉사에 대한 개선이 필요하다는 의견이 개진되었고 금년 3월 초에 경조개선TF를 구성하여 변화를 모색하였습니다.

개선 방향은 봉사의 취지를 살려서 유료화를 지양하고 사역의 편중을 경감하기 위하여 경조부 봉사자는 염습 및 입관예배를 교구의 도움을 받아서 드리고 권사회 조의부는 발인 및 안장예배를 주도적으로 담당하기로 하였습니다.

따라서 염습부터 입관예배, 발인예배와 화장장을 경유하여 안장 예배까지 봉사하는 사역이 한정된 인원의 경조부 실행위원들에겐 힘들고 어려운 시기였습니다. 개선된 소망교회 상례제도가 우리 교회의 아름다운 상례 전통을 또 한 번 30년을 이어 나가는 계기가 되기를 소망합니다.

예배당의 빈자리를 바라보며

요즘 우리의 생활을 보면 언제 '코로나'였던가 싶습니다. 지난 3년간의 일들이 어느덧 가물가물한데 여전히 예배당의 빈자리는 누군가를 기다리고 있습니다.

눈 오는 추운 날 차가운 손을 호호 불며 새빨개진 코에 안경에는 성에가 끼어도 차량부 봉사는 교회 봉사의 최전방이며 교회의 얼굴입니다. 전반부 봉사를 마치고 따뜻한 아침밥, 김이 모락모락 나는 '찐빵'을 먹으며 한 주간의 웃음꽃을 피우는 차량부는 항상 즐거움이 넘치는 봉사였습니다. 그러나 코로나19 감염병의 그림자는 바코드라는 신종 괴물을 등장시키더니 급기야 예배당 문을 닫아 버리고 소망교회의 자랑인 본당의 드넓은 주차장을 먼지만이 날리는 황량한 공터로 만들어 버렸습니다.

그 시간은 종이컵에 담긴 믹스커피 한잔과 백설기 떡 한조각의 나눔도 못 하고, 마스크로 가린 철 가면 같은 삶이었습니다.

참으로 신기합니다. 꽁꽁 얼어붙은 겨울이 지나면 따스한 봄볕을 주듯 오래전 기억 속으로 코로나19는 급속히 사라졌습니다. 이제 다시 떡과 커피를 나누며 웃음꽃을 피웁니다.

그러나 예배당의 옆자리는 비어 있습니다. 차량부 봉사는 교회 유일의 남자만의 제직회로 때로는 군대(?) 같기도 하고 때로는 고교 동문회 같기도 합니다. '10년 전 지금 바로 나의 모습' 같은 신앙의 선배님들을 추억할 수 있는 따스한 곳입니다. 최근 캄보디아 주재원으로 가신 어느 차량부 반장님은 형님 같은 따뜻한 배려로 이곳이 교회구나를 느끼게 해주었습니다.

교회 입구에서 제일 먼저 마주치는 차량부를 보며 성도님들은 은혜의 자리로 진입합니다. 하나님께서는 코로나19를 통해 우리에게 너무 당연한 듯했던 만남과 봉사의 소중함을 일깨워 주셨습니다. 예배당의 빈자리는 채워질 것입니다. 이제 우리는 소망교회의 아름다운 헌신과 보이지 않는 봉사로 우리 이웃들의 마음을 가득한 사랑으로 채울 때입니다.

송태인 집사
차량부 실행위원

온라인 신앙훈련

김선아 권사
온라인지구 구역원

코로나19가 유행하면서 교회가 문을 닫게 되는 초유의 사태가
발생했다. 안타까운 마음에도 불구하고 그 일은 나에게 많은 자유
시간을 선물해 주었다. 금요일 저녁과 토요일 오후의 여유 그리고
주일 하루 동안 가정에서 편안한 쉼의 시간은 직장을 다니는 나에게
코로나19가 준 선물이었다.

코로나19로 인한 격리가 풀리면서 직장은 다시 바빠졌다.
성전 예배가 회복되었고 찬양대가 시작되었기에 나는 다시 바빠지게
되었고 더 이상 온라인 훈련을 받을 수 없게 되었다.

코로나19 기간 동안 교회에서 온라인 구역이 시작되어
너무 좋았고 부부가 함께할 수 있어서 더 좋았다. 나는 기존 구역을
빠져나와 공동체가 필요한 남편과 함께 온라인 구역에 등록하였다.
금요일 아둘람 기도회에 참석하면서 다시 기도의 자리를 지킬 수
있어서 감사했다. 금요일 저녁과 주일을 구별하며 보내던 것이
코로나19 시대에 잠깐의 쉼표를 거쳐서 교회 중심으로 온라인 구역과
아둘람 기도회 주일 찬양대 봉사를 남편과 함께할 수 있었다.
아둘람 기도회가 온라인을 넘어 매주 교회 성전에서도 은혜가
넘쳐나기를 기대하게 되었다.

코로나19 시기를 지나는 3년 동안 온라인 신앙훈련을 통하여
나의 믿음이 깊어졌고 나의 비전은 분명해졌다.

또 어떤 새길을 여시고 나를 인도하실지 기대하는 마음으로
평범한 일상의 기적을 누리며 살아가고 있다. 예수님과 동행하며
예수동행 일기 나눔을 함께 하자고 권하는 자로 살아가고 있다.

다함께 만든 온라인예배

김병진 목사
중등1부 담당 교역자

2020년 1월, 코로나19 바이러스가 국내에 들어왔다는 소식을 듣게 되었다. 사실 그때만 하더라도 코로나19 바이러스의 위협이 가깝게 느껴지진 않았다. 그러나 주변에서 계속되는 전염의 소식들은 우리의 삶을 불안하게 했다. 당시에 교회학교에서는 겨울수련회를 준비하며 분주한 시간을 보내고 있었다. 현장예배가 멈춘다는 것은 상상할 수 없는 일이었지만, 상황에 발맞추어 코로나19에 대처할 방안들을 마련하고 있었다. 그리고 어떤 상황에도 안전하게 현장예배에서 예배를 드려야 한다고 생각하고 있었다. 그러나 악화되는 상황 속에 정부는 위기 경보단계를 심각 단계로 올릴 수밖에 없었고, 이후로 현장에서 예배할 수 없게 되었다.

갑작스러운 결정으로 교회학교에서는 급한 대로 온라인예배를 준비해야 했다. 우리에게 주어진 시간은 단 이틀밖에 없었다. 당시에는 영상편집이 가능한 사람이 많지 않았다. 게다가 온라인예배에 대한 개념도 익숙하지 않았고, 어떻게 준비해야 할지도 막막했다. 그러나 급한 대로 적절한 예배 순서를 고민하고 구성하여 스마트폰을 이용해 촬영을 진행했다. 모두가 처음 겪는 상황이기에, 순탄치 않았다. 그럼에도 모두가 힘을 합쳐 온라인예배를 완성할 수 있었다.

앞으로 학생들과 어떻게 소통하여 예배를 준비해야 할지 고민이 되었다. 각자의 자리에서 영상편집을 익히며, 학생들에게 전달할 교육자료들을 포장하여 가정으로 발송하기 시작했다.

이 모든 과정을 통해 함께 현장에서 모여 예배할 수 있음이 얼마나 소중하고 감사한 일인지를 깨달을 수 있게 되었다. 더불어 예배하기 힘든 상황 속에도 예배할 길을 열어주시는 하나님의 세세한 도우심의 손길을 느끼고 경험할 수 있었다. 더 나아가 어려운 상황 중에도 하나님께서 하실 새로운 일들을 기대하며 나아갈 수 있었다. 왜냐하면 하나님께서는 코로나19 상황을 통하여 어려운 중에 다른 이들의 아픔에 함께 공감하며 그들과 사랑을 나눌 수 있게 하셨기 때문이다. 우리 공동체보다 더 힘든 상황 중에 있었던 대구, 경북지역에 사랑의 마음을 담아 마스크를 모으고 기부할 수 있었으며, 성경학교 진행이 불가능했던 미자립교회들을 위해 교재와 영상을 제작하여 나눌 수 있었다. 이러한 팬데믹의 상황은 개인의 고통과 아픔을 인내하는 데서 그치지 않고, 다른 이들의 아픔을 돌볼 수 있는 기회를 열어주셨던 것이다.

해이해진 마음

고등부 김민준 학생

코로나19로 인해 불가피하게 주일 예배를 모두 온라인으로 드리게 되었을 때, 처음에는 굉장히 혁신적이라고 생각했고 실제로도 그랬던 것 같습니다. 아예 예배를 못 드리는 것이 아닌 스트리밍이라는 최근 기술을 이용하여 실제 예배시간과 같은 시간에 집에서 온라인으로 참여할 수 있어 최선의 방법이라고 느꼈습니다.

하지만 진짜 문제는 코로나19가 어느 정도 잦아들고 난 후 현장예배와 온라인예배를 병행하기 시작한 때부터 찾아왔던 것 같습니다. 방역 수칙을 잘 지키며 현장에 나와 예배를 드릴 수 있는 상황이 찾아왔음에도 불구하고, 제 몸과 마음이 어느 순간부터 현장 예배를 거부했던 것 같습니다.

혹시 현장 예배를 참여했을 때 코로나19에 걸리지 않을까 걱정되기도 했지만, 지금 돌이켜 보면 코로나19에 걸릴까 두려워하는 마음보다 잠을 30분 줄이고 일찍 일어나는 것, 깨끗한 몸과 마음을 준비하는 것 등 때문에 교회에 직접 나아가 예배드리는 것 자체를 거부했던 것 같습니다. 코로나19 전만 하더라도 당연시했던 아주 기본적이고 기본적인 것들이 온라인예배를 드렸던 기간 동안 무너졌던 것 같습니다.

2023년 현재 거의 모든 일상이 회복되어 저의 신앙생활 역시 정상적으로, 평범하게 흘러가고 있는 것 같지만, 코로나19 기간 동안 온몸으로 느낄 수 있었던 '평범함'과 '당연함'의 소중함과 감사함을 꼭 잊지 말고 앞으로의 신앙생활을 잘 해나갈 수 있으면 좋겠습니다.

코로나19 팬데믹 상황이 현재까지도 이렇게 오래도록 우리 삶의 큰 영향을 끼칠 거란 예상은 어느 누구도 예견하지 못했던 일이었다. 소망교회가 환자를 위한 병상에 어려움을 겪고 있는 상황에서 이웃의 아픔에 참여하고자 '생활치료센터'로 서울시에 무상으로 소망수양관이 제공된다는 소식에 수양관 직원들은 걱정이 앞섰다. 하지만 환자들이 쉼을 얻고 회복될 수 있다면 하나님께 영광이며 우리 직원들 모두에게 의미 있는 시간이라 여겨졌다.

각 부서 8명의 직원은 소망생활치료센터 현장에서 교대로 근무했다. 환자들이 있는 건물에서 매일 근무하게 된다는 점에서 적잖은 부담감과 가족들의 걱정이 많았다. 막상 현장 근무를 해보니 일반 생활공간보다 더 철저한 방역과 소독으로 오히려 수양관이 코로나19 감염병으로부터 안전하였다.

소망수양관은 1~3층은 상황실과 의료진이 사용하고 4~7층은 환자 생활공간으로 쓰였다. 리뉴얼 공사로 준비된 123실 숙소는 최대 250여 명의 환자 수용이 가능하였다. 생활치료센터 운영에 정식 지원 인원은 아니었지만, 환자들의 회복을 위해 난방, 전기 등 건물 유지의 관리를 담당하며 시설에 문제가 생기면 수양관 직원들은 D-레벨복을 환복하고 환자가 있는 숙소에 들어가 직접 문제를 해결하였다. 동절기에 많은 눈이 올 때면 구급차 및 환자용 식사배달 지원 차량의 안전한 운행을 위하여 새벽부터 제설작업을 하기도 했다. 혹시 긴급 상황이 생길 때를 위해 상시 긴장 모드였고 식사도 매일 환자들에게 제공되는 도시락으로 해결했다. 외부 활동을 최소화하는 등 불편한 점은 많았지만 기꺼이 감수하며 절제된 생활을 했다.

소망생활치료센터에는 1년 6개월 동안 사천삼백여 분들이 다녀가셨다. 가족 모두 감염되어 동반 입실한 가족들, 폐활량 수치가 급격히 떨어져 긴급히 병원으로 이송된 환자뿐만 아니라 전 숙소에 비치된 전도용 설교집, 성경책

세상을 섬기는 선한 나눔과 봉사로

황의청 집사
소망수양관 관장

소망수양관은 1~3층은 상황실과 의료진이 사용하고 4~7층은 환자 생활공간으로 사용되었다. 리뉴얼 공사로
준비된 123실 숙소는 최대 250여 명의 환자 수용이 가능하였다. 생활치료센터 운영에 정식 지원 인원은
아니었지만, 환자들의 회복을 위해 난방, 전기 등 건물 유지의 관리를 담당하며 시설에 문제가 생기면 수양관
직원들은 D-레벨복을 환복하고 환자가 있는 숙소에 들어가 직접 문제를 해결하였다. 동절기에 많은 눈이 올 때면
구급차 및 환자용 식사배달 지원 차량의 안전한 운행을 위하여 새벽부터 제설작업을 하기도 했다.
혹시 긴급 상황이 생길 때를 위해 상시 긴장 모드였고 식사도 매일 환자들에게 제공되는 도시락으로 해결했다.
외부 활동을 최소화하는 등 불편한 점은 많았지만 기꺼이 감수하며 절제된 생활을 했다.

여러 권을 모두 읽고 난 후 주님을 영접한 후 육체의 건강과 영적으로도 새사람이
되어 퇴원하면서 소망교회에 꼭 출석하겠다는 환자분도 계셨다. 소망교회
성도들 중에서도 환우가 되어 이곳에 입소하는 분들도 계셨고 치료센터 퇴원을
아쉬워하며 시설이 좋은 수양관에 계속 머물고 싶다는 분도 계셨다.

많은 성도의 헌신으로 지정 헌금이 왔고, 담임목사님의 지원으로
의료진과 관련 공무원들에게 매일 무료로 카페 음료를 제공하였다.
작은 나눔이었지만 의료진과 공무원들은 따뜻한 감사 인사와 기쁨을 전하여
근무자로서 보람을 느꼈다.

2022년 4월 소망생활치료센터가 종료되었다. 6월 초에는 예전 수양관
모습으로 재개하기 위하여 전체 시설에 대한 철저한 소독작업을 시작으로
각종 시설 점검 및 수리, 숙소 내부의 커튼 세탁, 침구류 정비, 도배, 벽체 도색,
외부 조경 작업까지 마무리하였다. 쉼과 휴식의 장소로 다시 성도들을 맞이하기
위해 소망수양관은 짧은 두 달간의 원상복구 기간 동안 직원들은 한마음이 되어
열심히 준비하였다.

코로나19 환자들을 수용하고 치유하도록 돕는 시설을 제공한 것 자체가
선한 사마리아인을 떠올리게 했다. 코로나19로 모두가 어려운 시기에
우리 소망교회가 이웃의 아픔에 참여하고 세상을 섬기는 선한 나눔과 봉사로
함께 할 수 있었기에 하나님께 감사드리며 소망생활치료센터에서 함께 했던
기간은 우리 모두에게는 하나님께서 주신 특별한 소명이었다고 생각한다.

2020년이 되자, 코로나19가 확산되면서 2월부터 본격적으로 예배와 공동체 모임들이 취소되기 시작했다. 주일예배와 삼일예배는 인원수를 조정하여 예배를 드리고, 각 제직부 모임은 취소가 되었다. 2월 마지막 주일에는 1부 찬양대원 1명이 코로나19에 확진되었다. 이후 4부 오케스트라도 인원수를 최소한으로 줄여 4중주로만 연주했다. 교회의 다른 직원들도 코로나19에 확진되기 시작했다. 뉴스로만 듣던 코로나19 바이러스가 가까이에 있다는 게 실감 났다.

우리 방송 팀원이 코로나19에 확진됐을 때 방송 운영이 중단되는 상황이 생기지 않도록 교회학교 전도사님들에게 방송장비(음향과 영상)에 대해 교육하는 시간을 가졌다. 이때는 정말 예배가 중단될 수 있다는 생각이 들 정도였다. 3월이 되자 주일예배부터 주일 저녁, 삼일기도회, 신앙 강좌 등 모든 오프라인 활동이 온라인예배로 전환되면서 각 예배실마다 카메라와 생방송 컴퓨터, 영상 송출 장비들이 바쁘게 움직였다.

결혼예식도 축하객 없이 혼주 측 식구들과 축가자만 모여 쓸쓸하게 예배를 드렸다. 예식 진행을 도울 때마다 축하객들의 빈자리가 크게 느껴졌다. 4월 고난주간 성찬예배는 세족예배로 바뀌었고 찬양대도 부목사님으로 구성되었다. 예배당 인원수 제한으로 주일날 방송팀도 최소 인원으로 만 돌아가며 방송해야 했다.

성도들이 주일 예배를 '예약'해야 했던 때도 있었다. 원하는 시간에 자리가 다 차면 다른 시간에, 다른 시간마저 자리가 없을 땐 온라인으로 드려야 했기에 '예배시간을 티켓팅하듯이 정해야 하는' 정말 믿기지 않는 상황이었다. 교회에 출입할 때는 발열 체크와 손소독, 교인 출입증을 확인하는 절차가 생겼고 교인 출입증이 있어야 교회 안으로 들어올 수 있게 되자 신천지를 비롯한 이단들이 교회 내부로 접근하지 못하게 되었다. 혼란스러운 상황 속에서도 주님이 주신 은혜였다.

주일 예배를 '예약'해야 했던 때

김성일 집사
아이소망 팀장

5월부터는 모든 예배가 온라인으로만 드려지게 되면서 구역지도자 수련회는 1부와 2부로 나뉘어 교회의 모든 예배실을 사용했고, 공동체 모임은 온라인예배 예행연습을 충분히 한 뒤 예배를 드렸는데 이것 또한 한 번도 생각하지 못한 예배의 모습이었다. 제한된 상황 속에서 더욱 예배가 간절했고, 예배 때마다 은혜가 넘쳐났다. 현장엔 모일 수 있는 소수 임원만 있었지만 뜨겁게 기도하는 모습이 정말 은혜가 되었다.

초반에는 zoom과 유튜브 예배가 어색하고 적응이 안 된 성도들로부터 접속 방법 등의 여러 문의가 있었다. 시간이 지나면서 이 예배 형식도 성도들에게 익숙하게 되었을 땐 문득 코로나19가 끝나도 성도들이 교회에 나오지 않고 집에서 유튜브로만 예배를 드리면 어떡하지? 하는 걱정이 들었다.

11월의 추수감사 음악예배, 12월의 주일학교 성탄 발표회, 성탄절 칸타타 등 음악예배도 버추얼 콰이어(virtual choir)라는 새로운 방식으로 드려졌다. 현장에 여럿이 모일 수 없는 대신 각자의 자리에서 온라인을 통해 목소리 맞춰 노래하고 연주해야 해서 연세가 지긋하신 권사님, 장로님뿐만 아니라

모두에게 어려운, 낯선 방식이었을 텐데 그렇게 한 화면 속에서라도 다 같이 모여 찬양하는 영상을 보니 정말 감동적이었고 무엇보다도 '예배의 갈급함'이 느껴졌었다.

2021년의 신년예배는 특별했다. 강대상에 대형 led 전광판을 설치하여 담임목사님께서 zoom으로 영상 속의 성도들을 보시며 설교하셨다.

전 세계를 꼼짝 못하게 했던 바이러스에 이젠 'with 코로나' '함께'라는 단어가 붙으며 마스크도 자율, 예배당 문도 다시 활짝 열렸다. 주님과 함께하며 오래 참고, 인내함으로써 마침내 승리의 기쁨으로 다시 모여 주님께 예배드릴 수 있게 된 것이다.

언제든 다 같이 기도하고, 찬양할 수 있는 장소에 자유롭게 모일 수 없었을 땐 안타까웠고, 슬펐지만 그동안 어쩌면 '쉽게, 당연하게' 드렸던 예배들이 결코 당연한 게 아니었다는 걸 깨닫는 시간이었다. 그동안 드릴 수 있었던 예배들, 앞으로 드릴 수 있게 된 예배를 생각하며 다시 한번 더 주님께 감사를 드린다.

성도들이 주일 예배를 '예약'해야 했던 때도 있었다. 원하는 시간에 자리가 다 차면 다른 시간에, 다른 시간마저 자리가 없을 땐 온라인으로 드려야 했기에 '예배시간을 티켓팅 하듯이 정해야 하는' 정말 믿기지 않는 상황이었다. 교회에 출입할 때는 발열 체크와 손소독, 교인 출입증을 확인하는 절차가 생겼고 교인 출입증이 있어야 교회 안으로 들어올 수 있게 되자 신천지를 비롯한 이단들이 교회 내부로 접근하지 못하게 되었다. 혼란스러운 상황 속에서도 주님이 주신 은혜였다.

코로나19가 심각해짐에 따라 교회가 갑작스럽게
문을 닫게 되고 도서관도 임시 휴관을 하였다.

겉으로는 도서관 문이 닫혀 있었지만
직원들은 계속해서 근무하였는데 그즈음에
천 권 정도의 도서를 기증받아서 자료를 정리할
시간이 필요했다. 많은 양의 자료가 들어오다
보니 책을 둘 공간이 필요해지고 세미나실로
사용하던 곳을 공사하여 자료실로 변경하고
도서관에 맞게 자료를 정리하고 그곳에
배치하여 이용할 수 있게 만들었다.

그 후 곧 오픈할 줄 알았는데 생각보다
팬데믹 기간이 길어지면서 도서관도 다른
방법을 간구해야 했다. 다른 도서관들 또한
어떻게 하고 있는지 참고하면서 워킹스루를
진행하게 되었다. 교회 홈페이지에 워킹스루
이용 방법을 알리고 전화로 자료를 예약 받아서
예약시간에 맞춰 자료를 전달하였다.
워킹스루를 진행하면서 반납 받은 자료들은
소독이 필요해서 책 소독기도 구입하고
소독 후에 다시 자료를 이용할 수 있게 하였다.

그 밖에도 도서관이 다양하게
활용되었다. 전화를 여러 대 설치해서 예배
예약을 받는 장소로 쓰이기도 하고
교인 출입증을 발행하는 장소가 되기도 하였고
많은 부서에서 온라인 촬영 장소로 활용되었으며
임시적으로 교육부서의 일부 교역자님들의
사무실로 사용되기도 하였다.

차차 교회가 인원 제한이 풀리면서
도서관도 이용자분들이 이용하실 수 있게
하였는데 처음에는 주일만 개관하였다가 점차
평일도 오픈하여 운영하였다. 오픈하니까 또
달라지는 것이 있었다. 체온계를 설치하고 책상
위치를 조금씩 떨어뜨려 놓아 열람석 자리
표시를 하고 테이블 위에 아크릴 칸막이를
설치하였다. 출입 시 마스크 착용, 체온 체크,
교인 출입증 확인 등 해야 할 것이 많았다.
운영이 끝나는 시간에는 도서관 전체적으로
소독하고 마무리했다.

도서관이 다양하게 쓰이고 애쓰는
동안에 이용하시던 성도님들의 계속된 기도와
응원 덕분에 도서관이 다시 정상적으로 운영될
수 있는 것 같다.

코로나19 기간 동안
도서관에서는

정유림 간사
책과 사람들 사서

소망교회의 지원으로

무주오산교회
박권주 목사

서울 근교에서 부목사로 사역하다가 2019년 10월 말에 이곳 무주 오산교회에 담임목사로 부임하게 되었습니다. 하나님께서 아무런 연고도 없는, 그리고 한 번도 와보지도 않았던 이곳 무주에 하나님께서 보내신 뜻이 있음을 믿고 순종함으로 내려왔습니다. 부임하자마자 열심히 전도하고 교회 주변 마을이 조금씩 조금씩 변화되어 가기 시작했습니다. 하지만 이런 놀라운 변화는 2020년부터 코로나19라는 암초를 만나 멈출 수밖에 없었습니다. 세상은 모든 일상의 삶이 멈추어지고, 교회는 더더욱 공예배가 온라인이라고 하는 비대면 예배로 드릴 수밖에 없는 현실이 펼쳐지고 있었습니다.

함께 식사를 통한 교제를 나누는 것은 차지하고서라도 주일이 되면 온 성도들이 함께 모여 예배를 드리는 것조차도 핸드폰 사용 가능하신 분들은 집에서 핸드폰을 통해, 그리고 연세 드신 어르신들은 주보와 설교문을 저희 부부가 집집마다 전해주면서 예배를 드려야만 했던 너무나도 암울하고 답답했던 시간들이었습니다.

이런 와중에 소망교회 국내선교부를 통해 영상물을 제작하는 방법을 배우게 되었고, 유튜브에 큐티 영상을 올리면서 성도들은 물론 지인들에게도 큐티를 자유롭게 나눌 수 있게 되었습니다. 기계에 대한 불감증에 있었던

저에게는 얼마나 큰 도전이었고 힘이 되었는지 모릅니다.

또한 소망교회 국내선교부를 통해 코로나19가 잠시 주춤한 사이에 빨리 복음을 전해야겠다는 생각에 전도 물품(물티슈)을 요청하게 되었고 부장 전영서 장로님을 비롯한 국내선교부 임원들이 흔쾌히 허락해 주셔서 물티슈 만 개를 지원해 주셨습니다. 그래서 전도물품인 물티슈를 들고 저희 부부가 무주읍에서 생활하는 군민 8,000명에게, 그리고 교회 주변 마을 사람들에게, 또 버스터미널에서 무주를 오고 가는 사람들에게 전달해 줄 수 있었습니다.

이로 인해 많은 사람들이 오산교회를 널리 알리는 계기가 되었고, 저희 부부가 무주읍에 나가면 오산교회 목사 부부인 것을 알아보고 인사를 드릴 정도입니다. 한 가지 바램이 있다면, 갈수록 고령화 속도가 빨라져 가고, 성도들의 수가 줄어들고 있는 농촌교회의 어려움을 함께 공유하며 소망교회와 지속적인 선교의 연결고리가 있었으면 좋겠습니다. 물티슈와 같은 전도물품지원 및 봉사활동, 목회자의 자녀지원 등 도움이 절실히 필요한 부분에 기도와 사랑의 손길이 요구됩니다. 이 지면을 통해 다시 한번 깊은 감사를 드립니다.

여호와여 주는 나의 하나님이시라 내가 주를 높이고
주의 이름을 찬송하오리니 주는 기사를
옛적에 정하신 뜻대로 성실함과 진실함으로 행하셨음이라

이사야 25장 1절

Our lessons learned are our remaining tasks, as we strive towards a brighter future

코로나19의 시기는 고립되고 쓸쓸하고 두려운 시간만은 아니었다.
이웃의 아픔에 공감하고 참여하는 선한 나눔과 봉사의 시간이었다.
예수님과 동행하는 시간이었고, 그분의 목소리를 듣는 시간이었다.

부록

여호와의 말씀이니라 너희를 향한 나의 생각을
내가 아나니 평안이요 재앙이 아니니라
너희에게 미래와 희망을 주는 것이니라
예레미야 29장 11절

교회 문을 닫은 뒤 첫 새벽기도회
오늘의 기도

하나님 아버지, 한 번도 없었던 일을 만나고 있습니다. 교회에서 예배를 마음껏 드릴 수 없는 상황이 되었습니다. 전쟁이 아닙니다. 하나님, 눈에 보이지도 않는 일 때문에... 하나님, 우리가 이러한 상황에 처했습니다. 우리의 인생에서 한 번도 없을 것 같았던 시간을 보내고 있는 우리는 참으로 마음이 아픕니다.

돌이켜보니 하나님과 만나는 이 예배의 시간, 기도의 시간이 때로는 너무 많은 것 같기도 하고 때로는 무의미하게 여겨질 때도 있었습니다. 그런데 오늘 다시 보니, 너무나도 행복했고 너무나도 자랑스럽고 너무나도 은혜로운 시간들이었습니다. 하나님, 매일 아침마다 새벽길을 걷는 마음이 즐거웠습니다.

그런데 우리가 새벽마다 함께 모여 예배를 드리면 다른 이들이 걱정을 하고 우리가 혹시나 사람들에게 병으로 옮겨주지 않을까 걱정이 되어서, 잠시 인터넷으로만 예배를 드리고자 합니다. 어디에나 계시는 성령님이시니, 우리가 개인적으로 인터넷을 통하여 예배할 때도 함께하여 주실 줄 믿습니다.

하나님 무엇보다 전염병이 더욱 창궐하지 않도록 이 나라를 지켜주시옵소서. 우리가 최선을 다해 조심하고 서로 섬기고자 합니다. 더 이상 병에 걸려 생명을 잃는 이가 없도록 주님 지켜주시옵소서. 아직 치료약이 나오지 않아서 더 걱정이 많습니다. 하나님께서 우리를 지켜주시옵소서.

하나님, 오늘 이 자리에서 함께 기도하는 모든 이들, 특별히 소망의 식구들이 한 사람도 전염병에 희생되지 않았으면 좋겠습니다. 주님께서 맡겨주신 귀한 양들을 잘 보살필 수 있도록 부족한 종의 기도를 들어주시옵소서. 또한 우리 소망의 식구들이 다른 이들에게 몹쓸 병을 옮겨 주는 일이 없었으면 좋겠습니다. 자신의 몸을 잘 관리하는 데 최선을 다하게 하여 주시옵소서. 자신의 영적인 삶을 유지하는 데

250   부록_교회 문을 닫은 뒤 첫 새벽기도회

최선을 다하게 하여 주시옵소서.
우리 슬하에 자라나는 아이들이 있습니다. 특히 연약한
아이들이 있고, 어린 아이들이 있습니다. 전염병에
노출되지 않도록 지켜주시고, 강한 면역력을 주셔서
폐렴에 걸리지 않도록 도와주시옵소서. 나이가 많이
드신 어른들도 있습니다. 그분들의 건강도 걱정이
됩니다. 한 분 한 분 지켜주시기를 기도합니다.
조금이라도 전염병에 걸리면 일어나기 어려운 연약한
어른들입니다. 주님께서 각별히 보호하여 주시옵소서.

하나님, 우리가 이제 잠시 인터넷을 통하여 예배를
드려야 하는 아주 특별한 상황이 되었습니다만,
이 시간이 도리어 우리 모두가 더욱 성숙해지고
신앙적으로 더 깊어지는 시간이 되었으면 좋겠습니다.
나의 믿음을 다시 점검하고 교회의 의미를 다시
생각하는 복된 시간으로 변화시켜 주시옵소서. 교회를
사랑하는 마음이 더 깊어지는 은혜를 주시기를
원합니다. 교회의 예배를 사모하는 마음이 더욱
깊어지는 귀한 시간이 되게 하여 주시옵소서.

하나님, 이 어려운 국면을 잘 감당할 수 있도록
질병관리본부와 각 병원의 의료진들에게 힘과 능력을
주시고, 무엇보다도 건강을 지켜주시기를 기도합니다.
피곤한 몸으로 일할 때의 지치지 않도록 주님께서
붙잡아 주시옵소서. 나라의 공무원들도 애를 쓰고
있습니다. 그들의 수고가 헛되지 않게 해주시고, 많은

시민들이 그들을 통하여 도움을 받게 하시고 생명을
잘 보존케 하여 주시옵소서. 그들도 지치지 않도록
주님께서 지켜 주시기를 원합니다.
또한 코로나19로 확진된 환자들 한 사람 한 사람,
그들이 누구든지 주님께서 그들을 긍휼히 여겨주시고
고쳐주시기를 간구합니다. 하나님, 그들 중에는 우리가
신앙인으로 안타까워하는 이단이 많이 있습니다.
하나님 그들이 참된 하나님을 다시 알고 믿게 하시고,
무익한 인간을 숭상하거나 믿지 않게 하여 주시옵소서.
이런 일을 통하여 그들의 잘못된 믿음을 바로잡아
주시고 새로운 눈을 허락하여 주셔서, 자신을 돌아보는
값진 시간이 되게 하여 주시기를 간절히 간구합니다.
그들을 악한 손에서 구원하여 주시옵소서.

하나님 여러 질병으로 병상에 누워있는 우리 소망의
식구들도 주님께서 기억하여 주시고 지켜주시옵소서.
전염병이 그들에게 다가가지 않게 하시고, 수술한
부위가 점차 회복되고 온전하여지게 하여 주시옵소서.

하나님 오늘도 주님 말씀 앞으로 나아갑니다.
주 예수 그리스도의 이름으로 기도 드리옵나이다. 아멘.

제목 : **내가 잠시 그들에게 성소가 되리라**
본문 : **에스겔 11:14~21**

**예배당 문이 닫히고
예배공동체의 소중함을
더욱 깊이 느낍니다.**

온라인으로 주일예배를 드리는 첫 번째 날입니다. 지난 월요일부터 우리는 온라인으로 새벽기도회를 시작했습니다. 처음에는 낯설고 생소하기도 하고, 마음도 아팠습니다. 새벽기도회가 드려지는 시간이 되면 교회 앞마당으로 나오셔서, 멀찍이서 예배당을 바라보시는 성도님들도 계셨습니다. 새벽 시간뿐만 아니라 낮 시간에도 교회에 나와 예배당 주위를 여러 번 돌며 기도하시는 분들도 계십니다. '얼마나 교회를 사랑하면 그러실까?' 하는 생각이 듭니다. 그런 분들을 모시고 예배당으로 들어가고 싶은 마음이 간절합니다. 또 그렇기에 이 시간을 허투루 보낼 수 없습니다. 비록 안타까움과 아쉬움이 가득하지만, 그럴수록 더 깊은 간절함으로 주님께 엎드립니다. 성도님들과 함께 기도하면서 이 시간을 보내고 있습니다.

사실 우리 모두 돌이켜보면, 그동안 예배에 나가고 싶지 않을 때도 있었을 것입니다. 자체적으로 온라인예배를 드리고 계셨던 분들도 있었을 것입니다. 병상에 누워 어쩔 수 없이 예배당에 나오지 못하던 분들도 있었을 것입니다. 여행 중이라 예배의 자리에 함께하지 못한 분들도 있었을 것입니다. 그런 측면에서 본다면, 그동안 주일 성수를 제대로 하지 못한 분들이 꽤 있을 것입니다. 믿음이 약해서, 너무 바빠서, 여건이 허락하지 않아서 예배드리지 못한 분들도 적지 않을 것입니다.

그러나 오늘처럼 예배당 문이 완전히 닫힌 적은 없습니다. 이제 한동안 예배당에서 예배드릴 수 없다고 하니, 오히려 불현듯 '주일성수 해야 하는데…'라는 생각이 들고, 마치 죄를 짓는 것 같아 '어떻게

하나…'라는 마음이 드는 것도 사실입니다. 참 묘한 일입니다. 항상 열려 있던 예배당 문이 굳게 닫힌 것을 보면서 '아, 예배당 문도 닫힐 수 있구나. 주일에 예배당에 들어가지 못할 수도 있구나. 내가 예배를 선택하는 게 아니라, 도리어 내가 거부될 수도 있겠구나.'라는 낯선 경험을 하게 되는 오늘입니다.

오늘 우리는 온라인으로 첫 주일예배를 드리고 있습니다. 한국 교회 역사에서도 유례없는 일로 기록될 사건입니다. 그리고 오늘은 2020년 3월 1일, 1919년 3.1절 이후 101년째 되는 주일 아침입니다.

**성령이 우리 안에 계시니,
우리는 하나님의 성전입니다.**

온라인으로 주일예배를 드리게 되면서, 우리 성도님들께 목회적인 차원에서 몇 가지 말씀을 드려야겠다는 생각이 들었습니다. 오늘 말씀은 다소 설교의 틀을 벗어날지도 모르겠습니다. 하지만 우리 성도님들과 꼭 함께 공유하고 싶은 내용이 있어서 나누고자 합니다. 예배당에서 예배할 수 없게 되면서 어떤 분들은 굉장히 서운해 하셨습니다. 어떤 분들은 노하기도 하셨습니다. 어떻게 예배를 중단할 수 있냐고, 이런 일은 한국 교회 역사상 없었다고 말씀하시는 분들도 계셨습니다. 저도 설교 중에, 우리는 전쟁 중에도 예배를 중단한 적이 없다고 말씀을 전한 바 있습니다. 바로 이 부분에 관한 이야기를 나누고 싶습니다.

오늘 우리가 드리는 이 예배는 예배의 중단이 아닙니다. 나아가 "예배가 중단된 적이 없다."라고 말한 데는 "예배당에서 예배를 중단한 적이 없다."라는 뜻이 아니라 "주일마다 예배함이 중단된

적이 없다."라는 뜻입니다. 조금은 다른 의미라고 할 수 있습니다. 우리는 6.25 전쟁 중에도 예배했습니다. 그러나 전쟁 중에 예배당에 들어가 예배했던 사람은 그리 많지 않습니다. 공식적으로 예배당에서 예배했던 교회 역시 몇 교회 되지 못합니다. 그것도 행운이었을 뿐이지, 대부분의 교회는 그런 기회를 얻지 못했습니다. 그러므로 그것은 자랑이 될 수 없습니다. 의미는 있겠으나 자랑으로 앞세울 수는 없는 것입니다.

그렇다면 예배당에서 예배하지 못한 사람들은 어떻게 예배했을까요? 예배당이 폐쇄되거나 예배당 건물이 무너져 예배 처소가 없었던 사람들 말입니다. 그들은 주일이 되면 거리에서 예배했습니다. 집에서 예배했고, 피난처에서 예배했습니다. 포탄이 떨어지는 자리에서도 예배했습니다. 그래서 우리 신앙의 선조들이 "우리는 전쟁 중에도 예배를 쉰 적이 없다."라고 말할 수 있었던 것입니다. "예배당 안에서 드리는 예배를 쉰 적 없다."라는 뜻이 아니라는 이야기입니다.

초대교회가 처음 예배했을 때, 처음부터 예배당에서 예배했던 것은 아닙니다. 처음에는 가정에서 예배했고, 박해가 시작되었을 때는 카타콤에서 예배했습니다. 카타콤에서도 들키지 않기 위해 이곳저곳 장소를 바꾸어 가며 예배했습니다. 그렇게 할 수 있었던 분명한 신학적인 관점이 있었기 때문입니다. 진정 무엇이 예배인지, 누구에게 예배하는지, 예배 받으시는 하나님이 어떤 분이신지에 관한 분명한 신학적 관점과 대답이 준비되어 있었던 까닭입니다. 사도 바울은 고린도교회 교인들을 향해 이렇게 선언했습니다.

너희는 너희가 하나님의 성전인 것과 하나님의 성령이 너희 안에 계시는 것을 알지 못하느냐 (고린도전서 3:16)

초대교회 교인들은 자신이 '하나님의 성전'이라는 사실을 믿었습니다. 자신 안에 '하나님의 성령'이 계시다는 사실을 믿었습니다. 그래서 두세 사람이 모인 곳에 주님이 함께 계심을 믿었습니다. 그래서 그 자리가 '예배의 자리'라고 믿음으로 고백했습니다. 그들이 함께 모이는 자리마다 예배가 있고, 교회가 있다고 믿었습니다. 그렇기에 카타콤에서든 가정에서든 어느 곳에서든, 예배자가 되어 하나님께 나아갈 수 있었던 것입니다.

101년 전 오늘, 신앙의 선배들은 어느 곳에서든 예배했습니다.

공교롭다고 할까요, 기막힌 타이밍이라고 할까요? 오늘은 3.1절 101주년이 되는 주일입니다. 101년 전 3월 1일은 무슨

요일이었을까요? 1919년 3월 1일은 토요일이었습니다. 그날 많은 사람이 거리로 나가 "대한 독립 만세!"를 외쳤습니다. 거리에서 민족의 자주와 자결을 외쳤습니다. 우리나라가 독립해야 한다는 사실을 외쳤습니다.

그날이 3월 1일 토요일이었습니다. 그다음 날은 주일이었습니다. 그 주일, 어떤 일이 벌어졌을까요? 역사가 그날을 기억하고 있습니다. 그날 많은 사람이 감옥에 갔습니다. 많은 성도가 잡혀 들어갔습니다. 예배당도 폐쇄되었습니다. 예배당 안에서 예배할 수 없게 된 것입니다. 3월 2일 주일뿐만 아니라, 계속 이런 일들이 전개되었고, 더 많은 예배당이 폐쇄되기 시작했습니다.

미국 UCLA에서 한국학을 가르치는 옥성득 교수님이 소셜네트워크에 다음과 관련된 자료를 올린 적이 있습니다. 1919년 3월 19일 『기독신보』에 들어간 광고 자료였습니다. 그 내용이 다음과 같습니다.

"금번 경성으로부터 각 지방 분요한 이때에 형편에 의하여 다소간 강대가 당분간 빈 곳이 있음이 물론이고 집회 금지 중에 처한 곳도 있을 줄로 생각하여지오니 청컨대 믿음에 굳게 서서 기도와 찬송으로 하나님을 노래하며 주일은 더욱 경건히 지켜야 하나님께서 우리에게 복을 내리실 줄로 알고 이에 앙고하나이다."
(1919. 3. 19. 『기독신보』, 옥성득 교수의 한국 기독교 역사)

3월 1일 독립선언이 있은 후, 긴 기간 한국 교회는 박해를 받았습니다. 예배당은 폐쇄되기도 하고 막히기도 했습니다. 많은 목사님이 감옥에 갔습니다. 목사가 강단에서 설교할 수 없는 일들이 벌어졌습니다. 이런 상황을 전하면서 『기독신보』는 믿음에 굳게 서서 기도와 찬송으로 하나님을 노래하며, 주일을 더욱 경건히 지켜야 한다고 권면하고 있습니다.

『기독신보』가 전하는 '주일을 경건히 지켜야 한다'는 기치가 무슨 뜻이겠습니까? 폐쇄된 예배당 문을 뚫고 들어가 온전한 예배를 드려야 한다는 뜻이겠습니까? 목사님을 감옥에서 구출해서라도 온전한 예배를 드려야 한다는 뜻이겠습니까? 오히려 '하나님이 이미 계시는 바로 그곳에서' 함께 모여 기도와 찬송을 하며 경건하게 예배하라는 권면일 것입니다. 설교할 목사님이 없을 수도 있습니다. 모두 잡혀가 홀로 그 자리에 있을 수도 있습니다. 예배당에 못 들어갈 수도 있습니다. 그러나 주님을 믿는 신앙으로, 찬송과 기도로, 신실한 믿음으로 주님께 예배하라는 권면인 것입니다.

두세 사람이 모인 곳에
주님이 함께하십니다.

참 공교롭게도 이번 일도, 또 101년 전의 일도, 3.1절 직후
발생했습니다. 101년 전의 일입니다. 그리고 101년이 지났습니다.
우리는 그때와 매우 비슷한 처지에 놓여 있습니다. 마음껏 예배할
수 없는 상황 앞에 선 것입니다. 전염병으로 인해 예배당에서 예배할
수 없는 상황이 도래하고 말았습니다. '왜 이런 일이 101년 전과
겹쳐질까?' 물론 우연으로 볼 수도 있지만, 이런저런 생각을 해
보았습니다. '1919년 3.1절과 2020년 3.1절이 무슨 연관이 있을까?
왜 우리는 이곳에서 예배하지 못할까?'라는 질문을 던지며 공통점을
찾아보았습니다.

여러분은 어떤 공통점이 있다고 생각하십니까? 저는 두 사건을
비교하며 하나의 동일한 관점이 있음을 발견했습니다. 그것은 바로
'민족 사랑, 인류 사랑, 나라 사랑'입니다. 101년 전 3.1운동은 우리
민족이 일제의 침탈에 저항한 운동이었습니다. 3.1절은 대한 독립
만세를 외쳤던 날입니다. 우리 민족의 미래를 스스로 지키겠다고
세계에 천명한 날입니다. 나라를 사랑하며 민족을 자랑하면서 이 나라
독립을 위해 담대히 일어났던 3.1절 아침입니다.

그리고 101년이 지났습니다. 오늘 우리는 어떻습니까? 전염병이
창궐하는 이때에, 우리는 한 가지를 결정했습니다. 사회의 일원으로서,
공동체의 일원으로서, 우리와 함께 살아가는 시민의 안전을 지키기
위해, 국민의 생명과 건강을 보호하기 위해, 자발적으로 현장예배를
잠시 중단하기로 결정했습니다.

물론 우리에게는 천금과도 같은 주일예배입니다. 그러나 단지
예배당에 모여서 예배하는 것을 포기하기로 결단한 것뿐입니다. 예배
자체를 포기하는 것이 아닙니다. 온전히 예배하는 것을 중단하는
것도 아닙니다. 오히려 이 결정과 결단 안에는 인류를 사랑하는
마음, 나라를 사랑하는 마음, 민족을 사랑하는 고귀한 마음이 담겨
있습니다.

하나님께서 이 마음을 귀히 여겨 주실 줄 믿습니다. 그런 의미에서
3.1운동이 이제 새로운 국면으로 전환되었다고 생각합니다. 함께
모여 '기미독립선언서'를 살펴보고 애국가를 부르는 정도의 나라 사랑,
혹은 기억의 의미 정도가 아니라, 새로운 패러다임으로 돌입하여 보다
역동적이고 실천적인 나라 사랑, 민족 사랑을 구현해 가는 차원으로
말입니다. 생각과 정신뿐만 아니라 우리의 손과 발로 민족 사랑, 인류
사랑, 인간 사랑을 실천하는 길로 들어서 보는 것입니다. 이 길에 우리
교회가 적극적으로 동참하게 된 것을 저는 매우 기쁘게 생각합니다.

물론 온라인 예배가 완전한 예배일 수는 없습니다. 우리가 지향해야

할 예배라고도 할 수 없습니다. 미래의 희망이라고 할 수도 없습니다.
오늘 우리가 온라인 예배를 드리는 것은 일시적이며 상황적인
것입니다.

우리 믿음의 선조들은 오래전부터 예배할 수 있는 장소를 찾기
위해 노력했습니다. 예배당을 짓고, 약속한 시간에 함께 모여
예배하기를 기뻐했습니다. 때문에 공간적 차원에서의 교회와 예배
역시 기독교인에게 매우 중요합니다. 결코 포기할 수 없는 예배의
정체성이자 교회의 모습이라고 할 수 있습니다. 하지만 그렇다 해서
항상 아름다운 예배당 혹은 멋지게 준비된 장소에서만 예배했던 것은
아닙니다. 기독교 역사적으로 카타콤에서 예배하기도 했고, 어떤
이는 감옥에서, 또 어떤 이는 강가에서 예배했으며, 광야에서 예배한
사람들도 있습니다. 그곳에서 그들은 하나님을 만났습니다.

전염병이 창궐하는 오늘의 현실에서, 우리는 온라인 예배를 통해
하나님을 만납니다. 이렇게 잠시 예배할 수 있습니다. 우리가
하나님의 성전이며, 우리 안에 성령이 거하신다는 사실을 믿는다면,
두려워할 필요가 없습니다. 두세 사람이 주님의 이름으로 모이는
곳에 주님께서 함께하신다고 약속하셨기 때문입니다. 온라인 예배를
드리는 이 첫날, 나아가 앞으로도 얼마 동안 온라인 예배가 계속될 수
있기에 여러분에게 권면하고자 합니다. 가능하면 홀로 예배하기보다
가족이 함께 모여, 혹은 한두 가정이 함께 모여 예배하면 좋겠습니다.
두세 사람이 함께 모이는 곳에 주님께서 함께하신다고 약속해
주셨습니다.

기독교 신앙의 본질은
'하나님 사랑'과 '이웃 사랑'의
실현에 있습니다.

더불어 생각해 보고자 하는 것은, 전염병에 대응하는 '기독교인의
자세'입니다. 전염병 앞에서 간혹 자신의 믿음을 자랑하려는 분들이
있습니다. 전염병이 오더라도 예배당에서 예배해야 한다고 강하게
주장하는 분들이 있습니다. 하나님께서 우리를 지켜주실 텐데 왜
걱정하느냐고 합니다. 믿음을 가져야 하지 않겠냐고 말하기도 합니다.
전염병 때문에 예배당에 나오지 못하는 것은 믿음 없는 행위라고
비판하기도 합니다. 하나님의 능력이 무한하고 우리를 잘 돌보고
계시는데 왜 믿지 못하냐고 야단치는 분들도 있습니다. 최근 보도되는
내용을 보니, 신천지가 그러한 믿음을 가지고 있다는 사실을 목도하게
됩니다. 그러다 보니 결국 전국적으로 많은 사람에게 큰 피해를 주는
상황을 일으키고 말았습니다.

얼마 전 우리 교회 협동 목사님이신 박경수 교수님께서 글 하나를

보내 주셨습니다. 전염병이 창궐할 때 종교개혁가들이 어떤 신학적인 태도를 취했는지에 관한 글이었습니다. 중세 시대와 종교개혁 시대에도 전염병이 발생했습니다. 특히 종교개혁가들이 활동하던 시기에는 흑사병이 발병했습니다. 종교개혁이 일어나던 그때, 페스트로 많은 사람이 죽어 갔음을 여러 자료가 알려 주고 있습니다. 츠빙글리가 살던 제네바에는 당시 7,000명이 살고 있었다고 합니다. 당시 페스트로 2,000명이 사망했다는 기록도 있습니다. 3분의 1이나 되는 인구가 전염병으로 목숨을 잃었다는 보고입니다. 츠빙글리 역시 자녀를 흑사병으로 잃었습니다. 자신도 흑사병으로 두 달이나 고생하다가 겨우 살아났습니다. 그런데 당시 사람들 가운데는 전염병이 퍼지는 상황에서도 약을 받으려 하지도 않고, 흑사병에 감염된 사람이나 장소를 피하지 않는 이들도 종종 있었다고 합니다. "모든 것이 하나님의 뜻이다."라고 외치면서 마치 강한 믿음을 지닌 것 마냥 행동하는 사람들이 꽤 있었다는 것입니다. 하지만 그렇게 행함으로써, 도리어 그들이 전염병을 전파하는 장본인이 되고 말았습니다. 믿음 좋다는 사람들이 전염병의 숙주 역할을 하게 된 셈입니다. 이와 같은 상황 앞에서 종교개혁자 마틴 루터는 다음과 같이 선언했습니다.

> "하나님의 작정 안에서 악한 자가 독과 치명적인 병을 퍼뜨렸다. 그러므로 나는 하나님께 자비를 베푸셔서 우리를 지켜 달라고 간구할 것이다. 그리고 나는 소독하여 공기를 정화할 것이고, 약을 조제하여 먹을 것이다. 나는 내가 꼭 가야 할 장소나 꼭 만나야 할 사람이 아니라면 피하여 나와 이웃 간의 감염을 예방할 것이다. 혹시라도 나의 무지와 태만으로 이웃이 죽음을 당하게 해서는 안 되기 때문이다. 만일 하나님이 나를 데려가기 원한다면, 나는 당연히 죽게 되겠지만 적어도 내가 내 자신의 죽음이나 이웃의 죽음에 책임을 져야 할 일은 없을 것이다. 그러나 만일 이웃이 나를 필요로 한다면, 나는 누구든 어떤 곳이든 마다하지 않고 달려갈 것이다."

1527년 마틴 루터가 쓴 『치명적 흑사병으로부터 도망칠 수 있는가(Whether one may flee from a deadly plague)』라는 소책자에 담긴 글입니다. 브레슬라우의 목사 요한 헤스로부터 '치명적인 흑사병이 덮칠 때 그리스도인들이 도망하는 것이 적절한가'라는 질문을 받고 루터가 답한 글입니다.
루터는 이 글에서 "전염병이 발병했을 때 피하지 않는 것은 하나님을 믿는 것이 아니다."라고 했습니다. 도리어 "하나님을 시험하는 것이다."라고 했습니다. 전염병이 하나님의 허락하심 가운데 악한 자로부터 시작된 일이므로 전염병을 퍼뜨리는 일은 마귀의 행동과

같다고 했습니다. 죽음에 이르게 할 수도 있기 때문에 자살하는 것과 같다고까지 했습니다. 나아가 루터는 이렇게 말합니다. "집에서 불이 났는데 '이것은 하나님의 뜻이다.'라고 말하며 집 안에 있는 것이 합당한가? 물속에 빠졌는데 '이것이 운명이다.'라고 생각하면서 숨을 쉬지 않고 죽어 가는 것이 마땅한가?"
우리는 전염병의 위기 앞에서 두 가지 계명을 되뇌며 판단하고자 합니다. 전염병이 돌면서 예배할 수 없는 상황이 되자 많은 분이 생각하는 계명이 있습니다. '안식일을 기억하여 거룩히 지키라.'라는 계명입니다. 이 계명을 생각하며, 예배당에 꼭 나와 예배해야 한다고 고집하는 분들이 있습니다. 그러나 또 하나의 계명이 있습니다. '살인하지 말지니라.'라는 계명입니다. 예배를 지키려다가 도리어 살인에 도달할 수도 있다는 사실을 잊지 말아야 합니다. 특히 전염병의 상황에서 말입니다. 우리는 살인하지 않기 위해, 스스로 목숨을 잃지 않기 위해, 어쩌면 또 다른 의미의 자살이 될 수도 있기에, 나아가 다른 이에게 전염병을 옮기지 않게 하기 위해 예배의 방법을 바꾸는 것입니다. 그것이 바로 오늘 우리의 정확한 상황이자 대처입니다. 그렇게 함으로써 우리는 살인하지 않을 것이며, 동시에 안식일을 거룩히 지킬 수 있습니다. 나아가 우리 기독교 신앙의 중심, '하나님 사랑'과 '이웃 사랑'을 실천해 갈 수 있습니다.

하나님께서 우리의 '성소'가 되어 주십니다.

마지막으로 한 가지를 더 생각해 보고자 합니다. 만약 루터가 인정하듯이 전염병이 악한 자로부터 시작되었으나 하나님의 허락 아래 이루어진 일이라면, 또 우리가 그 사실을 받아들인다면, "하나님이 왜 이 땅에 전염병을 일으키셨으며, 왜 그것을 방조하고 계시는가?"라는 질문을 던질 수밖에 없습니다. 어떤 분들은 이 일을 '하나님의 심판'으로 이해합니다. 특별히 어느 한 종파, 혹은 이단을 향한 하나님의 심판으로 이해하는 분들이 있습니다. 또는 다른 무언가에 대한 심판으로 이해하는 분들도 있습니다.
그러나 저는 오늘의 이 상황이 하나님께서 '믿는 자들'에게 주시는, 바로 '나'에게 주시는, '우리'에게 주시는, '소망교회'에게 주시는, '온 교회'에게 주시는 경고이자 사랑의 권면으로 읽습니다. 하나님께서 2020년 이 땅에, 전염병이 퍼지도록 허용하시면서 하고자 하신 일은 무엇입니까? 이단인 신천지가 만천하에 드러나는 하나님의 역사를 보여주셨습니다. 또한 대형교회를 비롯한 많은 교회가 예배당에서 함께 예배하지 못하는 상황이 도래하고 말았습니다. 저는 이것이 하나님께서 우리를 향해 보내시는 하나의 신호라고 생각합니다.

하나님의 탄식이 오늘 우리 가운데 나타나고 있다는 뜻입니다. 이런 생각을 해 봅니다. '그동안 하나님께서 우리 한국 교회를 지켜보실 때 얼마나 힘드셨을까? 한국 교회를 바라보시며 얼마나 마음이 아프셨을까? 한국 교회의 정치적인 상황을 보시면서, 교회의 모습을 보시면서, 얼마나 괴로우셨을까? 목회자의 일탈과 욕심을 보시면서 얼마나 아프셨을까? 물질주의로 가득 찬 한국 교회를 보시면서, 성공주의, 기복주의, 자기중심주의, 율법주의로 가득 찬 교회를 보시면서 얼마나 안타까우셨을까? 세상을 정죄하면서도 정작 자기 자신은 바르게 서지 못하는 바리새주의를 보시면서 얼마나 괴로우셨을까? 자기 생각이 진리라고 생각하는 독단주의, 그것을 신앙으로 착각하는 착시 현상, 교회 직분자들이 정작 하나님의 이름을 높이지 못하고 자기 안위와 영달에 천착하는 상황을 바라보시면서 얼마나 괴로우셨을까?' 이사야 1장 말씀이 떠오르는 오늘입니다.

> 슬프다 범죄한 나라요 허물 진 백성이요 행악의 종자요 행위가 부패한 자식이로다 그들이 여호와를 버리며 이스라엘의 거룩하신 이를 만홀히 여겨 멀리하고 물러갔도다 (이사야 1:4)

> 너희가 내 앞에 보이러 오니 이것을 누가 너희에게 요구하였느냐 내 마당만 밟을 뿐이니라 헛된 제물을 다시 가져오지 말라 분향은 내가 가증히 여기는 바요 월삭과 안식일과 대회로 모이는 것도 그러하니 성회와 아울러 악을 행하는 것을 내가 견디지 못하겠노라 (이사야 1:12~13)

자신의 이름이 밝혀지는 것을 그토록 두려워하던 신천지가 교인들의 명단을 세상에 공개할 수밖에 없게 된 이 상황을 지켜보면서, 또 많은 교회가 하나같이 예배의 자리를 떠나 각자의 자리로 돌아갈 수밖에 없고, 예배당을 비워야 하는 이 현실을 바라보면서 '하나님의 뜻이 무엇일까?'를 생각해 보게 됩니다. 이와 같은 현실에서 "내가 더는 너희를 예배당에서 볼 수가 없겠구나! 내가 너희를 더 이상 예배당에서 만날 수가 없겠구나!"라는 하나님의 마지막 탄성이 들리는 듯합니다. 그래서 주님께서 우리에게 나가라고, 이 예배당에서 당장 나가라고 말씀하신 것은 아닌지 반성하게 됩니다.
그러나 사랑하는 성도 여러분, 하나님께서 우리에게 '희망'도 더하여 주십니다. 오늘 본문 말씀처럼 바벨론에 포로로 잡혀간 이스라엘 백성은 더 이상 예배할 수도 없고, 안식일을 제대로 지킬 수도 없는 상황이었습니다. 그들이 예루살렘 성만을 바라보며 흩어져 있는데, 바로 그때 하나님이 나타나 말씀해 주셨습니다.

> 나 주 하나님이 이렇게 말한다. 비록 내가 그들을 멀리 이방 사람들 가운데로 쫓아 버렸고, 여러 나라에 흩어 놓았어도, 그들이 가 있는 여러 나라에서 내가 잠시 그들의 성소가 되어 주겠다 하여라 (에스겔 11:16 중, 새번역)

우리가 흩어져 있는 그곳에서, 주님께서 우리의 '성소'가 되어 주실 것입니다. 우리 주님께서 말씀하십니다.

> 그때에 내가 그들에게 일치된 마음을 주고, 새로운 영을 그들 속에 넣어 주겠다. 내가 그들의 몸에서 돌같이 굳은 마음을 없애고, 살 같이 부드러운 마음을 주겠다 (에스겔 11:19, 새번역)

주님께서 흩어져 있는 우리 모두에게 역사하여 주실 줄 믿습니다. 돌같이 굳은 마음을 제하여 주시되, 살 같이 부드러운 마음을 허락해 주실 것입니다. 주님의 영이 지금 예배드리는 모든 가정마다 넘치게 임하시기를 바랍니다. 새로운 교회가 되어 출발합시다. 새로운 주님의 몸이 됩시다. 우리가 다시 만나는 그날, 주님께서 다시 모아주시는 그날, 정결한 신부가 되어 주님 앞으로 나아옵시다.

< 기도 >

거룩하신 아버지 하나님, 전염병이 돌고 있는 이 시기에 우리를 보호해 주시기를 원합니다. 모든 것이 우리의 죄 때문임을 고백합니다. 우리를 불쌍히 여겨 주시옵소서. 우리를 고쳐 주시고, 용서해 주시며, 새롭게 하여 주시옵소서. 각자의 처소에서 예배하는 자녀들이 주님의 손길을 느끼게 하여 주시고, 부드러운 마음으로 변화시키시는 하나님을 경험하게 하여 주시옵소서. 우리 주 예수 그리스도의 이름으로 기도드리옵나이다. 아멘.

신종 코로나19 단계별 대응 방안

질병관리본부의 단계별 위기 경보

1단계 : 관심

해외에서의 신종 감염병의
발생 및 유행
2019.12.

→

2단계 : 주의

해외 신종 감염병의
국내 유입
2020.01.20.

→

3단계 : 경계

국내 유입된 해외 신종
감염병의 제한적 전파
2020.01.27.

→

4단계 : 심각

국내 유입된 해외 신종
감염병의 지역사회 전파 또는
전국적 확산

소망교회 단계별 대응방안 수립 및 실시

구 분	세부계획	비 고
제1단계	준비단계 (예방수칙 광고 및 방역실시)	질병관리본부 **경계** 단계
제2단계	각 제직부서 및 공동체 모임 등 중단	질병관리본부 **심각** 단계
제3단계	주요예배 → **인터넷 예배로 전환** 등	국가비상사태에 준하는 사태

국내외 발생 현황 (2020.01.29. 오전 9시 현재)

구 분	확진환자	사 망	발생국가
국내외 발생 현황 (국내)	6,056 (4)	132 (0)	18개국

*2월 5일 12시 현재 : 확진환자 24,524명 (18명), 사망 492명 (0명), 발생국가 28개국

 ## 메르스 / 사스와 비교

구 분	메르스(MERS) 중증호흡기중후군	우한폐렴 신종 코로나바이러스 감염증	사스(SARS) 중증호흡기중후군
종 류		코로나 바이러스	
발견시점	2015년	2019년	2002년
발견장소	한국	중국 우한시	중국
전 염 성		메르스 〈 **우한폐렴** 〈사스	
발생자·사망자	2,900/1,015(35% 사망)	6,056/132	8,000/774

1단계 (질병관리본부 - 경계 단계)

순 번	내 용	세부계획	담 당	비 고
1	질병관리본부 예방수칙 포스터 게시	- 본당 4개 건물 5곳에 게시 - 소망수양관 게시	시설관리실 소망수양관	01.23. 완료 01.29. 완료
2	<소망 예방수칙> 배부	- 질병관리본부 및 소망교회 예방 수칙 간지 제작	i소망실	02.02.(주일) 배부 완료
3	손 소독제 확보	- 01.23.(목) 어린이용 <손소독제> 주문 - 01.29.(수) 성인용 젤 <손 소독제> 주문	시설관리실 소망수양관	01.30. 완료
4	손 소독제 건물별 비치	<01.29. 현재 > * 본당 및 선교관 2개 건물 16곳 비치중 <추가 비치 예정 > * 제1교육관, 제2교육관, 소망풍경, 책과 사람들 * 목회자실, 교회학교 교역자실, 사무실 * 소망수양관 각 예배실 및 객실 각층 로비 전 화장실 비누 또는 세제 비치	시설관리실 소망수양관	02.01.(토) 완료
5	교회시설물 전체 소독	**주일 전일(토)에 소독 후 숲 건물 출입통제**	시설관리실	**02.01.부터 매주 토 실시 중**
6	일회용 마스크 비치	01.29.(수) 일회용 마스크 10,000개 주문(개당 112원) 본당 양쪽 로비 비치 → 필요 성도만 배부	시설관리실	새가족부 / 권사회 안내 데스크에 비치 완료

순번	내용	세부계획	담당	비고
7	단계별 객실 운영 제한 검토		소망수양관	협조 요청 중
8	예배 참석자 계수	02.02.(주일)부터 당분간 매주 실시	시설관리실	02.02.부터 매주일 실시 중
9	매주 헌금액 추이 관찰	1월 첫주부터 당분간 매주 실시 (전년대비 포함)	재정부	실시 중
10	<ARS 헌금납입시스템> 도입	헌금 납부 수단 확대 주일말씀 및 새벽말씀 동영상 등 좌측 상단에 게시	i소망실	검토중

방역전문업체를 통한 본당 예배당 소독 현장

손 소독제 및 세정제 비치 - 총 72개소

열화상카메라 설치

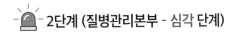

2단계 (질병관리본부 - 심각 단계)

순번	내용	세부계획	담당	비고
1	(임시)기획위원회 및 당회 개최	- 각종 예배모임 연기 또는 중지 검토	당회 서기 기획위 서기	
2	예배 모임 연기 또는 중지 조치사항 **(일부 시행 중)**	- 겨울신앙강좌 중지 - 각 제직회 및 공동체 월례회(수련회) 중지 - 화요조찬 성경공부 및 성인성서연구 개강 연기 - 각 제직회 및 구역 소모임 중지 - 교회학교, 권사회 경조팀 활동 중지 - 외부기관(강남노회 등) 교내회의 연기 요청 - 각 건물 게시판에 안내문 부착	담당 교역자 담당 부장 장로 i소망실 행정관리실	- 홈페이지 게시
3	교회시설물 사용 제한 조치	- 대상 : 교회시설물 전체 - 사용 제한 안내문 부착	행정지원실 소망복지재단	
4	친교실 식당 사용 제한	**교역자 및 직원에 한해 식사 제공** 외부인 및 성도 식사 제한 안내문 부착	행정지원실	
5	<온라인 예배> 시스템 점검	주일 주야간 예배, 삼일기도회, 새벽기도회	i소망실	**이상 없음**
6	<온라인 헌금입금> 적극 홍보	십일조, 감사헌금 등 온라인 입금 적극 홍보 - 예배동영상 하단에 입금구좌 게시 홈페이지에 <긴급 POP-UP> 창 게시	행정지원실 i소망실 i소망실	
7	<ARS 헌금납입시스템> 가동	예배 동영상 좌측 상단에 게시	i소망실	
8	예배중 환자 발생시 조치 사항	격리실 마련 (본당지하1층 의료선교부 옆방) 예배담당 목사 → 의료선교부 → 119	예배담당 목사 의료선교부	- 명칭 : 응급치료실
9	소망수양관 객실 운영 중지	대내외 기관에 협조 요청	소망수양관	

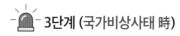 **3단계 (국가비상사태 時)**

순번	내용	세부계획	담당	비고
1	(임시)기획위원회 및 당회 개최	- 주일예배 및 삼일기도회, 새벽기도회 중단 검토	당회 서기 기획위 서기	온라인 예배시스템 가동
2	주요 예배 중단 통지	- 지구 및 공동체 통지 - 각 제직회 통지 - 홈페이지 게시	담당교역자 제직회 부장 i소망실	
3	교내 시설물 전면 사용 금지	- 모든 교내 시설물 사용 금지 조치 - 식당 사용 제한 : 교역자 및 직원에 한해 식사 제공 - 사용금지 안내문 부착	행정지원실 소망복지재단 i소망실	홈페이지 게시
4	소망수양관 객실 운영 금지	- 대내외기관에 협조 요청	소망수양관	
5	<온라인 예배시스템> 즉시가동	- 예배장소 : 본당 - 참석대상 : 부목사, 일부 장로, 직원	i소망실	i소망실에서 평소대로 홈페이지 및 유튜브를 통해 실시간 중계
6	<ARS 헌금납입시스템> 가동	- 예배 동영상 좌측 상단에 게시	i소망실	
7	<온라인 입금> 적극 유도	- 십일조, 감사헌금 등 온라인 입금 적극 유도 - 예배동영상 하단에 입금구좌 게시 - 홈페이지에 <긴급 POP-UP> 창 게시	행정지원실 i소망실 i소망실	
8	기 타			

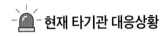
타기관 대응상황

현재 타기관 대응상황

구 분	기 관 명	내용
교 회	명륜교회	6번 확진자 다녀가므로, 방역 후 예배당을 임시로 폐쇄하고 2월 2일 예배 인터넷 예배 대체
	영락교회	해외선교 전면 중단, 2월 각 부서 모임 자제
	새문안교회	2월 지회모임 중단, 실시될 예정인 해외선교 중단
	사랑의교회	중국방문자 혹은 의심자는 영상예배 권장
교육기관	장로회신학대학교(다수 대학)	입학식 취소, 졸업식 8월로 연기
	각종 학교	사정에 따라 개학연기 및 휴교
	유치원, 어린이집	인천, 부천, 평택, 서울의 여러 곳의 임시 휴원
각종시설	병원, 극장, 식당, 면세점	확진자가 다녀간 곳은 임시 폐쇄 및 휴업 예방책으로 손소독제 비치
기 타	명동성당	성수대 폐쇄, 책자 공유 금지
	조계종	법회와 행사 마스크 착용, 정월대보름 방생 법회 취소
총 회		보건복지부 예방 수칙과 악수 대신 목례, 병원 심방 자제, 단기 선교 자제, 공동식사 자제 등 권고

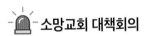
경과보고

소망교회 대책회의

차 수	논의내용
1차 (01.28.)	교역자 중심의 회의, 각 부서 점검
2차 (01.29.)	소망교회 단계별 대응 방안 수립. (주보 간지 제작 및 소독 용품 구입, 교회건물 소독 결정)
3차 (01.30.)	기획위원회에 대응 방안 보고
4차 (01.31.)	소독 용품 1차 구입 완료 및 추가 구입 요청
5차 (02.01.)	교회내 각 예배실 소독 및 2차 소독용품 구입 완료
6차 (02.04.)	감염 확진자 증가에 따라 2월 교회 모임에 대한 대책 논의
7차 (02.05.)	당회 보고 및 결정에 따른 2월 교회 모임에 대한 준비 대책 논의

소망교회

코로나19 심각단계 격상에 따른
소망교회 당회 결의사항

2월 23일 정부에서 감염병 위기 경보단계를 심각 단계로 격상함에 따라 소망교회 당회는 사회 공동체의 일원으로서 책임을 다하기 위해 2월 5일 모든 공동체 모임 중단과 2월 22일 주일찬양예배 및 삼일기도회를 현 상황이 안정될 때까지 잠정적으로 중단한데 이어 다음과 같이 추가 결의하였음을 공지합니다.

-다음-

1 2월 24일부터 현 상황이 안정될 때까지 모든 제직부서 및 공동체 모임은 물론 주일찬양예배, 삼일기도회를 잠정 중단하고 추가적으로 주일예배, 새벽기도회도 일시적으로 온라인 예배로 드립니다.

2 따라서 모든 교회시설물에 대한 출입이 제한됨을 알려 드립니다.

3 2월 24일부터 새벽기도회 및 주일예배는 교회 홈페이지 및 유튜브를 통하여 예배드릴 수 있습니다.

4 중요사항 또는 변동사항에 대하여는 수시로 홈페이지 또는 제직회 부장, 기관장, 공동체 회장, 구역지도자들을 통해 전달하도록 하겠습니다.

2020년 2월 23일
대한예수교장로회 소망교회 당회

코로나19 심각단계 격상에 따른
소망교회 당회 결의사항

2월 23일 정부에서 감염병 위기 경보단계를 심각 단계로 격상함에 따라 소망교회 당회는 사회 공동체의 일원으로서 책임을 다하기 위해 2월 5일 모든 공동체 모임 중단과 2월 22일 주일찬양예배 및 삼일기도회를 현 상황이 안정될 때까지 잠정적으로 중단한데 이어 다음과 같이 추가 결의하였음을 공지합니다.

-다음-

1. 2월 24일부터 현 상황이 안정될 때까지 모든 제직부서 및 공동체 모임은 물론 주일찬양예배, 삼일기도회를 잠정 중단하고 추가적으로 주일예배, 새벽기도회도 일시적으로 온라인 예배로 드립니다.
2. 따라서 모든 교회시설물에 대한 출입이 제한됨을 알려 드립니다.
3. 2월 24일부터 새벽기도회 및 주일예배는 교회 홈페이지 및 유튜브를 통하여 예배드릴 수 있습니다.
4. 중요사항 또는 변동사항에 대하여는 수시로 홈페이지 또는 제직회 부장, 기관장, 공동체 회장, 구역지도자들을 통해 전달하도록 하겠습니다.

2020년 2월 23일
대한예수교장로회 소망교회 당회

소망교회

코로나19로 인한
교회 출입제한

코로나19 심각단계로
현 상황이 안정될 때까지
모든 모임을 잠정 중단하고
예배를 온라인으로 드리게 됨에 따라
교회시설 출입을 제한하오니
양해하여 주시기 바랍니다

2월 24일(월)부터
새벽기도회 및 주일예배는
인터넷을 통하여
드리실 수 있습니다

코로나19로 인한
교회 출입제한

코로나19 심각단계로 현 상황이 안정될 때까지 모든 모임을 잠정 중단하고 예배를 온라인으로 드리게 됨에 따라 교회시설 출입을 제한하오니 양해하여 주시기 바랍니다

2월 24일(월)부터
새벽기도회 및 주일예배는
인터넷을 통하여
드리실 수 있습니다

목회서신

김경진 담임목사는 코로나19가 확산되기 시작한 2020년부터 현재까지 여러 차례에 걸쳐 "목회서신"이란 이름으로 교회의 방역대책과 예배 전환, 그리고 성도들의 신앙과 사랑을 격려하고 돌보는 메시지를 전달했다.

2020년 2월 24일

사랑하는 성도 여러분
마음이 많이 무겁고 아프지만, 코로나19 전염병의 확산을 막기 위해서
우리는 당분간 온라인으로 예배를 드리려 합니다.

어렸을 적, 주일을 기다리며 10원짜리 신권을 다림질을 하며
헌금을 준비하던 제가, 목사가 되어 이런 결정을 하게 되리라고는 한 번도 생각지 못했습니다.
그만큼 이 결정은 제겐 너무 큰 고통이었습니다.
특히 매주 한 번도 빠지지 않고 주일을 성수 하시는 성도님들을 생각하면 더 맘이 아픕니다.

하지만 코로나19가 빠르게 퍼지고 있고, 아직 백신이 개발되지 않았으며,
지난 며칠 동안 종교시설을 중심으로 확산되는 추세를 보면서
우리 성도님들의 건강과 이웃들의 안위를 생각하지 않을 수 없었습니다.

예배당에서 함께 드리던 예배를 일시적으로 온라인을 통해 드리는 것에 대해서는
모두가 다 같은 생각을 가지고 있지 않습니다.
하지만, 지금은 모두의 생명과 건강을 위해서 함께 노력하고 함께 협력할 때입니다.
잠시 예배당을 벗어나 집에서 온라인으로 예배를 드림으로써
세상 사람들이 숨을 쉴 수 있고 안심할 수 있다면 그것만으로도 가치 있는 일입니다.

초대교회는 지하 공동묘지인 카타콤에서 예배했습니다. 프랑스 개혁교회는 박해를 피하여
광야에서 예배했습니다. 위기 때마다 성도들은 그들이 예배할 수 있는 최선의 장소를 찾아
하나님의 이름을 불렀습니다. 전염병이 기승을 부리는 시기, 자칫 전염병의 피해자가 될 수도 있고
전파자가 될 수도 있는 이 시기에, 우리는 하나님을 예배할 수 있는 새로운 자리를 찾습니다.
가정의 골방에서 온라인으로 예배 현장과 접속할 수 있다는 것이 지금은 우리에게 축복과도 같습니다.
우리는 거기서 지금도 역사하시는 하나님을 만날 수 있을 것입니다.

사랑하는 성도 여러분, 저는 여러분을 예수님께로 인도해야 할 책임을 지닌 목회자로서
전염병이 확산되는 이 험악한 시절에 여러분 모두를 우리 주님께서 안전하게 지켜주시기를,
여러분 모두가 주님을 온전히 예배하는 이들이 되기를 기도합니다.

또한 모든 이 땅의 백성들이 속히 이 전염병의 위협으로부터 벗어나게 되기를
다시 함께 모여 찬송하고 기도하며 예배할 날이 오기를 간절히 빕니다.
이 땅과 교회를 위해서 기도가 절실한 때, 우리 성도님들도 각자의 자리에서
기도에 동참해주시면 좋겠습니다.

다시 악수하며 기쁨으로 만날 날을 기다리겠습니다.
그날이 속히 올 것입니다. 그때까지 주님 안에서 건강하게 지내십시오.

2020년 2월 24일
소망교회 성도들을 위하여 파송 받은 목사 김 경 진 올림

2020년 2월 29일

3월 1일 온라인예배를 위한 목회서신

사랑하는 성도 여러분
사순절을 시작하고서 첫 번째로 맞는,
또한 삼일절 101주년을 기념하는 이번 주일,
우리는 평생 처음으로
주일 예배를 온라인예배로 드리게 되었습니다.
1부부터 5부까지 모든 예배는
실시간으로 진행될 예정입니다.

많은 이들이 전염병과 싸우며
기적과 은혜를 구하는 이때,
소망교회는 지난 금요일 임시 당회를 열고
첫 온라인예배를 보다 의미 있게 드리기 위해
다음과 같은 결정을 하였습니다.

"1부 예배 시작(7:30)부터 5부 예배 마치는 시간(16:30)까지
온라인예배 중에 드리는 주일 헌금을
대구 경북지역의 코로나19 치료를 위한 지원에 사용하기로 한다."

재화의 크기에 상관없이
이웃을 사랑하는 마음과 하나님을 향한 감사를 담아서
정성껏 준비하여 주시기 바랍니다.

코로나19 상황이 안정될 때까지
일시적으로 각자의 자리에서 드리는 예배지만,
같은 시간, 같은 마음으로 하나님을 경배하고
이 땅의 회복을 구하는 시간이 되기를 간절히 빕니다.

2월 29일, 담임목사 **김 경 진** 올림

2020년 4월 4일

사랑하는 소망의 성도 여러분, 온라인으로 주일예배를 드린 지 이제 꼭 한 달이 되었습니다. 모두 건강하신지요? 빨리 뵙고 싶은 마음이 간절한데, 조금 더 인내를 해야 할 상황인 것 같습니다.

사랑하는 소망의 성도 여러분
온라인으로 주일예배를 드린 지 이제 꼭 한 달이 되었습니다.
모두 건강하신지요?
빨리 뵙고 싶은 마음이 간절한데, 조금 더 인내를 해야 할 상황인 것 같습니다.

저희 성도님 중에도 코로나19로 확진이 되어 치료를 받고 계시는 분이 계십니다.
영국에 있는 자녀를 방문하신 권사님과 남편 되시는 집사님.
영국에서 공부하다가 최근 귀국한 대학생, 미국을 잠시 방문하셨던 찬양대원이
확진 판정을 받았습니다. 미국에 머무는 가족들 중에 확진자가 된 분들도 있습니다.
이렇듯, 코로나19 바이러스가 가까이에서 여전히 우리를 위협하고 있습니다.
투병 중인 우리 성도님들을 위해 기도해 주시길 부탁드립니다.

최근 고난주간과 부활주일이 다가오면서
교회마다 언제 예배당 문을 열 것인지에 대하여 많은 논의가 있어왔습니다.
조금 일찍 여는 교회는 오는 종려주일부터 열기로 하였고
여러 교회들이 부활절부터는 문을 열겠다고 합니다.
저도 목회자로서 부활주일만큼은 문을 열고 부활의 기쁨을 나누고 싶습니다.
하지만 사회적(물리적) 거리두기를 해야 하는 상황이어서 예배당 안에 많은 이들이
함께 모이기 어려울 것 같고, 또 혹시 부활생명을 나눈다고 모인 자리에서 감염이
일어난다면 이 사회에 뿐 아니라 주님께도 면목이 없는 일이 될 것 같습니다.

최근 강남 지역으로 유학생들이 많이 들어오고 있고 강남 지역 확진자들도
늘어나고 있습니다. 또한 얼마 전에는 저희 교회 가까이 있는 건물에서 확진자가 발생하기도
했습니다. 따라서 이런 모든 사정과 상황을 고려하여 참으로 아쉽게도 이번 고난주간과
부활절도 예배를 온라인으로만 드리기로 하였습니다.
부활절에 예배당에서 예배드리기를 간절히 원하며 기다리셨을 성도님들께 미안하고
송구한 마음을 전합니다.

그럼에도 이번 부활절은 코로나19바이러스로, 죽음의 기운으로 덮인 이 세상에
꼭 희망을 주는 의미 있는 절기가 되었으면 좋겠다는 생각이 들었습니다.
그래서 이번에 온라인으로 드리게 될 부활절 헌금을
"사회적 약자와 작은 교회 돕기"에 사용하고자 당회에 제안하였고,
당회에서는 만장일치로 이를 결의해 주셨습니다.
이런 결정을 한 것은 교회 재정이 넉넉해서가 아닙니다. 우리도 힘들고 어렵지만,
더 어려운 이웃들을 위해 나누는 것이 하나님께서 원하시는 뜻이라고 믿기 때문입니다.

사랑하는 성도여러분,
지난 3월 첫 주일 온라인예배를 시작하면서, 우리는 그날 드린
헌금을 대구경북지역의 코로나19 극복을 위하여 사용하였습니다.
우리 성도들의 적극적인 동참으로 참으로 자랑스러운 일을 할 수 있었습니다.

돌아오는 부활주일에도 여러분의 사랑을 모아 주시면 감사하겠습니다.
그래서 우리 소망교회가 그리스도의 마음으로 이 사회에 더욱 가까이 다가가면 좋겠습니다.

앞으로도 우리 교회는 코로나19의 추이를 지켜볼 것입니다만.
우리 성도들을 무작정 기다리게 하는 것보다 그래도 일정을 정해서 성도들이 기도하며
기다리시게 하는 것이 좋을 것 같아서 당분간의 일정을 알려 드립니다.

4월 5일: 종려주일 (on-line)
4월 9일: 성목요일 (세족목요일) 예배 (on-line)
4월 10일: 성금요일예배 (on-line)
4월 12일: 부활주일 예배 (on-line, 부활절헌금은 사회적 약자와 작은 교회 돕기에 사용)
4월 12일-5월 31일: 부활 후 기쁨의 50일 (on-line 프로그램 진행)
5월 1일: 새벽기도 on-off line 병행예정, 사회적 거리두기를 유지하며 예배진행
5월 3일: 주일 예배 on-off line 병행예정, 사회적 거리두기를 유지하며 예배진행
5월 10일 이후: 교회학교 예배를 각 부서별로 순차적으로 재개함
5월 31일: 성령강림주일(세례 및 성찬. 온 교우들이 함께 모이는 날)

(교인 출입증은 5월 1일부터 5월 30일까지 혹은 사회적(물리적) 거리두기를
유지해야 하는 상황까지만 사용하게 되며, 교인 출입증 발급을 원하지 않으시는 분은
온라인으로 예배를 드리시다가 5월 31일(주일)부터 자유롭게 예배에 참석하시면 좋겠습니다.)

사랑하는 성도여러분,
지금까지 우리는 "사회적 거리두기"(Social Distancing)를 모범적으로 실천해왔습니다.
이제 4월부터는 그리스도인으로서 "떨어져서 함께하기"(Distant Socializing)에
동참하셨으면 좋겠습니다.
이는 온라인으로라도 교우들 간의 소통과 연계를 보다 더 이루어가자는 의미입니다.
5월 초쯤이 되면 물리적(사회적) 거리 두기를 지키며 조금씩 예배당 예배와
온라인예배를 병행할 수 있을 것입니다. 그렇게 되면 "성령강림절"(5월 31일)에는
모든 교우들이 함께 모여서 기쁨으로 예배를 드릴 수 있지 않을까 조심스럽게 예상해 봅니다.
우리 성도들께서 이 일정을 놓고 함께 기도해 주시길 부탁드립니다.

사랑하는 성도 여러분
여전히 코로나19 바이러스는 우리에게 큰 위협이 되고 있습니다.
저는 우리가 이 어려운 시기를 통과하면서 더욱 우리의 신앙이 성장하게 되고
또 교회도 새로운 모습으로 변화되고 준비되길 기도하고 있습니다.
우리가 다시 만날 때에는 더 기쁜 모습으로 변화된 모습으로 만날 수 있기를 기도합니다.
그때까지 모두 건강하시길 바랍니다.

주님의 은혜가 여러분 모두에게 함께하시길 빕니다.

2020년 4월 4일
담임목사 **김 경 진** 올림

2020년 5월 30일

사랑하는 소망의 성도 여러분,

성령강림주일을 맞이하여
부활의 영이신 성령님께서 소망의 모든 성도님들과 함께하시기를 기도드립니다.
성령님께서는 우리의 부족한 부분을 채우시며,
우리를 날마다 새롭게 하시고, 우리의 삶을 창조적으로 이끌어 가십니다.

이번 주부터는 예배당 문을 다 열고 싶었습니다.
성령강림주일을 축제 같은 날로 보내고 싶었습니다.
오순절 마가의 다락방에 불같이 임하신 성령의 임재를 함께 모여 기뻐하고 감격하고 싶었는데,
그렇게 하지 못해서 성도 여러분들에게 미안하고 송구스럽습니다.

우리 교회는 그동안 정부의 지침에 따라서 '사회적 거리두기'(Social Distancing)를 비롯한
코로나19 예방수칙을 잘 이행해 왔습니다.
특별히 담임목사로서 성도 여러분께 참 감사한 것은, 어려운 중에도 온 교우들이
'떨어져서 함께하기'(Distant Socializing)에 아름답게 동참해 주신 점입니다.
여러분들께서 이웃과 세상을 향해 흘려보낸 사랑은,
부활하신 그리스도를 따르는 삶의 깊이와 너비를 증거 하기에 실로 충분하였습니다.

먼저 우리 성도들의 귀한 마음이 어디로 흘러갔는지 말씀드리겠습니다.
3월 첫 주, 온라인예배를 처음으로 드렸던 주일(₩328,326,000)과
4월 12일 부활절에 우리 성도들이 드렸던 헌금(₩229,831,293)으로
우리 교회는 다음의 교회와 기관을 후원하였습니다.

1. 심폐소생기계 2대 및 영상초음파진단장치 1대 구입
  : 대구동산병원 후원 / ₩100,000,000
2. 경상북도 내 취약영세상인 후원
  : 사회복지공동모금회(사랑의열매 후원 / ₩150,000,000
3. 대구 지역 자립대상교회 후원 및 긴급구호사업
  : 대한예수교장로회 총회 후원 / ₩50,000,000
4. 영유아유치부 가정학습자료(소망교회 교육부 제작) 발송
  : 대구경북지역 및 해외 한인교회 1,804가정 지원 / ₩11,066,630
5. 자립대상교회 온라인예배 장비 지원 426곳
  : CSI BRIDGE 단체 통해서 후원 / ₩17,259,370
6. 작은교회 113곳 월세지원 및 긴급지원이 필요한 소망교회 성도와 사회적 약자 39명 후원
  : ₩187,000,000
7. 미국 서류미비자(불법체류자) 등 해외 거주 한인 돕기
  : LA, 뉴욕, 뉴저지 한인회 후원(지정헌금 포함) / ₩50,000,000

이 외에도 우리 교회는 소망 교우들의 자녀들이 유학 중 출석하는 현지 교회 가운데
재정적인 어려움을 겪는 아홉 교회를 선정하여 재정을 지원하기로 하였습니다.

지난 '기쁨의 50일' 동안 진행한 "착한 소나기" 캠페인도 참으로 감동적이었습니다.
소망선물상자 1,362개를 서울 지역 노숙인들과 성동 지역 독거노인들과 함께 나누었고,
"소망등불기도회"를 통해 한 마음으로 하나님의 은혜를 구할 수 있었습니다.

어려운 이웃에게 따뜻한 등불이 되어 주신 소망의 성도 한 분 한 분께 다시 한 번 감사의 마음을 전합니다.
앞으로도 우리 소망교회가 그리스도의 마음으로 이웃의 아픔을 공감하며,
어려운 이웃을 겸손하게 섬길 수 있는 교회가 되기를 기도합니다.

여러 가지 이유로 어려움을 겪고 계시는 소망의 성도님들 또한 많이 계십니다.
생각나실 때마다 그분들을 위하여 기도해 주시길 부탁드립니다.
우리 모두가 함께 걷는 신앙의 길이 하나님의 사랑으로 풍성하게 채워져서
한 사람의 기쁨이 우리의 기쁨이 되고,
한 영혼의 눈물이 우리의 눈물이 되며,
한 지체의 행복이 우리의 행복이 되는
아름다운 소망교회가 되면 참 좋겠습니다.

사랑하는 성도 여러분,
코로나19를 기점으로 우리는 이전과는 또 다른 세상을 경험할 것입니다.
전 세계가 처음으로 경험하는 이 혼란 때문에 이곳저곳에서 적지 않은 우려와 불안감이 표출되고 있습니다.

그러나 우리 소망교회는 낙심하지 않을 것입니다.
하늘 문을 가르고 우리를 찾아오신 성령 하나님께 소망을 둘 것입니다.
성령 하나님께서 새로운 시대를 준비할 수 있는 지혜를 주시기를
이 위기 상황을 돌파할 수 있는 능력을 주시기를 간구할 것입니다.
우리 성도들을 위해서, 또 우리 소망교회를 위해서, 또한 한국 교회를 위해서, 함께 기도해 주시면 좋겠습니다.

생활 방역으로 돌아가서 코로나19도 소강상태로 접어들 줄 알았는데,
또 지역 감염이 발생해 다시 확산되는 것이 아닌가 하는 우려가 높아지고 있습니다.
그동안 우리 교회는 지금까지 방역지침에 따라 엄중하게 대처했고, 우리 성도들도 교회의 권고에 따라
예배당 안에서 위생수칙을 엄수하고 '사회적 거리두기'를 유지했습니다.
공공의 안전을 생각하고 사회를 향한 교회의 책임을 잊지 않게 해 주신 성도님들께 다시 한 번 감사드립니다.

보고 싶습니다.
다 같이 모여 예배드릴 날을 다시 기다리겠습니다.
그동안 건강하게 지내시길, 또한 가정 안에 주의 평안과 은혜가 함께하길 기도합니다.

2020년 5월 30일
담임목사 **김 경 진** 올림

2020년 8월 18일

[소망교회 예배 온라인 전환 안내]

최근 코로나19의 빠른 재확산에 따라, 8월 19일(수)부터 30일(주일)까지
주일1-5부, 새벽기도회, 수요삼일기도회, 주일저녁찬양예배 등
모든 현장예배를 실시간 온라인예배로 전환합니다.

사랑하는 소망의 성도 여러분께

코로나19와의 긴 싸움이 지속되고 있습니다.
모든 성도님들과 한 자리에 모여 다시 예배할 날을 손꼽아 기다려온 저로서는
참으로 힘들고 어려운 시간이 아닐 수 없습니다.
아마도 우리 성도님들께서도 저와 같은 마음일 것이라 생각됩니다.

코로나19 발생 이후 지금까지 우리 소망교회는 철저한 방역대책을 수립하여 시행하였고,
예배 및 모든 모임에서 최선을 다해 안전수칙을 지켜왔습니다.
어려운 중에도 한 마음으로 협력해 주신 모든 성도님들께 감사를 드립니다.

하지만, 안타깝게도 코로나19와 관련하여 새로운 상황이 전개되고 있습니다.
최근 수해복구에 참여하신 분들, 각종 집회에 참석하신 분들,
그리고 휴가철을 맞아 다중이용시설을 이용하신 분들이 많아지면서
코로나19 확진자의 수가 급증하고 있습니다.
또한 기존 코로나바이러스보다 전파력이 강한 변종 GH형 바이러스가 확산되고
있다는 방역당국의 발표가 우리를 더욱 걱정스럽게 하고 있습니다.

사랑하는 성도 여러분! 이러한 상황 속에서 우리 교회가 사회에 모범이 되고,
국민과 성도님들의 건강을 지키기 위해 우선 잠시 두 주간 동안,
주일예배를 비롯해 새벽기도, 주일저녁찬양예배, 삼일기도회 등
모든 공예배를 온라인예배로 전환하고자 합니다.

다시 온라인예배로 돌아가는 것이 큰 두려움이기도 하지만,
우리 성도님들께서 잘 이해해 주시고 협력해 주시리라 믿습니다.
우리 성도님들께서도 가능한 두 주간 동안 사회적 거리두기를 철저히 지켜 주시고,
만남을 최대한 줄여 주셔서 스스로 건강을 잘 지켜 주시길 바랍니다

잠시 동안 또다시 떨어져 있게 되었지만, 성령 안에서 서로 교통하며
온라인예배의 자리에서 더욱 깊은 하나님과의 만남이 이루어지길 기도합니다.
모두가 힘들고 지쳐 있는 상황에서 자칫 서로에게 상처를 주는 일이 생기지 않도록, 서로를 배려하고
생명을 살리는 마음으로, 무엇보다 하나님의 영광을 구하는 마음으로 함께 협력해 주시길 부탁드립니다.

여러분 모두에게 하나님의 은혜가 늘 함께 하시길 빕니다.

2020년 8월 18일
담임목사 김 경 진 올림

2020년 12월 10일

사랑하는 소망의 성도 여러분,

코로나19가 다시 빠르게 확산되고 있고
일일 확진자의 숫자가 600명을 남나들고 있습니다.
성도들의 안전을 지키고 교회의 사회적 책임을 다하기 위해
우리 소망교회는 이번에도 예배당의 문을 닫고
예배를 온라인으로 전환하였습니다.

지난 2월 처음으로 온라인 예배를 드리기로 결정하였을 때
그리고 8월 여름 확진자 급증으로 인해
모든 공예배를 다시 온라인으로 전환하였을 때
소망교회의 담임목사로서 또한 한 사람의 그리스도인으로서
저는 마음이 찢어지는 고통을 경험하였습니다.
이제 세 번째 온라인 예배로의 전환을 결정하면서
성도님들이 겪을 아픔과 상실감을 생각하니
마음이 또 한 번 무너져 내리는 것만 같습니다.

코로나19와의 싸움이 지속되면서
우리들의 몸과 마음이 많이 지쳐있습니다.
하지만 우리는 주저앉지 않으려 합니다.
복음의 본질을 되새기며 내일을 준비하겠습니다.
성도들의 삶을 살피고 더 기도하겠습니다.
특별히 사랑과 관심이 필요한 이들을 돕겠습니다.

소망교회 당회는 어제 아침
소망수양관을 "생활치료센터"로 서울시에 제공하기로 결정하였습니다.
"생활치료센터"는 코로나에 걸린 경증환자들을 치료하는 치료센터입니다.
각 지자체마다 환자를 위한 병상이 모자라고
병상확보에 어려움을 겪고 있는 상황에서
우리 교회도 고통당하는 이웃의 아픔을 외면할 수 없었습니다.
이들이 소망수양관에서 쉼을 얻고 회복될 수 있다면
그것이 하나님께 영광이며, 우리 모두의 기쁨이 될 것입니다.

소망수양관을 격리시설로 제공함으로써
여러 불편함도 따를 것입니다.
그러나 이웃의 아픔에 참여하고 세상을 섬기는 일은
교회의 본질적인 사명이기에
우리는 이런 불편함을 기꺼이 감수하려고 합니다.

언제나 교회의 결정을 적극적으로 지지해주시고
서로를 배려하며 스스로 삼가 조심하면서
품격 있는 그리스도인의 모습을 보여주시는
우리 소망교회 성도님들이 저는 너무나 자랑스럽습니다.

참으로 어려운 시기이지만
우리 모두 다시 힘을 냅시다.
실망하거나 낙심하지 말고 끝까지 믿음의 길을 함께 걸어가십시다.

모두가 힘겨운 이 시기에
교회와 국가를 위해 계속해서 기도해 주시고
부족한 저를 위해서도 간절히 기도해주시기를 부탁드립니다.
저도 여러분을 위해 간절히 기도하면서
다시 만날 날을 손꼽아 기다리겠습니다.
다시 만날 때까지 건강하십시오.
주님께서 여러분과 함께 하실 것입니다.

2020년 12월 10일
담임목사 김 경 진

사랑하는 소망의 성도 여러분,
코로나19가 다시 빠르게 확산되고 있고 일일확진자의 숫자가 600명을 넘나들고 있습니다.
성도들의 안전을 지키고 교회의 사회적 책임을 다하기 위해
우리 소망교회는 이번에도 예배당의 문을 닫고 예배를 온라인으로 전환하였습니다.

지난 2월 처음으로 온라인예배를 드리기로 결정하였을 때
그리고 8월 여름 확진자 급증으로 인해 모든 공예배를 다시 온라인으로 전환하였을 때
소망교회의 담임목사로서 또한 한 사람의 그리스도인으로서
저는 마음이 찢어지는 고통을 경험하였습니다.
이제 세 번째 온라인예배로의 전환을 결정하면서 성도님들이 겪을 아픔과 상실감을 생각하니
마음이 또 한 번 무너져 내리는 것만 같습니다.

코로나19와의 싸움이 지속되면서 우리들의 몸과 마음이 많이 지쳐있습니다.
하지만 우리는 주저앉지 않으려 합니다. 복음의 본질을 되새기며 내일을 준비하겠습니다.
성도들의 삶을 살피고 더 기도하겠습니다. 특별히 사랑과 관심이 필요한 이들을 돕겠습니다.

소망교회 당회는 어제 아침 소망수양관을 "생활치료센터"로 서울시에 제공하기로 결정하였습니다.
"생활치료센터"는 코로나에 걸린 경증환자들을 치료하는 치료센터입니다.
각 지자체마다 환자를 위한 병상이 모자라고 병상확보에 어려움을 겪고 있는 상황에서
우리 교회도 고통당하는 이웃의 아픔을 외면할 수 없었습니다.
이들이 소망수양관에서 쉼을 얻고 회복될 수 있다면
그것이 하나님께 영광이며, 우리 모두의 기쁨이 될 것입니다.

소망수양관을 격리시설로 제공함으로써 여러 불편함도 따를 것입니다.
그러나 이웃의 아픔에 참여하고 세상을 섬기는 일은 교회의 본질적인 사명이기에
우리는 이런 불편함을 기꺼이 감수하려고 합니다.

언제나 교회의 결정을 적극적으로 지지해주시고
서로를 배려하며 스스로 삼가 조심하면서 품격 있는 그리스도인의 모습을 보여주시는
우리 소망교회 성도님들이 저는 너무나 자랑스럽습니다.

참으로 어려운 시기이지만 우리 모두 다시 힘을 냅시다.
실망하거나 낙심하지 말고 끝까지 믿음의 길을 함께 걸어가십시다.
모두가 힘겨운 이 시기에 교회와 국가를 위해 계속해서 기도해 주시고
부족한 저를 위해서도 기도해 주시기를 부탁드립니다.
저도 여러분을 위해 간절히 기도하면서 다시 만날 날을 손꼽아 기다리겠습니다.
다시 만날 때까지 건강하십시오. 주님께서 여러분과 함께 하실 것입니다.

2020년 12월 10일
담임목사 김 경 진 올림

2021년 7월 10일

사랑하는 소망교회 성도 여러분께,
수도권에서 사회적 거리두기가 4단계로 격상됨에 따라
우리 소망교회는 7월 12일(월)부터 25일(주일)까지
주일예배를 포함한 모든 현장예배를 비대면 온라인으로 전환하기로 하였습니다.
교회학교의 여름 수련회와 교육 프로그램도 모두 온라인으로 진행합니다.

백신 접종이 활발해 지고 해외에서는 몇몇 국가가 집단면역에 성공했다는 소식을 접하면서
이제 곧 코로나19의 긴 터널이 끝날 수도 있겠다고 기대했는데, 또다시 성도 여러분과 떨어져 있어야 한다고
생각하니 담임목사로서 서운하고 안타까운 마음을 다 표현할 수가 없습니다.
교회의 결정에 한마음으로 따라주시고 기도와 사랑으로 협력해 주시는 성도 여러분께
그저 너무 죄송하고 또 너무 감사하다는 말씀을 드립니다.

지난해 2월, 국내에서 코로나19 바이러스가 본격적으로 확산되기 시작했을 때에도
무더웠던 8월 여름, 확진자 수가 급증하여 사회적 우려가 고조되었을 때에도
소망교회는 한국 사회의 일원으로서 사회적 책임을 다하고
국민과 성도들의 안전을 지키는 것을 교회의 우선 과제로 삼았습니다.
예배당 문을 닫고 온라인예배로 전환하는 일은 결코 쉽지 않은 결정이었고 모두에게 큰 충격이었지만
이 시대를 살아가는 우리 교회가 내릴 수 있는 최선의 결정이라고 생각합니다.

지금까지 줄곧 그래왔던 것처럼,
소망교회는 방역 당국의 지침에 적극 협조하여 방역대책과 안전수칙을 철저하게 지키면서
"우는 자들과 함께 울라"(롬 12:15)는 성경의 가르침대로
고통 중에 있는 자들을 위로하고 돕는 일에 더욱 힘을 쏟고자 합니다.
어려운 시기를 함께 살아가는 전 세계 모든 사람들과 인간의 탐욕으로 인해 신음하고 있는
피조세계의 탄식 소리에 귀를 기울이고 성실하게 응답하는 소망교회가 되기를 기도합니다.

저에게, 코로나와 함께한 지난 1년 6개월은 안개 속을 걸어가듯
조심스럽고 살얼음판을 지나가듯 긴장되는 시간이었습니다.
그러나 성도 여러분과 함께 걷는 길이었기에 은혜롭고 행복한 시간이었습니다.
돌이켜보니 감사한 것이 참 많습니다.
교회의 존재 이유와 본질을 더 깊이 생각해 볼 수 있었고
고난 중에 인내와 인내를 통한 성숙을 경험할 수 있었습니다.
온라인이든 오프라인이든 성령 안에서 우리 모두 하나로 연결되어 있음을 알게 되었고
우리가 얼마나 서로를 그리워하며 사랑하고 있는지
그리고 이전보다 우리가 더욱 더 견고해지고 있다는 사실을 느낄 수 있었습니다.

마음속에 여유를 잃지 마시고, 주님께서 주시는 평안을 누리시길 바랍니다.
그러나 하나님 나라를 향한 열정과 간절함은 결코 잃지 마십시오.
주님께서 여러분과 함께 하실 것입니다. 다시 만날 때까지 건강하십시오.

2021년 7월 10일
담임목사 김 경 진 올림

언론보도로 만나는 소망교회

●●YTN

소망교회, 주일예배 중단...
초대형 교회 처음

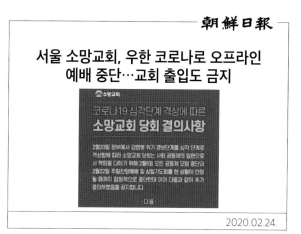

2020.02.23.

朝鮮日報

서울 소망교회, 우한 코로나로 오프라인
예배 중단...교회 출입도 금지

2020.02.24.

●●YTN

주일 예배도 인터넷으로...
코로나 확산에 종교 모임도 '꽁꽁'

2020.02.25.

이슈프레쉬

소망교회서 코로나19 확진자 발생...
주일예배 중단

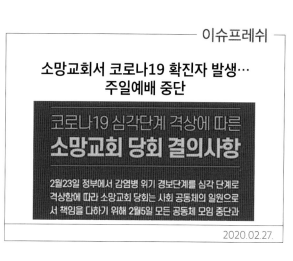

2020.02.27.

朝鮮日報

소망교회, 첫 온라인 주일예배...
헌금 전액 대구·경북 기부

우한 코로나(코로나 19) 확산 방지를 위해 대형교회 중에서 처음으로 주일예배를 온라
인으로 진행한 서울 소망교회가 온라인 예배를 통해 모은 헌금 전액을 대구·경북 지역
에 기부하겠다고 했다.

2020.03.01.

서울신문

첫 온라인예배 연 소망교회,
헌금 3억 전액 대구경북 기부

2020.03.01.

YTN

소망교회, 첫 온라인예배
헌금 3억2천만여 원 대구 경북에 기부

2020.03.02.

한국기독공보

소망교회, 첫 온라인예배 헌금
전액 대구·경북에 기부

2020.03.02.

국민일보

"교회학교 교재 집으로 배달합니다"
소망교회 코로나19 교육나눔

2020.03.12.

노컷뉴스

"집에서 하는 어린이 신앙교육자료
무료 나눔해요"

2020.03.13.

연합뉴스

새문안·소망·온누리·잠실·주안장로교회,
코로나 성금 '한뜻'

2020.03.13.

한국기독공보

예장 5개 교회, 코로나19 극복 위해
5억5천만원 기부

2020.03.16.

노컷뉴스

여의도순복음교회·소망교회 등
"부활절, 온라인예배"

2020.04.04.

朝鮮日報

소망교회 김경진 목사 "부활신앙은
희망 주는 사람으로 다시 태어나는 것"

2020.04.12.

국민일보

'착한 소나기' 운동으로
부활의 기쁨 전한다

2020.04.12.

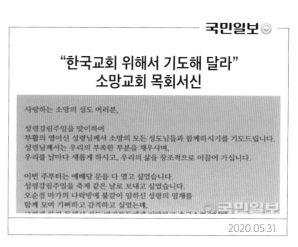

국민일보

"한국교회 위해서 기도해 달라"
소망교회 목회서신

2020.05.31.

한국기독공보

5개 대형교회 수해 구호금
1억2500만원 전달

2020.08.26.

한국기독공보

구역 모임
'줌 사용법' 영상 눈길

2020.09.09.

동아일보

코로나 시대 거룩한 거리 두기…
'포로'로 살아가는 시간

2020.11.13.

연합뉴스
국가기간뉴스통신사

소망교회 수양관, 서울시 종교시설
최초 생활치료센터로 사용

(서울=연합뉴스) 김준억 기자 = 소망교회는 서울시 요청에 따라 지난 9일 긴급 온라인 당회를 열어 경기도 곤지암 소재 소망수양관을 '코로나19' 감염 경증환자들을 위한 생활치료시설로 제공하고 서울시에서 사용하기로 했다고 11일 밝혔다.

김경진 담임목사는 신도들에게 보낸 목회서신에서 "최근 수도권 코로나19 확진자가 늘어나 병상 확보에 어려움을 겪고 있는 상황에서 고통당하는 이웃의 아픔을 외면할 수 없었다"며 "이웃의 아픔에 참여하고 세상을 섬기는 일은 교회의 본질적인 사명이기에 환우들이 소망수양관에서 쉼을 얻고 속히 회복되기를 기도한다"고 말했다.

앞서 소망교회는 정부가 위기대응 단계를 '심각'으로 격상한 지난 2월 교회 내 모든 모임을 중단하고 서울시 최초로 비대면 온라인 예배로 전환했으며 삼일절 온라인 헌금 전액을 코로나19 극복을 위해 대구

2020.12.11.

한국기독공보

소망교회, 수양관을 코로나19
환자치료 위해 제공

2020.12.11.

AD CHRISTIAN NEWS
GOSPEL TODAY

소망교회 소망수양관, 종교시설 최초로
코로나19 생활치료센터로 사용

코로나19 감염 환자 치료 병상확보에 숨통 트여
삼일절 온라인 헌금 사회복지공동모금회 기부
코로나19 극복 위해 사회공헌 꾸준히 추진

2020.12.11.

본 헤럴드

소망교회 수양관, 서울시 종교시설
최초 코로나19 생활치료센터로 사용

2020.12.11.

SBS
NEWS

소망교회 수양관, 서울시 종교시설
최초 생활치료센터로 사용

2020.12.11.

한경 라이프

소망교회 수양관, 서울시 종교시설
최초 생활치료센터로 사용

소망교회는 서울시 요청에 따라 지난 9일 긴급 온라인 당회를 열어 경기도 곤지암 소재 소망수양관을 '코로나19' 감염 경증환자들을 위한 생활치료시설로 제공하고 서울시에서 사용하기로 했다고 11일 밝혔다.

김경진 담임목사는 신도들에게 보낸 목회서신에서 "최근 수도권 코로나19 확진자가 늘어나 병상 확보에 어려움을 겪고 있는 상황에서 고통당하는 이웃의 아픔을 외면할 수 없었다"며 "이웃의 아픔에 참여하고 세상을 섬기는 일은 교회의 본질적인 사명이기에 환우들이 소망수양관에서 쉼을 얻고 속히 회복되기를 기도한다"고 말했다.

2020.12.11.

교회와신앙

소망교회 수양관,
종교시설 최초 생활치료센터로 사용

[<교회와신앙> 양봉식 기자] 겨울철이 되면서 예상대로 코로나19가 지속적으로 확산, 하루 700명의 확진자가 발생하면서 병상 확보가 비상이 걸린 가운데 교회 소속 수양관이 생활치료시설로 제공되어 있는 시설들을 사회적 봉사 공간으로 사용할 기회가 생겨 관심이 높아지고 있다.

사랑하는 소망의 성도 여러분.

코로나19가 다시 빠르게 확산되고 있고 일일 확진자의 숫자가 600명을 넘나들고 있습니다. 성도들의 안전을 지키고 교회의 사회적 책임을 다하기 위해 우리 소망교회는 이번에도 예배당의 문을 닫고 예배를 온라인으로 전환하였습니다.

지난 2월 처음으로 온라인 예배를 드리기로 결정하였을 그리고 8월 여름 확진자 급증으로 인해 모든 공예배를 다시 온라인으로 전환하였을 때

소망교회(김경진 목사)는 서울시 요청에 따라 지난 12월 9일 긴급 온라인 당회를 열어 경기도 곤지암 소재 소망수양관을 '코로나19' 감염 경증환자들을 위한 생활치료시설로 제공하고 서울시에 사용하기로 했다.

김경진 목사는 성도들에게 보낸 목회서신에서 "생활치료센터는 코로나에 걸린 경증환자들을 치료하는 치료센터이다"며 "각 지자체마다 환자를 위한 병상이 모자라고 병상확보에 어려움을 겪고 있는 상황에서 우리 교회도 고통당하는 이웃의 아픔을 외면할 수 없었다"며 "이웃의 아픔에 참여하고 세상을 섬기는 일은 교회의 본질적인 사명이기에 환우들이 소망수양관에서 쉼을 얻고 속히 회복되기를 기도한다"고 밝혔다.

또한 "언제나 교회의 결정을 적극적으로 지지해 주시고 서로를 배려하며 스스로 삼가 조심하면서 품격 있는 그리스도인의 모습을 보여주시는 우리 소망교회 성도님들이 저는 너무나 자랑스럽다"며 "참으로 어려운 시기이지만 실망하거나 낙심하지 말고 끝까지 믿음의 길을 함께 걸어가자"고 말했다.

2020.12.11.

크리스천 노컷뉴스
christian.nocutnews.co.kr

소망교회 수양관, 서울시에
생활치료센터로 제공

소망교회 당회는 어제 아침
소망수양관을 "생활치료센터"로 서울시에 제공하기로 결정하였습니다.
"생활치료센터"는 코로나에 걸린 경증환자들을 치료하는 치료센터입니다.
각 지자체마다 환자를 위한 병상이 모자라고
병상확보에 어려움을 겪고 있는 상황에서
우리 교회도 고통당하는 이웃의 아픔을 외면할 수 없었습니다.
이들이 소망수양관에서 쉼을 얻고 회복될 수 있다면
그것이 하나님께 영광이며, 우리 모두의 기쁨이 될 것입니다.

2020.12.13.

한국기독공보

2020년 다윗의 동네,
베들레헴 재연되다

2020.12.14.

YTN

소망교회 수양관, 생활치료센터 운영...
서울 주요대학도 '고심'

2020.12.17.

YTN

병상 부족에 교회 수양관도 활용...
대학 시설도 요청

2020.12.17.

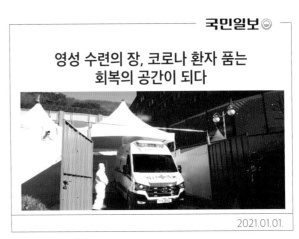

소망교회, 비대면 상황에서 온라인 선교 효과 나타내

2021.08.16.

평신도를 'IT 선교사'로

2021.08.18.

"매일이 긴장의 연속"… 소망교회 생활치료센터를 가다

2021.09.15.

스마트한 헌금시대 '하나은행 모바일헌금 시스템' 각광

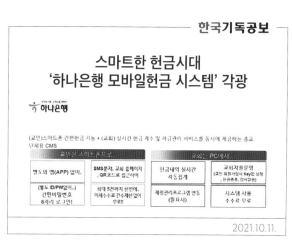

2021.10.11.

소망교회, 메타버스 통해 '랜선 나무심기 프로젝트' 진행…"약 1만 4천 그루 식목"

소망교회는 코로나 팬데믹의 시대를 겪으며 환경에 대한 중요성과 함께 전 세계가 하나로 연결되어 있다는 사실을 깨닫고, 나아가 하나님의 피조물인 자연 생태계를 보존하고 아름다운 세상을 만들기 위해 작은 첫 걸음을 내딛고자 했다.

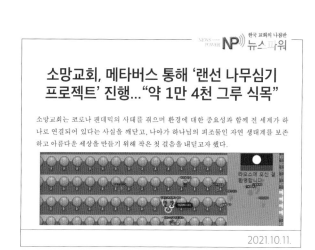

2021.10.11.

[게시판] 소망교회, 창립 44주년 '랜선 나무심기 프로젝트"

2021.10.11.

AD CHRISTIAN NEWS
GOSPEL TODAY

소망교회, 메타버스를 통해
'랜선 나무심기 프로젝트' 진행

2021.10.12.

아이굿뉴스 기독교연합신문
www.goodnews.net

소망교회, 메타버스 활용
'랜선 나무심기 프로젝트'

2021.10.12.

CTS 기독교TV

선교지에 랜선으로 나무심다!
메타버스로 세워진 소망교회

2021.10.14.

국민일보

메타버스 통해 선교지를
푸르게 가꿔보세요

교회 가상 공간에 접속한다

2021.10.14.

한국기독공보

추운 날씨에
배고픈 아이들을 위해서라면

2021.11.23.

한국기독공보

우크라이나 대사관에 20만 달러 전달
소망교회, 긴급구호 모금 진행 후 대사관 방문

2022.04.14.

개신교계, 우크라이나에 성금 잇달아
대형교회 모임 '사귐과섬김', 소망교회, 새로남교회

2022.04.18.

강남복지재단-소망교회, 사랑박스
500개 나눔 전달식

2022.05.26.

소망교회, 총회 산하
수해 피해지역 돕기에 나섰다

2022.08.26.

'복음의 생명으로
세상을 아름답게 하는 성령의 교회'

2022.12.28.

고? 스톱?…
갈림길에 선 온라인 교회

2023.01.30.

소망교회, 지파운데이션에
선물과 후원금 전달

2023.06.19.

섬기는 사람들(2020년-2023년)

담임목사 **김경진**

원로목사 **곽선희**, 은퇴목사 **김지철**

구 분	2020년	2021년	2022년	2023년
부목사	태원석 김경주 박현민 박경삼 임성택 류범호 윤 환 강영롱 장선기 유지미 주요한 이경희 한성일 류헌조 허항진 한정운 김영규 박상건 정제헌 나영덕 조성실	태원석 김경주 박현민 류범호 윤 환 강영롱 장선기 유지미 주요한 이경희 류헌조 한정운 김영규 정제헌 나영덕 조성실 홍성민 이재겸 이우성 이성민 이순기	김경주 박현민 류범호 윤 환 장선기 유지미 주요한 이경희 류헌조 한정운 김영규 정제헌 나영덕 조성실 홍성민 이재겸 이우성 이성민 이순기 김경래 이재용 김주경	윤 환 유지미 주요한 이경희 류헌조 한정운 김영규 정제헌 나영덕 조성실 홍성민 이재겸 이우성 이성민 이순기 김경래 이재용 김주경 권정혁 장재원
협동목사	박경수, 계재광			

구 분	2020년	2021년	2022년	2023년
시무장로	강근희 임현철 김태승 임순호* 박도연 이정훈 김경엽 박은주 조건호 이영묘 강제훈 백승옥 한 정 이흥락 박경희 정호철 김영기 전영서 박찬일 이용기 이혜선 전경희 이병화 배문희 박동찬 이범로 백광흠 박준범 이원유 최승인 주혜경 김완진 김기억 안창준 하규수 장기수 황성규 김덕영 홍석빈 서병석 신명옥	임현철 김태승 임순호 박도연 이정훈* 김경엽 박은주 조건호 이영묘 강제훈 한 정 이흥락 박경희 정호철 김영기 전영서 박찬일 이용기 이혜선 전경희 이병화 배문희 박동찬 이범로 백광흠 박준범 이원유 최승인 주혜경 김완진 김기억 안창준 하규수 장기수 황성규 김덕영 홍석빈 서병석 신명옥 장형기 박형진 지 준 지대영 어윤찬 (박창훈)	임현철 임순호 박도연 김경엽 박은주* 이영묘 강제훈 한 정 이흥락 박경희 정호철 김영기 전영서 박찬일 이용기 이혜선 전경희 이병화 배문희 박동찬 이범로 백광흠 박준범 이원유 최승인 주혜경 김완진 김기억 안창준 하규수 장기수 황성규 김덕영 홍석빈 서병석 신명옥 장형기 박형진 지 준 지대영 어윤찬 이우식 조경수 여정구 김환익 이경혜 강종원 최병겸 (박창훈)	임현철 임순호 박도연 김경엽 강제훈 한 정 이흥락 박경희* 정호철 김영기 전영서 박찬일 이용기 이혜선 전경희 이병화 박동찬 이범로 백광흠 박준범 이원유 최승인 김완진 김기억 안창준 하규수 장기수 황성규 김덕영 홍석빈 서병석 신명옥 장형기 박형진 지 준 지대영 어윤찬 이우식 조경수 여정구 김환익 이경혜 강종원 최병겸 박찬만 양성욱 김규태 정형진 김원석 (박창훈)

별표*는 당회서기
괄호( )는 휴무

교회학교 및 전담 교역자 명단

강디모데 강미나 국윤지 권순철 금교준 김난희 김미리내 김병진 김성련 김성민 김소정

김인혜　김주희 김지혜 김현수 문선영 문성호 문재식　박건후 박근범 박동식 박성민

박성열　박은미 박지훈 박혜영 방신애 방원석 백승남　서이삭 손주헌 신준민 신지환

안성진　양승아 양주희 엄상훈 염의섭 오보람 오지웅　우성민 유영윤 윤모세 윤보라

윤혜영　이강용 이보슬 이아령 이윤경 이청원 임준모　장대성 정기찬 조동수 조혜은

지요한　최용현 하수경 허유빈 홍준우

직원 명단

	사무처장 이창식		
행정지원실 및 기타부서	i소망실	시설관리실	수양관
실장 이진걸	**실장** 박시온	**실장** 채병희	**관장** 황의청
김동균 김동아 김윤희 김인순	김민정 김범균 김성일 김정완	권종원 김성화 김진수 박병규	김구슬 김병삼 김영길 김자희
김지연 김형숙 박현경 배재우	김형종 맹현재 문미선 박호영	심석보 우철승 유병권 이경래	김정애 김정춘 김종래 김지혜
송다영 신동훈 엄윤미 이현정	성민우 이우석 조재학 최승주	이장균 이정규 이효승 임영빈	문　해 박동식 박상규 서　위
선선애 정아람 정유림 징지선	최인호 최종회 홍혜전	장경시 장백규 전광욱	신상조 시종금 오봉임 유아현
정한섭 조경원 최시원			윤상용 이계자 이미용 이상민
			이현구 이혜선 임성경 정순아
			정영숙 정재학 주정복 최재희
목회지원실	**실장** 손한나 목사 신하영 안예림 유지은 이예은